国家出版基金项目
NATIONAL PUBLICATION FOUNDATION

中国共产党精神史

主编◎韩庆祥

中国共产党人的价值取向

赵亮 著

河南人民出版社
·郑州·

图书在版编目(CIP)数据

中国共产党人的价值取向 / 赵亮著. —郑州：河南人民出版社，2023.11
(中国共产党精神史 / 韩庆祥主编)
ISBN 978-7-215-13157-6

Ⅰ.①中… Ⅱ.①赵… Ⅲ.①中国共产党-思想建设-研究 Ⅳ.①D261

中国国家版本馆CIP数据核字(2023)第190127号

河南人民出版社 出版发行
(地址：郑州市郑东新区祥盛街27号 邮政编码：450016 电话：65788068)
新华书店经销 河南金之汇信息技术有限公司印刷
开本 710毫米×1000毫米 1/16 印张 21
字数 284千字
2023年11月第1版 2023年11月第1次印刷

定价：69.00元

总　序

习近平总书记在庆祝中国共产党成立100周年大会上的重要讲话中总结党的百年奋斗史，贯穿的是大历史观。习近平总书记指出："要教育引导全党胸怀中华民族伟大复兴战略全局和世界百年未有之大变局，树立大历史观，从历史长河、时代大潮、全球风云中分析演变机理、探究历史规律，提出因应的战略策略，增强工作的系统性、预见性、创造性。"树立纵深而宽广的大历史观，能将这极不平凡的一百年看得更清、追得更远、思得更明、悟得更透。习近平总书记这些重要论述，讲的就是大历史观的基本内涵及其重要意义。我们可以运用大历史观，来理解和把握伟大建党精神和中国共产党人的精神谱系。大历史观有四层涵义。一是在历史时间上，它跳出一定历史阶段，把历史阶段放在过去、现在、未来的大历史长河中来把握，这是长远史观；二是在历史空间上，它跳出一定历史空间（或历史局部），从世界历史发展进程看历史空间（历史局部），这是世界史观；三是在历史主题上，它跳出历史片段、历史细节和历史碎片，用历史主题把历史片段、历史细节、历史碎片统领起来，这是整体史观；四是在历史本质上，它跳出历史现象，走向历史深处，分析历史演变机理，抓住历史本质，探究历史规律，这是规律史观。

需要从长远史观把握中国共产党人为什么一直注重自身的精神建设。中国共产党一经诞生,就把为中国人民谋幸福、为中华民族谋复兴确定为初心和使命。这意味着中国共产党人肩上扛起的是远大奋斗目标和宏大历史使命。然而,中国共产党成立之初,自身条件有限,力量也很薄弱,党员人数只有50多名。中共一大召开之前,我们党早期的党组织只有8个,参加这次会议的党代表只有十几人,当时的武器装备是"小米加步枪"。这就遇到了一个重要矛盾,即中国共产党人肩负的远大目标和宏大使命与条件有限、力量薄弱之间的矛盾。条件有限、力量薄弱的中国共产党人如何扛起远大奋斗目标和宏大历史使命?这在当时,主要是靠统一战线和精神武装。显然,我们党注重自身精神建设,是植根于中国共产党人肩负的远大目标和宏大使命与条件有限、力量薄弱的矛盾。或者说,为解决这一矛盾,就必须注重精神建设。随着中国特色社会主义进入新时代,我国发展步入新的历史方位,中国共产党也已成为世界上最大的政党。中国共产党在自身条件有限、力量薄弱的时候,特别注重自身精神建设;当中国共产党已经成为世界上最大的政党时,更要加强自身的精神建设。因为新时代中国共产党人肩负着实现中华民族伟大复兴的历史使命,也正在向全面建成社会主义现代化强国迈进,可谓肩上扛起的奋斗目标依然远大,历史使命依然宏大。对此,绝不是轻轻松松、敲锣打鼓就能实现的。在前进的征途中,我们所遭遇的各种矛盾难题、障碍阻力、风险挑战、艰难困苦必将更加复杂严峻,这好比是在滚石上山、过坎闯关,迎着风雨、踏着荆棘前进。然而,在当今一些党员干部身上,却存在着"精神懈怠、能力不足、脱离群众、消极腐败"四种危险,尤其是"精神懈怠"的危险。因此,只有我们自身的腰杆硬起来,才能扛起全面建成社会主义现代化强国、实现中华民族伟大复兴的宏伟大业。在这种情境下,也从长远来看,依然要加强党自身的精神建设。正如习近平总书记强调的,实现中国梦必须弘扬中国精神。

从规律史观理解中国共产党人的精神谱系在不同历史时期具有什么不同特征。这涉及到中国共产党的精神发展史。基于伟大建党精神,中国共产党人在不同历史时期形成了具有不同历史特征的精神,这些精神构成中国共产党人的精神谱系。各个历史时期形成的精神是有规律可循的,那就是体现并反映了各个历史时期的时代品质、实践品格及其本质特征。在新民主主义革命时期,主要是围绕"浴血奋战、百折不挠"与战胜敌人、强大自我而形成的精神。在这一历史时期,革命问题是首要问题。而革命的首要问题,就是谁是我们的敌人、谁是我们的朋友。伟大长征精神,就是新民主主义革命时期形成的精神谱系的典型样本。在社会主义革命和建设时期,主要是基于"自力更生、发愤图强"与战胜艰难困苦、完成创业大任而形成的精神。这一历史时期的整体景象,就是一穷二白、百废待兴。由此,特别需要自力更生、发愤图强、艰苦创业、立国兴国。"两弹一星"精神,就是这一历史时期形成的精神谱系的典型样本。在改革开放和社会主义现代化建设时期,主要是针对"解放思想、锐意进取"与披荆斩棘、攻坚克难而形成的精神。改革开放是我国的第二次革命,社会主义现代化建设是一项开创性的伟大事业。然而,当时各种庞杂的思想观念与僵化的体制机制阻碍着改革开放和社会主义现代化建设。这就要求中国共产党人必须解放思想、锐意进取、披荆斩棘、攻坚克难。伟大改革开放精神,就是这一历史时期形成的精神谱系的核心,也是分析这一历史时期精神谱系的典型样本。在中国特色社会主义新时代,主要是需要"自信自强、守正创新"与应对风险、自我革命而形成的精神。在新时代,中国共产党人打的"铁"相当坚硬,它不仅要解决人民生活"好不好"、国家"强不强"、政党"硬不硬"、世界"太平不太平"、马克思主义"是否具有生机活力"等根本问题,而且要应对来自各方面的矛盾问题、障碍阻力、风险挑战。为此,就必须进行伟大斗争、勇于自我革命,就必须自信自强、守正创新。伟大抗疫精神,可以作为这一历史时期形成的精神谱系的典型样本。

从整体史观分析伟大建党精神具有怎样的逻辑结构。在伟大建党精神的基础上,中国共产党人在各个历史时期形成了丰富多样的精神谱系。伟大建党精神是源,精神谱系是流;伟大建党精神是本体性精神、基因性精神,精神谱系是生成性精神、发展性精神。在中国共产党人一系列的精神谱系中,可以从深层揭示出中国共产党的伟大建党精神。正如习近平总书记所指出,伟大建党精神的科学内涵主要包括:坚持真理、坚守理想,践行初心、担当使命,不怕牺牲、英勇斗争,对党忠诚、不负人民。这一精神分为四个层次,具有严密的内在逻辑结构,构成一个有机整体。第一个层次是科学认知,即坚持真理、坚守理想。一个政党认识世界的科学认知水平,决定其思想高度、思维长度、视野宽度、认识深度和执政格局,所以它是前提。第二个层次是目标追求,即践行初心、担当使命。中国共产党认识世界的目的是为了改造世界,改造世界需要在科学认知的基础上确立奋斗目标。中国共产党是一个具有奋斗目标的政党,它咬定目标、久久为功。这种目标追求,就凝结为党的初心和使命。人民对美好生活的向往是我们党的奋斗目标,这连着初心;实现中华民族伟大复兴是我们党的战略目标,这连着使命。第三个层次是钢铁意志,即不怕牺牲、英勇斗争。实现奋斗目标意味着前途是光明的,就需要选择正确的道路。但是,我们中国共产党人为实现奋斗目标,脚下所走的道路却是曲折坎坷的。为此,中国共产党人必须具有钢铁般的坚强意志,才能实现奋斗目标。正如恩格斯所指出:“一个知道自己的目的,也知道怎样达到这个目的的政党,一个真正想达到这个目的并且具有达到这个目的所必不可缺的顽强精神的政党——这样的政党将是不可战胜的。”第四个层次是政治情怀，即对党忠诚、不负人民。对党忠诚、不负人民是鲜明的政治概念，这是需要情怀的。情怀是一种责任，是一种担当，是一种主动，是一种开创。坚持真理、坚守理想，践行初心、担当使命，不怕牺牲、英勇斗争，对党忠诚、不负人民，这四个层次环环相扣、紧密相连，构成一个逻辑严密的有机整体。

从世界史观揭示伟大建党精神和精神谱系具有何种意义。把伟大建党精神和中国共产党人的精神谱系置于世界历史场景中进行审视，可揭示它所具有的重要意义。首先，它使中国共产党具有不同于世界其他政党的特质。一个政党区别于其他政党，其中一个重要方面就是其特质。政党的特质是靠精神塑造的，伟大建党精神和中国共产党人的精神谱系是把我们党涵育成一个深得人民支持和拥护的强大政党的沃土。伟大建党精神和中国共产党人的精神谱系，在一定意义上反映并体现了中国共产党的特质，这种特质有别于世界上其他一切政党。这种特质就是“咬定目标、迎难而上、越挫越勇、越险越进、勇于奋斗、不怕牺牲、久久为功”。正是这种特质，使中国共产党能扛起肩上的奋斗目标和历史使命。其次，它使中国共产党能在实现民族复兴曲折坎坷的道路上创造出世所罕见的人间奇迹。车尔尼雪夫斯基说：“历史的道路不是涅瓦大街上的人行道，它完全是在田野中前进的，有时穿过尘埃，有时穿过泥泞，有时横渡沼泽，有时行经丛林。”在实现中华民族伟大复兴的征途中，中国共产党人所走的路是十分曲折坎坷的，既有“尘埃”“泥泞”，又有“沼泽”“丛林”。然而，正是伟大建党精神和中国共产党人的精神谱系，使中国共产党人以钢铁般的意志，走过了“尘埃”“泥泞”“沼泽”“丛林”，在实现中华民族伟大复兴的征途中创造出一个个人间奇迹。这是世界上其他政党所无法比拟的。最后，它使中国共产党人能有效应对世界百年未有之大变局。靠伟大建党精神和中国共产党人的精神谱系滋养的中国共产党具有世界眼光和战略思维，它注重为世界谋大同，注重积极推动构建人类命运共同体，它能站在历史正确一边，掌握历史主动，能运用马克思主义观察时代、把握时代、引领时代，因而能积极主动应对全球经济增长动能不足、全球发展失衡、全球治理滞后的难题，能积极主动应对世界百年未有之大变局中的动荡变革及其带来的不稳定不确定，能积极主动应对世界上所遇到的各种矛盾难题和风险挑战，也往往能战无不胜。正如习近平总书记所强调的："精神上强，才是更持久、更深沉、更有力量的。"

基于上述认识与理解，我们组织本套丛书。这套丛书以"精神史"切入，梳理了中国共产党人的精神建设、价值取向、思想建党、马克思主义认识史等。

《中国共产党人的精神建设》一书，首先梳理和概括了中国共产党人精神建设的实践基础和三大文化源头。中国共产党人的精神建设，从实践基础来看，主要植根于党领导的革命、建设、改革、新时代的伟大实践；从思想文化来源看，则离不开对马克思主义的坚持和发展、对中华优秀传统文化的滋养和升华、对"五四"精神的传承和内化；从历史发展来看，中国共产党在其百年奋斗的四个历史时期取得了一系列重大成就，积累历史丰富的历史经验，这些重大成就和历史经验也源于中国共产党百年奋斗四个历史时期所形成的精神谱系这些精神谱系体现着中国共产党人十分注重精神建设。人无精神不立，国无精神不强。中国共产党一路走来，历经风雨，面对各种困难挑战，最终成就了史无前例的伟大事业，并且还将在实现社会主义现代化、实现中华民族伟大复兴的历程中持续奋斗，其背后离不开中国共产党人所铸就的伟大精神。

《中国共产党人的价值取向》一书，主要是从百年征程看中国共产党以人民为中心的价值取向，并从历史逻辑、理论逻辑和现实逻辑等多重维度展示和诠释中国共产党的初心和使命。在结构布局上,全书以中国共产党100年的奋斗历程为线索,分五章,从坚持以人民为中心与中国共产党的诞生,到坚持以人民为中心与中国革命事业的发展壮大,经坚持以人民为中心与改革开放前的社会主义实践探索,到坚持以人民为中心与开创和发展中国特色社会主义,再到坚持以人民为中心与开创中国特色社会主义新时代,用历史概述、数据统计、生动故事、典型案例等形式,展示中国共产党如何为历史担使命、为民族争独立、为人民求解放、为国家谋建设、为振兴创新路、为富强图发展、为人民谋幸福的历史事实,让读者从百年征程中看清中国共产党的初心和使命,看懂中国共产党以人民为中心的价值取向。当前学界在对中国共产党人的价值取向的研究中,相对缺少学理层面的深入探究。因此,该书的亮点,就是紧紧围绕习近平总书记提出的"从哪里来、往哪里去"的问题,以历史为脉络,介绍中国共产党成立以来不同历史时期的历史进程、重要事件、主要成就、典型人物、高尚品格、宝贵经验,具体展示中国共产党是怀着什么样的初心、肩负什么样的使命,在100年的伟大历程中,是如何坚持不懈的奋斗、探索与勇于自我革命的。在回溯中国共产党百年来始终不渝为中国人民谋幸福、为中华民族谋复兴的历史事实的基础上,从理论与实践的双重维度展开系统研究、详细论证和深刻阐发,并通过对中国共产党人的价值取向的历史逻辑、理论逻辑和现实逻辑等多维度探究,展开全文的总体逻辑,侧重从学理角度研究中国共产党人价值取向的核心要义及其生成机制,以此为我们的党员干部提供一本简明生动的参考读物,同时也为学界提供一定的思想借鉴。

《中国共产党思想建党史》一书坚持守正创新,坚守以史为鉴,通过回顾中国共产党思想建党的历史,回答了"什么是思想建党、怎么样思想建党"这一重要时代课题,推进了党的理论创新,拓展了新时代思想建党的新视野,为新时代中国共产党加强思想建党提供理论滋养,为中国共产党人坚定理想信念和不忘初心、牢记使命提供现实启示，为全面提高党的建设科学化水平贡献智慧和力量。该书主要包括前言和八章内容。前言部分阐释了中国共产党思想建党史研究的重要意义，明确了中国共产党思想建党的基本内涵、中国共产党思想建党的活动方式、中国共产党思想建党史的分期内容。八章内容分别为：马克思恩格斯列宁对思想建党的理论探索、马克思列宁主义指导地位的确立、毛泽东关于思想建党的理论与实践、邓小平关于思想建党的理论与实践、江泽民关于思想建党的理论与实践、胡锦涛关于思想建党的理论与实践、习近平思想建党创造性发展、中国共产党思想建党的经验启示。该书以马克思恩格斯列宁思想建党为理论起点，以马克思列宁主义指导地位确立为理论前提，以中国共产党思想建党发展历史为核心内容，揭示了中国共产党人加强思想建党的话语体系和中国共产党牢牢把握意识形态领域领导权的制胜密码。

《延安时期中国共产党马克思主义认识史》一书，主要是对中国共产党与马克思主义关系展开研究。它紧紧围绕“什么是马克思主义、怎样对待马克思主义”这一核心线索，着重考察和分析中国共产党领导集体在其书面和口头言说中明确提及的、引用的并且在实践中发挥着作用的马克思列宁主义原理和结论，从中窥探中国共产党对马克思主义的认识历程，摹绘其变化，分析其原因。围绕这一研究思路，该书首先回顾了20世纪30年代前半期中国共产党的马克思主义认识史，进而将延安时期中国共产党的马克思主义认识史分为四个大的时段进行考察，在每一具体时段，通过对党中央的重要文献、主要领导人的论著，以及重要报刊文章的分析认为，延安时期，中国共产党对于马克思主义的认识大致经历了由强调马列主义关于民族革命战争的战略和策略，至马列主义关于“建设大党”的若干基本理论，再至马列主义的哲学认识论和马列主义关于新民主主义建设的有关政策这样一个历程转变。本书强调，列宁、斯大林对中国共产党的马克思主义认识影响尤大，其文本成为中国共产党话语言说得以运行的语言基础。

总体来说，这套丛书力求在相关知识体系和学术理论上有所推进，更力求加深对中国共产党伟大建党精神、精神谱系与中国共产党人精神特质的理解和把握，更加力求深化对"中国共产党为什么能"的理解和把握。由于受历史、现实条件的影响与局限于我们的认识水平，本套丛书会有不到之处，待日后有机会再加以修改和完善。

河南人民出版社陈智英编审为本套丛书的策划、出版付出了艰辛的努力和心血，再此表示衷心的感谢！

2022 年仲夏

本书是2019年度教育部高校示范马克思主义学院和优秀教学科研团队建设项目（优秀中青年思想政治理论课教师择优资助计划）最终成果。

目　录

第一章
坚持以人民为中心与中国共产党的诞生

近代以来，由于西方列强的入侵，由于封建统治的腐败，中国逐渐成为半殖民地半封建社会，山河破碎，生灵涂炭，中国人民生活在水深火热之中。为抵御外国的侵略，捍卫民族的独立和尊严，自强不息、紧紧相拥的中华民族从未停止过抗争的脚步。在中国共产党成立以前，无数仁人志士为寻求救国之路前赴后继、不懈探索。可是，在探索中华民族伟大复兴道路的过程中，太平天国运动、洋务运动、资产阶级革命，由于没有找到科学的理论、正确的道路和可依靠的社会力量，一次又一次地走向失败，中国人民仍生活在苦难和屈辱之中。历史呼唤着真正能够带领中华民族实现伟大复兴使命的承担者，这个光荣使命落在了以马克思列宁主义为行动指南、代表整个中国人民和中华民族利益的无产阶级政党——中国共产党身上。中国共产党一经成立，就将为中国人民谋幸福、为中华民族谋复兴作为自己的价值取向。从此，中国人民争取民族独立、人民解放和实现国家富强、人民幸福的斗争就有了主心骨，中国人民从此在精神上由被动转为主动，中国革命的面貌也从此焕然一新。

第一节 马克思主义是中国人民的历史选择

一、压在近代中国人民身上的“三座大山”

近代中国日益陷入半殖民地半封建社会的深渊。进入20世纪之初，中国人民继续受到外国帝国主义、本国封建主义的压迫，后来又增加了官僚资本主义的压迫。这三者，就是压在中国人民身上的“三座大山”。

辛亥革命失败以后的一个时期，中国反动势力的政治代表主要是帝国主义列强支持下的北洋军阀政府。取代北洋政府统治全中国的，是国民党控制的中华民国国民政府。北洋军阀为了维护自身的统治，不惜出卖国家主权，从而使外国侵略势力在中国得到进一步的扩展。国民党统治的建立，并没有使中国摆脱帝国主义的压迫，而是为外国侵略势力深入中国进一步敞开了大门。截至1937年全国抗战前夕，在重工业方面，外国资本即控制了中国煤产量的55.2%，新法采煤量的77.4%，冶铁工业的95%，石油工业的99%，发电量的77.1%。在中国的现代工业和运输业中，外国资本占到了71.6%。外国银行资产也比华商银行多1/3。此外，外国资本还控制了中国的财政、金融以及若干重要的轻工业。这种日益加剧的殖民侵略，最终都转嫁为中国人民沉重不堪的经济负担。

更为重要的是，在北洋军阀和国民党政府统治的近代中国历史时期，在整个国家的社会经济生活中占优势地位的，仍然是封建经济。当时的中国，大部分的土地被地主和旧式富农占有，他们将土地出租给农民，向农民收取苛重的地租，主要是实物地租。如据1934年的统计，实物地租占农业产值的比重一般为45%左右，有的地区甚至高达5

成、6 成乃至 7 成以上。地租剥削不仅侵占了农民的全部剩余劳动,而且侵占了他们相当一部分赖以维持基本生存的必要劳动。此外,农民还受到商业资本、高利贷资本的剥削。政府当局不仅不着力改变农民的悲苦命运,反而用自己的权力维护封建剥削制度。与此同时,政府当局还通过征收苛重的赋税等直接对农民进行掠夺。一是征收田赋。田赋名义上是向田主征收的,实际上田赋加重,地租也随之加重,这种负担归根结底还是落到农民身上。二是征收盐税。旧中国农民群众占人口绝大多数,是盐税的主要负担者。三是征收各种杂税。据统计,从 1929 年至 1933 年,全国农村共有 188 种不同名目的捐税。而到了 1937 年,杂税名目达到 1756 种。四是强迫农民服劳役和抓壮丁。在这种残酷的经济剥削和政治压迫之下,广大中国农村经济日益陷入绝境,占全国总人口 80%以上的农民过着极端贫困的生活。许多人不得不吃糠咽菜,遇到天灾人祸,甚至用树皮、草根等充饥,更有大批农民被迫卖儿鬻女,流落他乡,直至冻饿而死。一些农村区域出现了"土地荒芜,路断行人,家有饿妇,野无壮丁"的惨象。

近代中国封建制度的政治统治,在辛亥革命前表现为皇帝和贵族的专制政权,在辛亥革命后表现为封建军阀官僚统治。"三纲五常"等旧的礼教依然束缚着人们的头脑。因此,反对封建主义,从经济上消灭地主土地所有制,使广大农民从封建地主阶级的压迫中解脱出来,满足农民对土地的要求,解放农村生产力,发展农村经济;从政治上推翻帝国主义在中国的代理人和地主买办势力的集中代表——封建军阀的专制统治,建立并巩固人民政权,实现人民当家做主,进一步解放被束缚的生产力。这就成为近代中国革命的一个根本任务。

中国人民在受到封建地主阶级压迫的同时,还受到官僚资产阶级的压迫。1927 年国民党在全国的统治建立以后,官僚买办资本急剧地膨胀起来,那种依附于外国垄断资本的买办性的大资产阶级发展成为官僚资产阶级,控制了全国政权。官僚资本是中国的垄断资本,它和国家政权结合在一起，成为国家垄断资本。以蒋介石、宋子文、孔祥熙、陈立夫为首的垄断资本，垄断了全国的经济命脉，它同外国帝国主义、本国地主阶级和旧式富农有着千丝万缕的联系，实质上就是买办的封建的国家垄断资本，是蒋介石反动政权的经济基础。除国家垄断资本外，官僚的私人资本也属于官僚资本，而掌握着官僚资本的阶级，就是官僚资产阶级，即中国的大资产阶级。官僚资本的垄断活动，首先和主要是在金融业方面开始的。在很长一段时期里，无限制地发行纸币（“法币”），一直是国民党政府解决财政危机、发展官僚资本的主要手段。由此造成的旷日持久的恶性通货膨胀和物价急剧上涨，使广大人民群众手中持有的货币一天比一天贬值。到中华人民共和国成立前夕，物价飞涨已如同脱缰的野马，甚至一天之内要上涨多次。长时期的通货膨胀、物价飞涨，不仅使广大人民群众遭到一次又一次的洗劫，直至到了无法生存下去的地步，也为官僚资本家进行买空卖空、囤积居奇、制造黑市以及吞并其他企业等项投机活动大开了方便之门。

与此同时，官僚资本集团还利用自己的政治特权，依靠雄厚的金融力量，从事大规模的商业投机活动。外汇和对外贸易，是由他们垄断的。如孔祥熙家族独资经营的祥记商行专门贩卖匹头、煤油、颜料等洋货；宋子文家族经营的华南米业公司享有洋米进口免税、垄断洋米运销的特权。他们借助于国民党政府实行的贸易统制政策和专卖制度，控制了大量商品。他们以低价收购，又以垄断价格出售，从而获取高额利润。另外，官僚资本集团一直利用国家政权的力量对工业实行垄断性的掠夺。1935 年国民党政府成立的资源委员会垄断了全国主要的重工业。它下属的厂矿一部分是接收的北洋军阀时期的官僚资本企业，一部分是依靠资本主义国家提供的贷款和技术新建的企业。由官僚资本控制、支配的以“民营”或“官商民办”形式出现的工业企业，大多是通过兼并民族工业而来的。抗日战争胜利后，国民党政府又接收了日伪工厂4411家,其中发还原主或标卖的仅占了10%,其余绝大部分成了官营企业,或者化“公”为私,成了官僚资本家的私产。到中华人民共和国成立前夕,官僚资本已经占到整个工业资本的2/3、工业运输业固定资本的80%。它拥有全国电力的67%,煤炭产量的33%,水泥产量的45%,纱锭设备的40%,织布机设备的60%,糖产量的90%,轮船吨位的45%,铁路、公路、航空运输的100%。近代中国历史时期官僚资本凡此种种的扩张和发展,无不是在充当外国帝国主义的买办的过程中,通过掠夺广大劳动人民和兼并民族工商业取得的,其每一个钱币中无不沾染着广大中国人民的血和泪。

在近代中国历史时期,重压在中国人民身上的“三座大山”,是亿万劳苦大众悲苦命运的根源,也是广大人民群众中间蕴含着推翻国内外政治势力反动统治的强烈革命诉求的根本原因所在。帝国主义和中华民族的矛盾,封建主义和人民大众的矛盾,成为近代中国社会的主要矛盾。从这时起,争取民族独立、人民解放和实现国家富强、人民幸福,成为中国人民的历史任务。为了推翻三座大山,迫切需要有一条新的道路,有一支新的力量,有一个新的变革。历史翘首以盼,人民翘首以盼,中华民族翘首以盼。1921年中国共产党成立后,新民主主义革命便拥有了最坚强的领导核心,在中共七大的闭幕词中,毛泽东指出:“现在也有两座压在中国人民头上的大山,一座叫做帝国主义,一座叫做封建主义。中国共产党早就下了决心,要挖掉这两座山。”1948年4月,《在晋绥干部会议上的讲话》中毛泽东把官僚资本主义同帝国主义、封建主义一起列为中国革命的对象。毛泽东在这个讲话中指出:“无产阶级领导的,人民大众的,反对帝国主义、封建主义和官僚资本主义的革命,这就是中国的新民主主义的革命,这就是中国共产党在当前历史阶段的总路线和总政策。”这深刻地证明:只有坚持以人民为中心,推翻残酷压迫广大人民群众的“三座大山”,才能够得到广大人民群众的真心拥护和支持,才能实现民族独立和人民解放。

二、以追求人的解放为主旨之一的新文化运动

马克思主义的唯物史观告诉我们，人民群众是历史的主体，是历史发展的推动者。1840 年鸦片战争以后，面对日益加剧的国家和民族危机，各种各样的救国探索之所以屡试屡败，归根结底是没有认识到人民群众的主体作用。辛亥革命的失败和北洋军阀黑暗统治的建立，推动当时一些进步知识分子开始将注意力转向这个极端重要的问题。

辛亥革命的胜利打开了中国通往现代化的闸门，极大地解放了人民的思想，随着清王朝的封建统治被推翻，资产阶级共和国政治制度的建立，民族平等、民权自由、民生幸福等呼声响彻中华大地，中国社会面貌焕然一新。但是南京临时政府只存在了三个月便夭折了。北洋军阀首领袁世凯在帝国主义和国内反动势力以及附从革命的旧官僚、立宪派的共同支持下，窃夺了革命果实。当时的中国，从形式上看，有了约法，有了国会，有了众多的公开活动的政党，似乎有点像民主共和国的样子了。实际上，全部政权都操纵在以袁世凯为首的北洋军阀手里，他们对资产阶级民主制度是不能容忍的。经过一系列阴谋的实施，中华民国很快就只剩下一块空招牌了。军阀们为了实行专制统治，不惜投靠帝国主义。袁世凯统治时期，出卖路权、矿权，大肆借款，并签订众多不平等条约。他未经国会同意，与列强签订“善后大借款”合同，用盐税作抵押，使列强实现了控制和监督中国财政的愿望。1915 年 5 月，为了让日本支持复辟帝制，他竟然基本接受日本提出的严重损害中国权益的“二十一条”要求。皖系军阀段祺瑞控制北京政府时，也投靠日本，向日本借款扩充自己的势力。这些借款以东北金矿、森林，东北、山东铁路，国家烟酒专卖利润等为担保，便利了日本进一步掠夺中国的矿产资源和其他原料。为了达到专制独裁的目的，袁世凯公然进行帝制复辟活动。1917 年 6 月，前清官僚张勋率“辫子军”北上，搞拥废帝溥仪复辟的闹剧。北洋军阀在经济上竭力维护帝

国主义、地主阶级和买办资产阶级的利益。军阀、官僚本身就是大地主,他们还以各种手段兼并土地。袁世凯仅在河南彰德等县占有的土地就有4万多亩,奉系军阀张作霖在东北占地达到150万亩。许多自耕农和半自耕农陷入破产和丧失土地的境地,变成佃农和雇农。北洋政府还通过"清丈地亩"、征收各种苛捐杂税等手段,对农民进行敲骨吸髓的压榨。

袁世凯当权时,北洋政府统治下的中国在形式上是统一的。在1916年袁世凯称帝败亡之后,连这种形式上的统一也维持不住了,中国陷入了军阀割据的局面。这种局面之所以形成,有着深刻的原因:一方面是由于中国主要是地方性的农业经济而没有形成统一的资本主义市场,另一方面是由于帝国主义国家在中国采取划分势力范围的分裂剥削政策。这些割据称雄的各派系军阀之间,或者为了争夺中央政权,或者为了保持与扩大自己的地盘,进行连年不断的纷争,引发多次的战乱。军阀的专制统治和割据、纷争乃至混乱,给人民带来无穷灾难,使经济遭到巨大破坏。可以说,北洋军阀的统治是从政治、经济和文化思想等各个方面对辛亥革命进行的反攻倒算。中国重新落入了黑暗的深渊。对此,孙中山本人就说,当时中国"政治上、社会上种种黑暗腐败比前清更盛,人民困苦日甚一日"①。毛泽东后来也对此评价说:"多次奋斗,包括辛亥革命那样全国规模的运动,都失败了。国家的情况一天一天坏,环境迫使人们活不下去。怀疑产生了,增长了,发展了。"②

正是在这样的历史背景下,一些进步的知识分子和一直以来为探索救国出路而不懈奔走努力的仁人志士,开始深入反思辛亥革命和在此以前各种救国活动屡试屡败的原因,他们当中一些人,开始朴素、初

① 《孙中山全集》,人民出版社1981年版,第579页。
② 《毛泽东选集》第四卷,人民出版社1991年版,第1470页。

步地认识到一些关于坚持人民群众的历史主体地位的极端重要性。如陈独秀就说："吾国之维新也，复古也，共和也，帝政也，皆政府党与在野党之所主张抗斗，而国民若观对岸之火，熟视而无所容心；其结果也，不过党派之胜负，于国民根本之进步，必无与焉。"国民性长期得不到进步，是"亡国灭种之病根"，"欲图根本之救亡，所需乎国民性质行为之改善"。[①]

与此同时，第一次世界大战的爆发也进一步推动国人对辛亥革命所坚持的西方民主政治道路产生怀疑。陈独秀在第一次世界大战开始后不久就说过，资本主义代替封建主义以后，"政治之不平等，一变而为社会之不平等；君主贵族之压制，一变而为资本家之压制"。西方近世文明的这种缺点是毋庸讳言的。[②] 历史事实证明，第一次世界大战把资本主义制度固有的矛盾以极其尖锐的形式暴露出来。战争的空前残酷、战后社会的极度混乱，使世人为之震惊，引起对西方文明价值的怀疑。人们第一次从世界范围内感觉到资本主义制度已丧失光明的前途，失去了原有的吸引力。李大钊在大战将结束时说："此次战争，使欧洲文明之权威大生疑念。欧人自己亦对于其文明之真价不得不加以反省。"[③]他在 1916 年 5 月就已说过："代议政治虽今犹在试验之中，其良其否，难以确知，其存其易，亦未可测。"[④]毛泽东在 1917 年 8 月致黎锦熙信中也说过："日本某君以东方思想均不切于实际生活。诚哉其言！吾意即西方思想亦未必尽是，几多之部分，亦应与东方思想同时改造也。"[⑤]

应当看到，新文化运动正是在上述历史背景下兴起的，更是在上述历史背景下才得到迅猛发展的。其根本原因就在于越来越多的国

① 参见《陈独秀文章选编》（上），三联书店 1984 年版，第 104、93、132 页。

② 参见陈独秀：《法兰西人与近世文明》，1915 年 9 月 15 日。

③ 《李大钊文集》（上），人民出版社 1984 年版，第 565 页。

④ 同上，第 168 页。

⑤ 《毛泽东早期文稿》，湖南人民出版社 2013 年版，第 73—74 页。

人开始对西方那种所谓的精英政治道路产生怀疑,自觉不自觉地转向中国情况,将更多的注意力投向普通的社会大众,希望立足于社会大众来找到真正的救国救民道路。在五四运动以前的新文化运动进程中,固然对这个问题的强调还不是特别的明晰,但可以确定的是,当时中国的进步政治文化正是朝着这个方向来发展的,以陈独秀为主要代表的新文化运动主将们从方方面面将注意力转向了广大普通国民特别是青年本身。

1915 年 9 月,陈独秀在上海创办《青年杂志》(后改名为《新青年》),一般认为,这就标志着新文化运动的开始。陈独秀在杂志创刊号发表的《敬告青年》一文中,处处表露了对改造国民性特别是着重推动青年进步的极端重视。文中说要塑造国民为崭新的"青年"形象,希望青年能够成为改造社会的先驱。陈独秀在文中指出:"青年如初春,如朝日,如百卉之萌动,如利刃之新发于硎,人生最可宝贵之时期也。青年之于社会,犹新鲜活泼细胞之在人身。"陈独秀认为,新"青年"的标准有六条:一是自主的而非奴隶的;二是进步的而非保守的;三是进取的而非退隐的;四是世界的而非锁国的;五是实利的而非虚文的;六是科学的而非想象的。新文化运动以改造国民性和建设"新青年"为中心,提出了民主与科学两大口号,认为"国人而欲脱蒙昧时代,羞为浅化之民也,则急起直追,当以科学与人权并重"。这里所说的"科学"既包括自然科学,也包括社会科学,其重在提倡科学精神,尊重科学规律,反对主观臆断、盲目迷信和愚昧无知。这里所说的"民主"和"人权"指人的权利,强调人的价值、尊严、独立和自由。陈独秀认为:应当认定只有德先生和赛先生这两位先生,可以救治中国政治上道德上学术上思想上一切的黑暗。若因为拥护这两位先生,一切政府的压迫,社会的攻击笑骂,就是断头流血,都不推辞。要拥护那德先生,便不得不反对孔教、礼法、贞节、旧伦理、旧政治。要拥护那赛先生,便不得不反对旧艺术、旧宗教。要拥护德先生又要拥护赛先生,便不得不反对国粹和旧文学。[①]

历史事实证明,陈独秀、李大钊、毛泽东等后来中国共产党最早的一批领导者和骨干力量,一开始都是在五四运动以前的新文化运动中接受了初步的思想洗礼。这个时期的新文化运动确实存在着很多问题和局限性,但历史地看,它留下的一项珍贵思想遗产,就是在近代中国历史上第一次明确、广泛而又比较深刻地提出了改造国民性的问题,推动更多的人立足于人民大众而不是单纯的政治社会精英来探索救国出路的问题。这与马克思主义的历史观和人民观固然还有很大的差距,但却为马克思主义在中国的传播和中国共产党从建党伊始就牢牢把握以人民为中心的使命和初心,提供了深沉和持久的精神动力。

中国人并不是在俄国十月社会主义革命以后才接触到马克思主义。从1899年英国传教士在《万国公报》中第一次提到马克思和马克思的学说以后,资产阶级的维新派如梁启超和革命派如朱执信等都曾对马克思及其学说作过某些介绍。至于社会主义,在辛亥革命以前,中国思想界中有人也已开始谈论。不过,这些介绍和谈论都还是很模糊、笼统和浅显的,人们还搞不清楚马克思主义的科学社会主义和其他各种社会主义流派的区别,他们自己也不认为这项空谈和现实生活有多少关联。有一些人则认为社会主义学说只是在资本主义发达的国家才有现实意义,他们以为中国在发展资本主义的过程中可以采用某些"社会主义"措施,以"预防"将来再发生社会主义革命。正是新文化运动的蓬勃开展和俄国十月社会主义革命的发生才改变了中国思想界的这种情况。伴随新文化运动的进程,很多人不仅愈加强调以人的自由和解放为中心来理解国家和民族的进步,而且愈加倾向探寻

---

① 参见陈独秀:《〈新青年〉罪案之答辩书》(1919年1月5日),载《新青年》第6卷第1号。

以不同于至少是不完全同于西方资本主义文明的方式来实现人的自由和解放。这实际上已经为国人最终接受马克思主义奠定了最重要和根本的思想前提,换句话说,伴随新文化运动的进程,不管人们能否自觉意识到,其中一些进步分子会转向马克思主义立场,这是迟早的事情。俄国十月社会主义革命为什么会在中国产生那么强烈的反响?其中一个重要原因就是它提供了一个历史契机,使中国人看到了一条既致力于实现人的自由和解放,又不同于西方资本主义文明的崭新道路;更为重要的是,这条崭新道路的开辟,不是依靠所谓的政治精英和社会精英,而是依靠像工人、士兵和学生这样的广大普通民众。这次革命由于发生在情况和中国相同(封建压迫严重)或近似(经济文化落后)的俄国,对中国人民具有特殊的吸引力。它表明,"物质文明不高,不足阻社会主义之进行"①;资本主义的路走不通,可以走社会主义的路。十月革命发出的反对帝国主义的号召,使饱受帝国主义列强欺凌的中国人民感到"格外沉痛,格外严重,格外有意义"②。凡此都有力推动了先进的中国人倾向于社会主义,同时也推动了他们去更加认真和深刻地了解指导十月社会主义革命的马克思主义学说。总之,十月革命使中国产生了民族解放的新希望。在这种情况下,中国也就出现了一批赞成俄国十月社会主义革命、具有初步共产主义思想的知识分子。

李大钊是在中国大地上举起十月社会主义革命旗帜的第一人。他在1918年始任北京大学图书馆主任、教授,是新文化运动的著名左翼人士。十月革命后,他经过深入的观察和缜密的思考,在1918年7月和11月先后发表《法俄革命之比较观》《庶民的胜利》《Bolshevism》等文章,以深邃的历史眼光,指出十月革命是"立于社会主义上之革

① 《新民学会会务报告》第二号,1921年1月。

② 《李大钊文集》(下),人民出版社1984年版,第577页。

命,是社会的革命而并著世界的革命之采色者”[①];十月革命的胜利乃是“劳工主义的战胜”,是“二十世纪中世界革命的先声”[②],是“世界人类全体的新曙光”[③]。他预言,十月革命所掀动的潮流是不可阻挡的。“试看将来的环球,必是赤旗的世界”[④]。在1919年元旦发表的《新纪元》一文中,他进一步指出,十月革命开辟了人类历史的“新纪元”,它将“带来新生活、新文明、新世界”[⑤]。在这个时期,陈独秀、李大钊创办的《每周评论》,不仅用更大篇幅、更及时的时间介绍十月革命形势与马克思主义的科学社会主义著作,还报道中国劳工的社会状况。凡此都证明以李大钊为代表的进步分子已经开始转向认为中国人民应当走十月革命的道路。

三、五四运动是一次真正的群众运动

当中国的思想界发生剧烈变化的时候,中国的社会结构也在悄悄地发生深刻的变化。在1914年至1918年第一次世界大战期间,由于西方帝国主义国家忙于在欧洲战场上进行厮杀,暂时放松了对中国的经济侵略(只有日本、美国的在华经济势力仍有所扩张),中国的民族资本主义经济在短时间内得到相当迅速的发展。1914年至1919年的6年间,中国新设厂矿379个,平均每年增设63个。与此相联系,中国的工人阶级和民族资产阶级的力量进一步壮大起来。1919年五四运动前夕,产业工人已达200万人,成为一支日益重要的社会力量。种种社会问题,包括劳动和资本间的矛盾,越来越引起人们的关注,这就为中国人接受马克思主义提供了客观的社会基础。各种新式学校里

---

① 《李大钊文集》(上),人民出版社1984年版,第573页。

② 同上,第595页。

③ 同上,第599页。

④ 同上,第603页。

⑤ 《李大钊全集》第二卷,人民出版社2006年版,第266页。

的学生也迅速增加,还出现一大批新式学校的教师和记者等,形成一个比辛亥革命时期更庞大的知识分子群。中国反帝反封建的资产阶级民主革命出现一个新的更为壮大了的阵营。一场新的人民大革命的兴起,成为不可避免的事情。

中国的五四运动,是在俄国十月社会主义革命的影响下发生的。毛泽东在当时说过,俄罗斯以民众大联合打倒贵族、驱逐富人这个事实,使"全世界为之震动"。革命浪潮由此风起云涌,"异军特起,更有中华长城渤海之间,发生了'五四运动'"①。稍后,陈独秀也在《五四运动的精神是什么?》中指出:十月革命以后"中国人也受了两个教训:一是无论南北,凡军阀都不应当存在;一是人民有直接行动的希望。五四运动遂应运而生"。五四运动的直接导火线是中国在巴黎和会上的外交失败。1919 年 1 月开始,美、英、法、意、日等 27 个第一次世界大战的战胜国在法国巴黎召开"和平会议"。在巴黎和会上,中国代表以战胜国的身份出席会议,但他们所提出的废除帝国主义在华特权、取消"二十一条"不平等条约、收回山东主权等正当要求不但遭到帝国主义国家的拒绝,后者还要求中国政府同意将战前德国在中国山东的殖民利益转让给日本,北洋政府居然准备在这样耻辱的和约上签字。当梁启超、林长民等爱国人士通过各种渠道得知这个消息并公布于众后,立即点燃了国内舆论。5 月 4 日下午,北京大学、北京高等师范、朝阳大学、民国大学等 13 所学校的 3000 多名学生在天安门前集会,高呼"外争主权、内除国贼""拒绝和约签字""废止二十一条""誓死争回青岛"等口号,坚决要求严惩卖国贼曹汝霖、陆宗舆、章宗祥。爱国学生们在宣言中写道:"中国的土地可以征服而不可以断送!中国的人民可以杀戮而不可以低头!国亡了!同胞起来呀!"会后,爱国学生走上街头,举行示威游行,要求政府作出回应。五四运动爆发。5 月 5

① 《毛泽东早期文稿》,湖南人民出版社 2013 年版,第 356 页。

日,北京学生宣布总罢课,并通电全国。各地学生纷纷响应。学生的爱国行为遭到北洋军阀政府的镇压,事态进一步扩大。从6月3日起,北京学生重新走上街头讲演。讲演者“垂泪而道”,听众则“掩面而泣”。第一天,学生被捕者170余人;第二天,又有700余人被捕;第三天,2000余名学生走上街头,受到军警马队的冲击。天津、上海和其他一些城市的学生,纷纷响应北京学生,进一步举行抗议活动。

这时,一个重要的事实发生了:中国工人阶级开始以独立的姿态登上政治舞台。在上海学生“沿街跪求”商人罢市之际,从6月5日起,上海工人自动举行声援学生的罢工,几日内,罢工工人达到六七万人。随后,北京、唐山、汉口、南京、长沙等地工人也相继罢工,许多大中城市的商人举行罢市,形成罢工、罢课、罢市的“三罢”高潮。斗争如燎原之火蔓延全国,扩展到20多个省区、100多个城市。五四运动就这样突破了知识分子的狭小范围,成为有工人阶级、小资产阶级和资产阶级参加的全国规模的群众运动。运动的中心由北京转移到上海,斗争的主力由学生逐渐转向工人。迫于人民群众的压力,北洋军阀政府不得不于6月10日释放被捕学生,并宣布罢免曹、章、陆。6月27日,旅法华工、留学生、华侨数百人前往中国政府全权委员陆征祥所住医院,要求拒签和约。第二天,中国代表没有出席巴黎和约的签字仪式。

五四运动是近代中国革命史上具有划时代意义的事件。它的历史意义,在于它带着辛亥革命不曾有的姿态,这就是彻底地不妥协地反对帝国主义和彻底地不妥协地反对封建主义,启发引导广大人民的觉悟,准备革命力量的团结。五四运动对社会主义思潮在中国的蓬勃兴起起到了极大的推动作用。它促进了马克思主义在中国的传播并与工人运动的结合,为中国共产党的成立在思想上、干部上做了准备。因此,它标志着中国新民主主义革命的伟大开端。

为什么说五四运动极大推动了马克思主义在中国的传播呢?关键就在于五四运动是一次真正的群众运动。正是在五四运动前后,越来越多的先进分子从对西方帝国主义不切实际的幻想中彻底清醒过来，开始看出帝国主义列强联合压迫中国人民的实质。这使国人立足中国自己的情况，越来越强烈地与俄国社会主义革命道路产生共鸣，认为中国也只能走类似的道路才能为自己的国家民族真正找到生路。对此，正如瞿秋白所说，"帝国主义压迫的切骨的痛苦，触醒了空泛的民主主义的噩梦"①，"所以学生运动倏然一变而倾向于社会主义"②。五四运动中学生、工人、商人等普通民众的积极和热情参加，使中国思想界的一些先进分子进一步看到了蕴含在人民群众中间的巨大能量，这不仅在实际上进一步呼应了以追求人的解放为主旨的新文化运动兴起的必然性和必要性，也证明了中国走类似于俄国革命道路来推动实现人的自由和解放的可行性和必要性。因而五四运动时期，伴随着更多的国人开始觉醒，开始关心国家民族命运，特别是开始认识到人类社会的一切发展进步归根结底是为了人自身的解放和自由，虽然各种社会思潮大量涌现，有的甚至一度盛行，但马克思主义以其高度的科学性和彻底的革命性吸引着越来越多的进步青年。

五四爱国运动爆发后的第二天，即 5 月 5 日，李大钊即指导北京《晨报》副刊开辟了"马克思研究"专栏，并在《新青年》上发表了《我的马克思主义观》。李大钊肯定马克思主义为"世界改造原动的学说"，对马克思主义作了比较全面、系统的介绍。他指出，马克思主义是它的历史论、经济论和政策论，即唯物史观、经济学说和社会主义理论的统一，而阶级竞争说恰如一条金线，把这三大原理从根本上联络起来。③ 和以往一些人对马克思学说所作的片断的、不确切的表述不同，李大钊的这篇文章，对马克思主义学说已经做了相当完整的介绍和比较确切的阐释。7 月 14 日，毛泽东主编的《湘江评论》在长沙创刊。

① 《瞿秋白诗文选》，人民文学出版社 1982 年版，第 34 页。

② 同上，第 35 页。

③ 参见《李大钊全集》第三卷，人民出版社 2006 年版，第 19 页。

该刊从第二期起连载毛泽东《民众的大联合》一文,指出俄国十月革命的胜利得益于民众的大联合。他说:“自去年俄罗斯以民众的大联合,和贵族的大联合资本家的大联合相抗,收了‘社会改革’的胜利以来,各国如匈,如奥,如截,如德,亦随之而起了许多的社会改革……我们应该起而仿效,我们应该进行我们的大联合!”[①]1920 年 9 月,毛泽东还在湖南《大公报》上发表文章,进一步总结俄国革命成功的经验,指出:“列宁之以百万党员,建平民革命的空前大业,扫荡反革命党,洗刷上中阶级,有主义(布尔失委克斯姆),有时机(俄国战败),有预备,有真正可靠的党众,一呼而起,下令于流水之原,不崇朝而占全国人数十分之八九的劳农阶级,如斯响应。俄国革命的成功,全在这些处所。”[②]1921 年 3 月,李大钊在《团体的训练与革命的事业》中称赞俄罗斯共产党,“党员六十万人,以六十万人之大活跃,而建设了一个赤色国家。这种团体的组织与训练,真正可骇”。因此,“我们现在要一方注意团体的训练;一方也要鼓动民众的运动,中国社会改革,才会有点希望”。他认为,“团体的训练”,即成立“平民的劳动家的政党”[③]。一些留学日本期间接触过马克思主义学说的先进青年,对马克思主义在中国的早期传播也起过重要的作用。如留日归来的杨匏安,于 1919 年 11 月至 12 月在广东《中华新报》上发表长篇连载文章《马克思主义(一称科学社会主义)》,对马克思主义的唯物史观、经济学说和科学社会主义作了相当系统的介绍。留日学生李达翻译了《唯物史观解说》《社会问题总览》《马克思经济学说》等书在国内出版,并撰写了《什么叫社会主义?》《社会主义的目的》等文章在国内发表。在美国留学的张闻天也发表《社会问题》一文,介绍和宣传马克思主义学说。

正如我们在前文一再强调的,在辛亥革命爆发和中华民国建立以

① 《毛泽东早期文稿》,湖南人民出版社 2013 年版,第 313—315 页。

② 同上,第 456 页。

③ 《李大钊全集》第三卷,人民出版社 2006 年版,第 269—271 页。

后，中国思想界很快兴起新文化运动，根本原因就在于越来越多的先进分子认识到国家社会的进步归根结底在于人的发展进步，也正是由于坚持以人的解放和自由为主旨，新文化运动才能凝聚起各界的共识，获得迅猛的发展。但是伴随俄国十月革命和五四运动的发生，新文化运动人士中间出现了重大的思想分歧。在李大钊、陈独秀等为代表的先进分子转向马克思主义的同时，以胡适为代表的另一部分人认为应当继续沿着资产阶级的道路走下去。1919 年 7 月，信奉实用主义、主张改良主义的胡适发表《多研究些问题、少谈些"主义"!》一文，声称"一切主义都是某时某地的有心人对于那时那地的社会需要的救济方法"[①]，否认马克思主义对中国的适用性；主张一点一滴的改良，认为主张"根本解决"是"中国思想界破产的铁证"[②]。他后来说过，他这样做"是要教人一个不受人惑的方法"[③]，让人不要被马克思、列宁"牵着鼻子走"[④]，也就是反对中国人接受马克思主义，反对中国走革命的道路。[⑤]

应当看到，所谓的"问题与主义"之争，与中国近代历史上之前所出现的洋务派与守旧派之争、资产阶级改良派与革命派之争等政治思想论战具有很大不同。由于新文化运动和五四运动的洗礼，中国思想界在发生"问题与主义"之争时，已经深入到了人的历史主体地位层面，论争的本质在于是否应当按照马克思主义的指导来理解和坚持人的历史主体地位。通过前文的论述我们可以看到，李大钊、陈独秀为代表的先进分子转向马克思主义，主张中国走俄国革命道路，不是为革命而革命，根本目的也不是为了夺取政权，而是正确地认识到，只有马克思主义才科学地揭示了人民群众的社会历史主体地位，只有马克

① 《中国近代思想家文库：胡适卷》，中国人民大学出版社 2014 年版，第 172 页。

② 同上，第 174 页。

③ 《胡适全集》第四卷，安徽教育出版社 2003 年版，第 673 页。

④ 同上。

⑤ 《胡适论学近著》第一辑，《民国丛书》第一编第 96 册，上海书店 1989 年版，第 645 页。

思主义才科学地提出了实现人的自由和解放的唯一出路。具体到中国情况来说，他们在马克思主义的指导下开始逐渐认识到近代中国人民悲惨命运的根源，要实现中国人民的自由和解放，必须推翻强大的反动统治。正是从此意义上说，面对资产阶级知识分子的质疑和诘难，强调中国必须以马克思主义为指导来找到出路，就是十分必要和重要的反击。正因此，针对胡适的挑战，李大钊1919年8月发表《再论问题与主义》的文章。他指出，社会主义是时代的旗帜。宣传主义与研究问题是交相为用、并行不悖的。一方面，研究问题必须有主义作指导；另一方面，"一个社会主义者，为使他的主义在世界上发生一些影响，必须要研究怎么可以把他的理想尽量应用于环绕着他的实境"。而"我们只要把这个那个的主义，拿来作工具，用以为实际的运动，他会因时、因所、因事的性质情形生一种适应环境的变化"①。这样，李大钊就初步地表述了马克思主义的一般原理必须与本国的实际相结合并在这个结合的过程中得到发展的思想。他还驳斥了胡适的改良主义，针对当时中国的现实指出，仅仅依靠"一点一滴的改良"是不行的，社会问题"必须有一个根本解决，才有把一个一个的具体问题都解决了的希望"②。"问题与主义"的论争扩大了社会主义思潮的影响，推动一些进步青年去接受马克思主义。

四、从争取个人的个性解放到人民群众的社会解放

在李大钊等的影响和当时形势的推动下，一批爱国的进步青年，尤其是那些具有初步共产主义思想的知识分子，经过各自的摸索，逐步划清了资产阶级民主主义和无产阶级社会主义、科学社会主义和其他社会主义流派的界限，走上了马克思主义的道路，中国早期马克思

---

① 《李大钊全集》第三卷，人民出版社2013年版，第51页。

② 同上，第55页。

主义者的队伍形成了。这个队伍主要由三部分人构成。第一就是五四运动以前的新文化运动的精神领袖,除李大钊以外,就是陈独秀。第二是五四爱国运动的左翼骨干。其代表为毛泽东等。毛泽东是湖南学生运动的领导人之一。他说:“我第二次到北京期间,读了许多关于俄国情况的书。我热心地搜寻那时候能找到的为数不多的用中文写的共产主义书籍。有三本书特别深地铭刻在我的心中,建立起我对马克思主义的信仰。我一旦接受了马克思主义对历史的正确解释以后,我对马克思主义的信仰就没有动摇过。这三本书是:《共产党宣言》,陈望道译,这是用中文出版的第一本马克思主义的书;《阶级斗争》,考茨基著;《社会主义史》,柯卡普著。”[①]他说:“1920 年冬天,我第一次在政治上把工人们组织起来了,在这项工作中我开始受到马克思主义理论和俄国革命历史的影响的指引。”[②]湖南的蔡和森于五四运动以后赴法国勤工俭学。他在 1920 年 8 月致书毛泽东:“我近对各种主义综合审谛,觉社会主义真为改造现世界对症之方,中国也不能外此。”[③]他“猛看猛译”马克思主义书籍,供自己和他人阅读,成了中国留法学生中的马克思主义者。天津学生领袖周恩来说,自己到欧洲以后,“对于一切主义开始推求比较”,到 1921 年秋,终于“定妥了我的目标”[④]即共产主义。他表示,“我认的主义一定是不变了,并且很坚决地要为它宣传奔走”[⑤]。第三是一部分原中国同盟会会员、辛亥革命时期的活动家。其代表为董必武等。董必武回忆说,“我们过去和孙中山一起搞革命”,“革命发展了,孙中山掌握不住,结果叫别人搞去

① [美]埃德加·斯诺:《西行漫记》,东方出版社 2010 年版,第 147 页。

② 同上,第 147 页。

③ 《蔡和森文集》,人民出版社 2013 年版,第 56 页。

④ 中共中央文献研究室编:《周恩来年谱》(1898—1949),中央文献出版社 1998 年版,第 55 页。

⑤ 同上,第 56 页。

了”。[①] 读了许多关于十月革命的书籍后，才“逐渐了解俄国革命中列宁党的宗旨和工作方法与孙中山先生革命的宗旨和工作方法迥然不同”[②]，于是就开始“想俄国与中国问题，开始谈马克思主义”[③]。吴玉章、林伯渠等也有类似的思想经历。

为适应中国社会发展和革命发展的需要，早期马克思主义者在中国掀起了一场研究、传播马克思主义的思想运动。这个运动不仅重视对马克思主义基本理论的学习，明确地同第二国际的社会民主主义划清界限，还特别注意从中国的实际出发，学习、运用马克思主义理论。更为重要的是，这个运动从一开始就强调知识分子应当同劳动群众相结合的思想，尽管理论准备并不充分，但他们一旦学得了马克思主义基本原理，就以此为指导，积极地投身到群众斗争中去。李大钊指出，很盼望知识阶级作民众的先驱，民众作知识阶级的后盾。知识阶级的意义，就是忠于民众、作民众的先驱者。他不仅重视工人，号召“把三五文人的运动”变成“劳工阶级的运动”，而且还重视农民，号召先进的知识分子去做“开发农村的事”。[④] 李大钊指出，我们中国是一个农国，大多数的劳工阶级就是那些农民，农民的命运同中国革命的命运紧紧相连。农民“若是不解放，就是我们国民全体不解放；他们的苦痛，就是我们国民全体的苦痛；他们的愚暗，就是我们国民全体的愚暗；他们生活的利病，就是我们政治全体的利病”。[⑤] 李大钊还指出，帝国主义的侵入，封建军阀的横行，使农村出现两极分化，从而使农民成为中国革命的伟大动力。他讲：我们估量革命力量时，不能不注意到

---

① 中共中央党史研究室、中央档案馆编：《中国共产党第一次全国代表大会档案文献选编》，中共党史出版社 2015 年版，第 121 页。

② 《董必武选集》，人民出版社 1985 年版，第 504 页。

③ 中共中央党史研究室：《中国共产党的九十年》，中共党史出版社、党建读物出版社 2016 年版，第 24 页。

④ 参见《李大钊文集》（下），人民出版社 1984 年版，第 208、229 页。

⑤ 参见《李大钊文集》（上），人民出版社 1984 年版，第 648、649 页。

农民是其重要成分。中国的强大的农民群众如果能组织起来，参加国民革命，中国国民革命的成功就不远了。解决中国农民的问题必须解决农业的土地问题，李大钊提出了比较符合中国国情的土地政策。[①]正是在李大钊的指引下，北京大学的邓中夏等开始到工人中去进行活动。尽管当时到工人中去的知识分子为数不多，但这毕竟是一个重要的开端，它预示着先进的知识分子应当遵循的新方向和应当走的新道路。

不难发现，中国早期的这些马克思主义者都曾是热忱的资产阶级民主主义战士。他们抛弃资产阶级民主主义的信念，转向马克思主义的立场，不是为任何其他人所左右，而是根据自己的亲身实践，经过审慎的思考，才作出的抉择。中国的先进分子在接受马克思主义以后，并没有抛弃五四运动的科学和民主的精神，而是在马克思主义的指导下，赋予它们以新的更加深刻的内容。民主不再是指狭隘的资产阶级民主，而是指多数人的民主、劳动阶级为主体的民主。为此，他们强调必须铲除少数人的阶级特权，改变“大多数的无产劳动者困苦不自由”这种“不合乎‘德谟克拉西’”的状况。[②] 科学当然包括自然科学，但是人们对社会的研究只有在唯物史观的基础上才能真正成为科学，所以，讲科学，首先要讲马克思主义的科学世界观、方法论和社会革命学说。马克思主义的传播，并没有取消反封建的思想斗争。相反，给了反封建以更锐利的思想武器。中国早期的马克思主义者运用唯物史观的武器，深刻地揭示了封建思想文化的社会根源。他们把反封建主义斗争的立足点和出发点，从争取个人的个性解放上升到争取人民群众的社会解放的高度；把反对封建主义斗争的方式，从由少数人进行的宣传工作，发展到主要由人民群众进行的革命实践，从而推动中国

① 参见江流主编：《中国共产党的社会主义建设理论与实践》，青岛出版社2001年版，第31页。

② 陈独秀：《答柯庆施（劳动专政）》，1920年11月1日。

人的思想在更广大的范围内和更深刻的程度上获得解放。

五、中国共产党的诞生

随着中国工人阶级开始作为独立的政治力量登上历史舞台和马克思主义在中国逐步传播,建立一个以马克思主义理论为指导的工人阶级政党的任务被提上了日程。在工人阶级政党产生以前,中国国民党及其前身在中国革命中起领导作用。辛亥革命以后,许多原先的革命党人有的消极退隐,有的甚至蜕变为军阀、官僚、政客。五四运动时,国民党并没有站在群众运动的前列。蔡和森感叹说,这个趋势很可以说明国民党已"不能领导革命了,客观的革命势力发展已超过它的主观力量了"①。成立新的政党来领导中国革命,成了近代中国社会发展和革命发展的客观要求。1920 年 1 月,有人在报刊上发表《劳动团体与政党》一文,呼吁"劳动团体应自己起来做一个大政党"②。同年 4 月,经共产国际批准,俄共(布)远东局派维经斯基来华。他先后在北京、上海会见李大钊、陈独秀等,介绍苏俄和俄共情况,并说中国可以组织共产党。这对中国共产党的创建起了一定的促进作用。

中国工人阶级政党最早的组织,是在中国工人阶级最密集的中心城市上海建立的。时间约在 1920 年 8 月,参加者有陈独秀、李汉俊、李达等。首次会议决定,推陈独秀为书记,并函约各地社会主义分子组织支部。11 月,创办《共产党》(月刊)。这标志着共产党和共产主义的旗帜在中国大地上树立起来了。同年 10 月,李大钊、张国焘等在北京成立共产党的早期组织;11 月,将其定名为中国共产党北京支部,李大钊任书记。从 1920 年秋至 1921 年春,董必武、陈潭秋、包惠僧等在武汉,毛泽东、何叔衡等在长沙,王尽美、邓恩铭等在济南,谭平山、

① 《蔡和森文集》(下),人民出版社 2013 年版,第 801 页。
② 中共中央党史研究室:《中国共产党的九十年》,中共党史出版社、党建读物出版社 2016 年版,第 26 页。

谭植棠等在广州,都成立了共产党的早期组织。在日本、法国留学的中国先进分子,也成立了这样的组织。在建党过程中,陈独秀起着重要的作用。他在上海创建的共产党早期组织,实际上是中国共产党的发起组织,是各地共产主义者进行建党活动的联络中心。

中国共产党的早期组织成立以后,积极投入研究和宣传马克思主义的工作。事实证明,这个时期的研究和宣传工作,一个重要的抓手就是与各种反马克思主义的思想流派进行斗争和论战,以马克思主义为指导来解释和分析中国情况,强调中国问题的解决归根结底是要依靠劳动群众和为了劳动群众,这已具备比较鲜明的以人民为中心的思想特点。

1920 年年底,张东荪、梁启超挑起关于社会主义的论战。他们口头上声称“资本主义必倒而社会主义必兴”,同时却强调中国产业落后,“真的劳农革命决不会发生”,因此也不具备成立工人阶级政党的条件。他们认为,中国的主要问题是穷,解决的办法是依靠“绅商阶级”来振兴实业,发展资本主义。共产党早期组织的成员不否认应当振兴实业,但指出从当时的国际环境和国内社会情况来说,在中国独立发展资本主义是不可能的。中国人民在世界经济上的地位,已立在这劳工运动日盛一日的风潮中,想行保护资本家的制度,无论理所不可,抑且势所不能。他们还指出,中国无产阶级不仅存在,而且受压迫极深,因此,“中国劳动者联合起来组织革命团体”,是完全必要的和可能的。[①] 尽管当时还不懂得半殖民地半封建中国的第一步应是民主主义,第二步才能是社会主义,但他们从一开始就强调资本主义道路在中国走不通,中国的出路只能是社会主义,主张中国必须建立工人阶级政党来领导中国人民进行革命,这是完全正确的。

---

① 参见中共中央党史研究室:《中国共产党的九十年》,中共党史出版社、党建读物出版社 2016 年版,第 31—32 页。

在这个时期,共产党早期组织的成员还同黄凌霜、区声白等无政府主义者进行了论战。无政府主义从极端个人主义出发,鼓吹个人的绝对自由,反对一切权威、一切国家包括无产阶级专政的国家,反对任何组织纪律,主张绝对平均主义等。这种小资产阶级的社会主义,迎合了那些不满社会现实、陷于破产境遇的小生产者和在政治上感到绝望的小资产阶级知识分子的情绪,一度在当时流行的社会主义思潮中占据了优势地位。马克思主义者指出,必须用革命手段夺取政权,建立无产阶级专政,才能保护劳动者的利益,最终消灭阶级和阶级差别,从而使国家消亡;主张个人绝对自由,会使得工人阶级不能集中为强大的力量,从而有利于资产阶级瓦解工人运动;在社会生产力高度发达之前,要实行各尽所能、各取所需的原则,"社会的经济秩序就要弄糟了"①。

通过与各种反马克思主义的思想流派的论战,更多的进步青年认识到了马克思主义以人民为中心的理论品质和科学性,因而这些论战推动更多的人走上了马克思主义的道路。

共产党的早期组织的成员认识到,组织共产党,"离开工界不行","我们都是知识分子出身,与工人阶级的距离很大。因此,首先应当同他们加强内部联系"②。为此,他们提出了"请钻进工场去罢"的口号。为了能在工人群众中有效地开展工作,一些先进的知识分子穿起工人的服装,学习工人的语言,从事工人的运动,力求与工人打成一片。如上海党的早期组织的成员俞秀松改名换服,到厚生铁工厂做工。③ 马克思主义思想运动成了知识分子与工人群众相结合的运动。各地共产党的早期组织创办了一批专门供工人阅读的进行马克思主义启蒙

① 中共中央党史研究室:《中国共产党的九十年》,中共党史出版社、党建读物出版社 2016 年版,第 32 页。

② 中共中央文献研究室、中央档案馆编:《建党以来重要文献选编》(1921~1949)第一册,中央文献出版社 2011 年版,第 11 页。

③ 俞秀松:《给骆致襄的信》,1920 年 4 月 4 日。

教育的刊物。如上海有《劳动界》、北京有《劳动音》和《工人周刊》、济南有《济南劳动月刊》等。同时，还创办了各种形式的工人学校，其中影响最大的，是邓中夏在北京长辛店、李启汉在沪西小沙渡分别开办的劳动补习学校。开办学校，是党的早期组织对工人做工作的入手方法，借此以接近群众。经过宣传教育，觉悟的工人有了组织起来的要求。1920 年 11 月，共产党早期组织领导的第一个工会——上海机器工会宣告成立。1921 年五一国际劳动节，长辛店成立工人俱乐部（工会）。武汉、长沙、广州、济南等地的工人也相继成立工会，工会开始发动工人开展罢工斗争，工人的觉悟程度和组织程度在斗争中得到了进一步的提高。

在积极从事上述工作的同时，共产党的早期组织也开始着手进行关于建党问题的讨论和实际组织工作。1921 年 3 月，李大钊著文公开呼吁创建工人阶级政党。他指出："中国现在既无一个真能表现民众势力的团体，C 派（指共产主义派）的朋友若能成立一个强固精密的组织，并注意促进其分子之团体的训练，那么中国彻底的大改革，或者有所附托！"[①]1921 年 6 月初，共产国际代表马林和共产国际远东书记处代表尼克尔斯基先后到达上海，并与上海的共产党早期组织成员李达、李汉俊建立了联系。

1921 年 7 月 23 日晚，中国共产党第一次全国代表大会在上海法租界望志路 106 号（今兴业路 76 号）开幕。国内各地的党组织和旅日的党组织共派出 13 名代表出席大会，他们代表着全国的 50 多名党员。这些代表是：上海的李达、李汉俊，北京的张国焘、刘仁静，长沙的毛泽东、何叔衡，武汉的董必武、陈潭秋，济南的王尽美、邓恩铭，广州的陈公博，旅日的周佛海，以及受陈独秀派遣的包惠僧。在广州的陈独秀和在北京的李大钊因有其他事务未出席会议。出席党的一大的

① 《李大钊全集》第三卷，人民出版社 2013 年版，第 350 页。

上述人员，平均年龄为28岁。共产国际代表马林和尼克尔斯基出席了这次大会。7月30日晚，一名陌生的中年男子突然闯入会场，后又匆忙离去。具有长期秘密工作经验的马林断定此人是敌探，建议马上中止会议。大部分代表迅速转移。稍后，法租界巡捕搜查了会议地点。在这种情况下，代表们商定最后一天的会议改在浙江嘉兴南湖的游船上举行。

大会确定党的名称为“中国共产党”。中国共产党从建党一开始就旗帜鲜明地把社会主义和共产主义规定为自己的奋斗目标，并且坚持用革命的手段来实现这个目标，从而同崇拜资产阶级民主制度、主张走议会道路的第二国际社会民主主义划清了原则界限。大会在讨论党的实际工作计划时，“因为党员少”，关于“组织农民和军队的问题成了悬案”，决定集中精力组织工厂工人。大会通过的党的第一个决议规定，党在当前的“基本任务是成立产业工会”，“党应在工会里灌输阶级斗争的精神”，要派党员到工会去工作。这说明，党在成立时就十分注意同本阶级建立密切的联系。

为了保证党的先进性，大会“决定接受党员要特别谨慎，严格审查”；鉴于当时的党“几乎完全由知识分子组成”，大会“决定要特别注意组织工人，以共产主义精神教育他们”。大会通过的纲领还规定，申请入党的人，不得具有非共产主义的思想倾向。尽管有这些规定，在党刚刚诞生的时候，它的成员的状况难免还比较复杂。就拿党的一大来说，后来也有分化：多数人一直坚持社会主义、共产主义的信念，坚持中国革命事业，有的为它献出了自己的生命；但像陈公博、周佛海这样的人本来并不是真正的共产主义者，在党成立后不久就被清除出党；还有些人中途脱离党，有的甚至背叛革命。这种现象，不仅对一个初生的党来说并不是奇怪的，而且在党后来发展为广大群众性的党的时候，其主体是由健全的坚强的分子组成，但也不可避免地会杂有或产生某些不坚定分子、变节分子和异己分子。这些情况表明，中国共产党要担负起自己的历史使命,就必须切实地、不断地加强自身的建设。

考虑到党员数量少和地方组织尚不健全,大会决定暂不成立中央执行委员会,只设立中央局作为中央的临时领导机构。大会选举陈独秀、张国焘、李达组成中央局。陈独秀为中央局书记,张国焘分管组织工作,李达分管宣传工作。

党的第一次全国代表大会宣告了中国共产党正式成立。中国共产党的成立,是中华民族发展史上一个开天辟地的大事件。中国人民从来就勤劳勇敢,具有斗争传统。他们的斗争之所以屡遭挫折和失败,重要原因之一,是由于没有一个先进的政党作为凝聚自己力量的领导核心。自从有了中国共产党,这种局面就开始从根本上改变了。中国共产党一经成立,就把实现共产主义作为党的最高理想和最终目标,义无反顾地肩负起实现中华民族伟大复兴的历史使命。中国人民由此踏上了争取民族独立、自身解放的光明的道路,开启了实现国家富强、人民富裕的历史征程。

中国共产党人的初心和使命,就是为中国人民谋幸福、为中华民族谋复兴。这个初心和使命是激励中国共产党人不断前进的根本动力。一代又一代中国共产党人不断弘扬伟大建党精神,坚持真理、坚守理想,践行初心、担当使命,不怕牺牲、英勇斗争,对党忠诚、不负人民。

中国共产党的成立,深刻改变了近代以后中华民族发展的方向和进程,深刻改变了中国人民和中华民族的前途和命运,深刻改变了世界发展的趋势和格局。

在中国共产党的领导下,1922 年 9 月 27 日,浙江省萧山区衙前村举行了一次重要的农民大会,标志着中国首个新型农民组织的正式成立。早在 1922 年 7 月,彭湃在广东省海丰县创建了第一个秘密性质的农民组织。到了 1923 年 5 月,海丰、陆丰和惠阳三县的许多地区纷纷成立了自己的农民组织,会员人数超过 20 万。同年 9 月,湖南省衡山县的白果地区农民也组建了岳北农工会。

中国共产主义运动的兴起,使得一切反动势力感到深深的恐慌。这个运动在萌芽时即被斥为“过激主义”,被视为“洪水猛兽”,而遭到中外反动派的联合压迫,以致中国共产党刚刚成立,就不得不处于秘密状态。在以后的一个长时间里,它不仅遭到御用文人的恶毒攻击、特务的残酷迫害,更受到反动军警的血腥镇压。但是,幼年的中国共产党还是迎着种种污蔑和压迫,不可遏止地成长和发展了起来。当年,它只有几十个党员;28 年以后,它就成为领导着中华人民共和国的执政党了。这个事实说明,坚持以人民为中心、代表历史前进方向的新生力量是不可战胜的。

第二节　在工农运动中打开中国革命新局面

一、初生的政党旋即投身工农群众当中

中国共产党是在 1921 年才成立的,但组织创建这个政党的那些先进分子已经在中国政治历史舞台上经过了长时间的摸索,他们成立这个政党,就是为了在马克思主义的指导下,更好地为广大中国人民谋利益,为中华民族谋前途。所以中国共产党一经成立,党员同志们旋即投身到工农群众当中,更广泛地宣传介绍马克思主义,领导工人、妇女和农民运动。

1921 年 9 月 1 日,人民出版社成立,这是中国共产党的第一个出版机构,其宗旨“在指示新潮底趋向,测定潮势底迟速,一面为信仰不

坚定者祛除根本上的疑惑,一面和海内外同志图谋精神上的团结"①。人民出版社在成立后的第一年,就克服各种困难,有组织、有计划地翻译出版发行大量马克思主义理论著作,其中包括《共产党宣言》《工钱劳动与资本》《资本论入门》《劳农会之建设》《讨论进行计划》《俄国共产党党纲》《李卜克内西纪念》《俄国革命纪实》《国际劳动运动之重要时事问题》《劳农政府之成功与困难》《第三国际议案及宣言》《列宁传》《共产党礼拜六》《共产党的计划》《两个工人的谈话》等。

中国共产党高度重视在工农群众中宣传马克思主义。例如,党的一大召开以后,山东党组织更名并改组《济南劳动周刊》,建立《山东劳动周刊》编辑部,由王尽美、王用章、王翔千等人任编辑。紧接着,济南地区的党组织又创办了《晨钟报》,由王翔千任总编辑。这两份刊物的编辑人员全部是共产党员,是山东工农群众的喉舌。刊物行销全省,深受劳动群众喜爱和欢迎。在当时,中国共产党在全国各地的党员几乎全部深入到工人集中的地区,通过平民学校、识字班、劳动补习学校等业余学校,对劳动群众开展文化普及教育,从事马克思主义传播工作,提高了劳动群众的革命意识和阶级觉悟。

为了更好地领导工人运动,1921 年 8 月 11 日,中国劳动组合书记部在上海成立。紧接着,书记部又在北京、武汉、长沙、济南、广州等地设立了分部。中国劳动组合书记部是中华全国总工会的前身,是中国共产党在成立初期领导工人运动的公开机关。8 月 16 日,书记部发表《中国劳动组合书记部宣言》,阐述了这一全国性机构的宗旨和任务,即"发达劳动组织,向劳动者宣传组合的必要,要联合和改组已成的劳动团体,使劳动者有阶级的自觉"②。8 月 20 日,书记部创办机关刊物《劳动周刊》,这是中国共产党创办的第一个全国性的工人刊物,每期

① 《人民出版社通告》,载《新青年》第 9 卷第 5 号,1921 年 9 月 1 日。

② 复旦大学新闻系新闻史教研室:《简明中国新闻史》,福建人民出版社 1986 年版,第 190 页。

发行4000份以上,分发到上海、湖北、湖南、广东等地的工人组织中。截至1922年6月该刊被反动政府封禁,共发行了41期,印行16.5万张。

中国劳动组合书记部建立后,还直接负责了举办工人学校的工作。书记部成立后,原来的上海工人半日学校改为工人补习学校,党的干部“李震瀛、李启汉轮流住在里面,经常与工人联系”,包惠僧“每星期去上两次课,讲政治常识和劳动组合一些有关的问题”。[①] 书记部的北方分部除继续办好长辛店劳动补习学校外,还在南口、唐山、丰台、天津、张家口、洛阳、包头等地开办了同类学校,并与吴淞、九江、长沙、昆明等地铁路工人的劳动补习学校建立了联系。1921年秋,书记部湖南分部主任毛泽东亲自到安源煤矿调查工人情况,随后湖南分部还派李立三开办了安源工人补习学校。该校开办不久,学校里就建立起党团支部,进一步密切党和工人群众的联系,培养了一大批先进工人干部和积极分子。在当时全国其他一些地方也开办起不少类似的工人学校。

与此同时,中国劳动组合书记部还积极发展工会组织。在书记部建立后的一年时间里,在上海相继建立起烟草、海员、印刷等行业工会和沪东纺织工会、机器工人俱乐部、邮务友谊会、金融业工人俱乐部等地区性和有特色的工会组织。书记部北方分部在加强长辛店工人俱乐部的基础上,还以南口、唐山、丰台为重点,积极组织建立北方各地的工会组织。此外,书记部北方分部还派骨干到各大铁路干线的工人群众中开展宣传教育工作,有力推动了这些铁路及其沿线的焦作、开滦等矿山和郑州、唐山等城市的工会组织和工人运动的迅速发展。书记部武汉分部则相继建立起粤汉铁路徐家棚工人学校和工人俱乐部、

---

① 中国社会科学院现代史研究室、中国革命博物馆党史研究室:《“一大”前后——中国共产党第一次代表大会前后资料选编》第2册,人民出版社1980年版,第355页。

京汉铁路江岸工人俱乐部、汉口人力车夫工会和汉阳钢铁厂、汉口既济水电公司、汉口扬子机器厂及其他一些重要工厂、行业的工会组织。书记部湖南分部派郭亮到岳阳建立起铁路工人俱乐部,还联合长沙、株洲、徐家棚等火车站的工人俱乐部,建立起粤汉铁路工人俱乐部联合会。1922 年前后,广东和山东的书记部分部也在广州、佛山、青岛、济南等地工人中建立了很多工会组织。事实证明,中国共产党领导下的这些早期工会组织在改善工人群众的生活待遇和生存条件、提高工人群众政治地位和人格尊严方面,作出了积极的贡献,为密切党群关系发挥了重要作用。

中国劳动组合书记部成立后,还迅速和积极地领导、支持和援助工人的罢工斗争。1921 年下半年至 1922 年上半年,书记部领导了上海浦东日华纺纱工人、烟草工人、邮务工人罢工,取得很大胜利。1922 年 1 月,香港海员大罢工爆发后,书记部迅速通知各地分部,组织了香港海员罢工后援会,展开了多种形式的支援活动。在上海,书记部发出了致香港罢工海员的慰问通电和支持罢工的 3000 余份传单,还开展了募捐活动,并粉碎了香港轮船公司企图招募上海失业海员到香港替补罢工海员的阴谋。在书记部北方分部的领导下,京汉、正太、京奉、津浦、京绥等各铁路干线工人,发起成立了香港海员罢工北方后援会。包括广州在内的其他一些地方也开展了类似活动。上述各地的后援活动,对香港海员大罢工的胜利起了重要作用,劳动组合书记部领导的工人运动迅速发展,使初生的中国共产党得到了锻炼,在劳动群众中间扎下了根。

中国共产党第一次全国代表大会召开后,妇女工作也被提上了日程。党组织和党员在努力宣传马克思主义妇女解放理论的同时,还积极开展妇女教育和妇女运动的实际工作。在当时的上海,中国共产党首先着重在工人当中的妇女群众中间开展工作,领导妇女运动。1921 年 8 月,中国共产党在上海创办《妇女评论》周刊,作为《民国日报》副刊，由陈望道出任主编。陈望道在《创刊宣言》中指出："在现在的中国讲'妇女问题'，还有'旷野呼声'之感，如果我们这微弱的呼声在这寂寞的荒野里，能有点影响，这就是我们已尽了不虚耗百工养我们的一点微意。"[①]为该刊从事编辑和撰稿工作的中共党员包括李大钊、李汉俊、沈雁冰、邵力子、沈泽民、杨之华、向警予等。该刊创办后共出版90余期，于1923年5月因故停刊，为中国共产党早期的妇女运动作出了重要贡献。

1922年2月，中国共产党领导创办的第一所培养妇女干部的学校——上海平民女校开学上课，李达任学校负责人。上海平民女校的学生每星期上一次大课，主要学习马克思主义理论、时事政治和妇女运动的知识。陈独秀、李达、恽代英、张太雷、刘少奇、邵力子、沈雁冰等人都在女校讲过课或发表过演讲。李达指出，平民女校是为无力求学、年长失学和不愿接受机械教育的女子设立的，"是到新社会的第一步"。这所新型学校，培养了中国共产党的第一批妇女干部，还有一些人后来成为著名的教育家、文学家。平民女校的创办在当时确实具有前瞻性，使得许多有觉悟的女子获得了受教育的机会。这对扩大初生的中国共产党在妇女群众中的影响发挥了深远和重大的作用。

1921年12月，由李达兼任主编的《妇女声》半月刊正式创刊。《妇女声》以"宣传被压迫阶级的解放，促醒女子加入劳动运动"为宗旨，公开宣传世界各国妇女运动的新情况、科学社会主义理论和党的妇女运动路线，积极鼓励有觉悟的知识女性与广大劳动妇女携手，"抛弃过去的消极主义，鼓起坚强的意志和热烈的精神，在阶级的历史和民众的本能中寻出有力的解放的手段，打破一切掠夺和压迫"[②]。《妇女声》是中国共产党在成立之初联系妇女运动的实际，面向广大妇女

① 中华全国妇女联合会妇女运动史研究室：《中国妇女运动历史资料（1921—1927）》，人民出版社1986年版，第26页。

② 同上，第28页。

开展进步思想宣传教育的一个重要阵地。它以马克思主义的妇女解放思想为指导,抨击社会对广大妇女的偏见和歧视,提高了妇女的思想觉悟,使寻求妇女解放与平等的"旷野呼声"很快产生振聋发聩的效应。

在中国共产党初生的一年中,已经开始在农民运动中注入一定精力。例如,在党成立前后,早期参与中共建党活动的沈玄庐鼓动浙江萧山县衙前农民李成虎兄弟串联农户,发动群众,酝酿农民协会的组织。8 月 19 日,沈玄庐在衙前东岳庙发表《谁是你底朋友》的演说,揭露和批判地主对农民的残酷剥削。9 月 23 日,沈玄庐向萧山地区 20 多个乡村的千余农民群众作《农民自决》的讲演,这都引起当地农民群众的巨大反响。为了发动农民群众,沈玄庐腾出自家房屋,个人出资创办萧山衙前农村小学。9 月 26 日,宣中华在学校开学典礼上当众宣读《衙前农村小学校宣言》,宣言中说:如果当时中国的现状不改变,"不是世界上穷的永远穷,富的永远富么?"①衙前小学成为当地农民运动的先导。小学开学典礼的翌日,在东岳庙前就召开了衙前农民大会。大会通过了《衙前农民协会宣言》《衙前农民协会章程》,选举李成虎等 6 人为农民协会委员,正式成立萧山县衙前农民协会。这是中国共产党历史上正式成立的第一个农民协会。这个农民协会成立后,当地农民运动很快取得重大进展,地主被迫接受"二五减租"②,运动影响达到萧山、绍兴方圆数百里,近 80 个乡村纷纷建立农民协会。正如中共江浙区委所说:衙前农民运动"实为全国农民运动的历史上最先发轫者"。诚然,在党刚成立的时候,相比较工人运动和妇女运动,

---

① 王全营等:《中国现代农民运动史》,中原农民出版社 1989 年版,第 55 页。

② 减少地租额 25%的简称。抗日战争时期中国共产党提出的一项土地政策。1937 年,中共中央决定用减租减息政策代替没收地主土地政策。1942 年 1 月颁布的《中共中央关于抗日根据地土地政策决定》及其附件,规定在一切尚未减租的地区,其租额按抗日战争前租额减低 25%。但对不同地区作了特殊规定,如游击区、敌占据点附近减 15%或 10%。

在农民运动中投入的精力还不是很多，还不像后来那样充分认识到领导农民运动的极端重要性。但以衙前农民运动为代表的这些农民工作的发展，在中国共产党领导下，摆脱了自发的旧式农民运动的老路，为党后来领导农民运动的发展留下了重要的经验，特别是使更多的地方党组织进一步认识到了蕴含在农民群众中的巨大革命力量，具有深远的影响。[①]

二、制定民主革命纲领，全力以赴开展工农运动

在中国先进分子自觉以马克思主义武装头脑和中国共产党成立以前，中国人民对外国侵略者和本国封建统治者进行过长时期的斗争。这些斗争有重大的意义，但有两个根本性的弱点：第一，没有认清革命的对象，不能团结真正的朋友以攻击真正的敌人。第二，没有广泛地发动群众，特别是没有深入到下层的工农群众中去，未能形成有组织的、持久的群众运动。这是以往的革命斗争之所以成效甚少的两个主要原因。中国共产党成立后不久，在这两个最重要的问题上，情况都有了根本性的改变。

1921年年底至1922年年初帝国主义列强召开的华盛顿会议，通过《九国公约》，肯定了美国提出的“各国在华机会均等”和“中国门户开放”的原则，以遏制日本独占中国的势头，确认帝国主义列强共同统治中国的局面。在帝国主义势力的操纵下，中国各派军阀展开更为激烈的争夺，引发多次大规模的战争，如直皖战争、直奉战争等，使中国政局陷入极度混乱。这些事实，使中国共产党人开始认识到，中国人民所受的最大痛苦，还不是一般的资本主义剥削，而是帝国主义的压迫和封建军阀的统治。1922年1月，共产国际在莫斯科召开远东各国

---

① 顾海良总主编、丁俊萍主编：《马克思主义中国化史》（第一卷　1919—1949），中国人民大学出版社2015年版，第139—145页。

共产党及民族革命团体第一次代表大会,中国共产党派代表出席。大会阐明了列宁关于民族和殖民地问题的理论,指明中国"当前的第一件事便是把中国从外国的羁轭下解放出来,把督军推倒",建立一个民主主义共和国。这些思想,对于党制定此阶段的革命纲领给予了直接的帮助。

1922年7月,中国共产党第二次全国代表大会在上海召开,大会发表的宣言通过对中国经济社会状况的分析,实际上揭示出中国社会的半殖民地半封建性质。大会宣言指出,一方面,中国在政治上经济上无不受帝国主义列强的控制,实际上已经成为"国际资本帝国主义势力所支配的半独立国家"①;另一方面,中国"在政治方面还是处于军阀官僚的封建制度把持之下"②,这也使中国方兴的资产阶级的发展遭到阻碍。宣言着重指出:"各种事实证明,加给中国人民(无论是资产阶级、工人或农人)最大的痛苦的是资本帝国主义和军阀官僚的封建势力。"③因此,反对帝国主义和封建势力的"民主主义的革命运动是极有意义的"④。宣言在分析国际国内形势和中国社会性质的基础上,提出在此时的历史条件下,党的奋斗目标是:消除内乱,打倒军阀,建设国内和平;推翻国际帝国主义的压迫,达到中华民族完全独立;统一中国为真正的民主共和国。这就制定出了党在此阶段的反帝反封建的民主革命纲领,即党的最低纲领。宣言又指出:党的目的是要"组织无产阶级,用阶级斗争的手段,建立劳农专政的政治,铲除私有财产制度,渐次达到一个共产主义的社会"⑤。这又指明了党的最高纲领。

党的二大宣言初步阐明了此阶段中国革命的性质、对象、动力、策

---

① 中共中央文献研究室、中央档案馆编:《建党以来重要文献选编》(1921~1949)第一册,中央文献出版社2011年版,第139页。
② 同上,第128页。
③ 同上,第132页。
④ 同上,第132页。
⑤ 同上,第133页。

略、任务和目标,指明了中国革命的前途。这就是:革命的性质是民主主义革命;革命的对象是帝国主义和封建军阀;革命的动力是工人、农民和小资产阶级,民族资产阶级也是革命的力量之一;革命的策略是组成各阶级的联合战线;革命的任务和目标是打倒军阀,推翻国际帝国主义的压迫,实现中华民族的独立和中国的统一;革命的前途是走向社会主义、共产主义。大会指出:为了实现反帝反军阀的革命目标,必须组成"民主主义的联合战线"。大会在对中国社会各阶级的状况进行初步分析后指出,中国的广大农民有极大的革命积极性,是"革命运动中的最大要素"①;小资产阶级的大量群众因遭受极大痛苦,会"加入到革命的队伍里面来"②;"中国幼稚资产阶级为免除经济上的压迫起见,一定要起来与世界资本帝国主义奋斗"③;工人阶级有伟大的势力,这种势力"发展无已的结果,将会变成推倒在中国的世界资本帝国主义的革命领袖军"④。大会还提出,要联合全国一切的革命党派,联合资产阶级民主派,组织民主的联合战线,并决定邀请国民党等革命团体举行联席会议,共商具体办法。

党的二大在全中国人民面前破天荒地第一次提出了明确的反帝反封建的民主革命纲领。早在19世纪就已经开始进行的中国民主革命,长时间里没有弄清革命的对象和动力,没有正面提出过反对帝国主义和封建势力的主张;中国共产党刚刚成立一年,就把这个问题基本解决了。这说明,只有用马克思主义武装起来、坚持以人民为中心的中国共产党才能为中国革命指明方向。这个纲领很快传播开来,证明它代表了广大人民群众的心声。

大会通过的《关于共产党的组织章程决议案》等文件,阐明了中国

---

① 中共中央文献研究室、中央档案馆编:《建党以来重要文献选编》(1921~1949)第一册,中央文献出版社2011年版,第131页。

② 同上,第131—132页。

③ 同上,第131页。

④ 同上,第132页。

共产党是无产阶级中最有革命精神的分子所组成的政党。大会通过的《中国共产党章程》,是党成立后的第一个党章,对党员条件、党的各级组织和党的纪律作了具体规定,明确地体现了民主集中制原则。大会还通过决议案,确认中国共产党是共产国际的一个支部。

除了提出明确的反帝反封建的革命纲领之外,中国共产党还进一步凸显了资产阶级、小资产阶级政党和政治派别所没有采取过、也不可能采取的全新的革命方法,即发动和依靠群众的方法。和其他党派不同,中国共产党作为工人阶级的先锋队,它的全部活动都是为工人阶级和人民群众谋利益的,是为他们的解放事业服务的,因此,它敢于相信和依靠群众,更认为必须相信和依靠群众。党的二大对此指出:"我们共产党,不是'知识者所组织的马克思学会',也不是'少数共产主义者离开群众之空想的革命团体'……我们既然是为无产群众奋斗的政党,我们便要'到群众中去'要组成一个大的'群众党'。"这个党不仅内部必须有适应于革命的组织与训练,而且"党的一切运动都必须深入到广大的群众里面去",都"必须是不离开群众的"。[①]

中国的先进分子因为要依靠群众、为了群众,所以选择了马克思主义,创建了中国共产党。中国共产党一经成立便投身工农群众当中。经过中共二大民主革命纲领的提出,中国共产党更是全力以赴开展工农运动,进一步打开了中国革命的新局面。

1922 年 9 月 14 日开始,安源路矿工人进行大罢工,工人提出要求保障工人政治权利、改良工人待遇等 17 项条件。由于工人的英勇斗争和社会各界的声援,路矿当局被迫承认工人所提的大部分条件,坚持了 3 天的安源罢工宣告胜利结束。工人俱乐部成员迅速由罢工前的 700 人发展到 1 万余人。1922 年 10 月 23 日开始,开滦煤矿工人为

① 参见中共中央文献研究室、中央档案馆编:《建党以来重要文献选编》(1921~1949)第一册,中央文献出版社 2011 年版,第 162、163 页。

增加工资和要求承认工人俱乐部等举行罢工。拥有5万矿工的开滦煤矿罢工坚持了20多天。中国劳动组合书记部特派员彭礼和等指挥了这场斗争。示威的工人被前来镇压的军警打死数人,打伤50多人。考虑到罢工旷日持久、难以坚持,在矿局适当提高工人工资后,工人们接受有关方面的调停,忍痛复工。京汉铁路工人大罢工,目的是争取成立京汉铁路总工会。主要领导人是张国焘、罗章龙等。京汉铁路总工会原定于1923年2月1日在郑州举行成立大会。曾经通电"保护劳工"的军阀吴佩孚竟下令军方"制止开会"。由于总工会会所遭破坏,代表寓所被包围,会议无法举行,总工会号召全路工人举行罢工,"为争取自由而战,为争人权而战"。1923年2月4日,在长达2000余里的京汉铁路上,3万名工人在3小时内有条不紊地举行了总同盟罢工。2月7日,在帝国主义势力的支持下,吴佩孚调动军警在京汉铁路沿线血腥镇压罢工工人。反动派将京汉铁路总工会江岸分会委员长、共产党员林祥谦捆绑在电线杆上,强迫他下复工令。林祥谦宁死不屈,壮烈牺牲。前来参加京汉铁路总工会成立大会的京汉铁路工会法律顾问、共产党员施洋随后也在武昌被杀害。施洋牺牲前,身中三弹仍高呼"劳工万岁"。在这次惨案中,前后牺牲者52人,受伤者300余人,被捕入狱者40余人,被开除而流亡者1000余人。

由于遭到军阀的残酷镇压,二七惨案发生以后,除广东、湖南外各地的工会组织都遭封闭,工人情绪一时趋于消沉,全国工人运动暂时转入低潮。然而这在另一方面,又用血的事实进一步教育了广大劳工群众,使他们认识到了中国共产党坚持反帝反军阀斗争的极端重要性。通过领导这一系列工人运动,中国共产党在工人群众中间的政治威望进一步提升,更多的工人群众同情和选择站到革命的立场上来。

在这个时期,中国共产党在集中力量领导工人运动的同时,也开始投入更多人力和精力到农民运动。中国共产党第二次全国代表大会宣言中明确提出:"中国三万万的农民,乃是革命运动中的最大要素。……如果贫苦农民要除去穷困和痛苦的环境,那就非起来革命不可。而且那大量的贫苦农民能和工人握手革命,那时可以保证中国革命的成功。"①1922 年 7 月,彭湃在自己的家乡海丰县成立了第一个秘密农会。到 1923 年 5 月,海丰、陆丰、惠阳三县的很多地方建立了农会,会员达到 20 多万人。1923 年 9 月,湖南衡山县白果地区成立的岳北农工会及其所开展的斗争,树起了湖南农民运动的第一面旗帜。

三、推动国民党扶助农工,展现中国革命新气象

初生的中国共产党就以几乎全部精力投身工农运动,使当时的中国工农运动展现了巨大的生机和活力。一方面,这些运动和斗争,显示了中国工人阶级坚定的革命性和坚强的战斗力,扩大了作为工人阶级先锋队的中国共产党在全国的政治影响,为党建立同其他革命力量的合作、掀起全国规模的大革命准备了一定的条件。孙中山正是从这些斗争中,认识到中国共产党是一支新兴的、生机勃勃的革命力量,因而下决心同它进行合作。另一方面,这个时期领导工农运动的经验和教训也深刻教育了初生的中国共产党:第一,中国革命的敌人是异常强大的。为了战胜强大的敌人,仅仅依靠工人阶级的孤军奋斗是不够的,必须利用一切可能的机会,争取一切可能的同盟者。第二,在半殖民地半封建的中国,工人不能享受起码的民主权利,几乎所有规模较大的工人斗争都受到反动军警的镇压。因此,没有革命的武装斗争,仅仅依靠罢工这个武器,主要进行合法斗争,要取得革命胜利是不行的。对此,正如中国劳动组合书记部在二七惨案以后发表的文告中指出的:"劳动者能有武器,岂能任他们如此杀戮?"②年幼的中国共产党正是带着这些经验教训,进入了以国共合作为基础的大革命时期。

---

① 中央档案馆编:《中共中央文件选集》第一册,中共中央党校出版社 1989 年版,第 13 页。

② 中国劳动组合书记部:《二七大屠杀的经过》(1923 年 2 月 27 日),载中华全国总工会工运史研究室等合编:《二七大罢工资料选编》,工人出版社 1983 年版,第 206 页。

在当时,孙中山领导的中国国民党大体上是代表民族资产阶级和城市小资产阶级的政党。这个党在几经挫折后,并没有多少实力,而且成分复杂,严重地脱离群众。1923 年 2 月,孙中山重回广东,建立陆海军大元帅府,控制了富饶的珠江三角洲和广东中部地区,并且在这个地区举着国民革命的大旗,允许各种革命力量公开进行活动。孙中山在几经挫折后,深感国民党内许多人日益腐败,中国革命必须改弦易辙。他开始同共产党人建立联系,真诚地欢迎共产党员同他合作,欢迎苏联对中国革命的援助。正因此,中国共产党在 1922 年 6 月第一次公开发表《关于时局的主张》,指出"中国现存的各政党,只有国民党比较是革命的民主派,比较是真的民主派"①;但是他们党内那种"动摇不定的政策,实有改变的必要"②。

关于建立统一战线的方式,1922 年 7 月党的二大提出的设想本来是:国民党和共产党各自单独存在,实行平等的"党外合作"。另一种合作方式是实行"党内合作",即共产党员、青年团员加入国民党,把国民党改造成为各革命阶级的联盟。这种方式是共产国际驻华代表马林倡议,并得到共产国际的赞同。在此基础上,1923 年 6 月 12 日至 20 日在广州召开的中国共产党第三次全国代表大会,对国共合作的方针和办法作出了正式的决定。党的三大正确地估计了孙中山的革命立场和国民党进行改组的可能性,决定共产党员以个人身份加入国民党。因为这种合作形式是当时孙中山和国民党唯一能接受的。共产党员加入国民党,对于国共两党的发展,对于中国革命的前进,都是有利的。这样使中国共产党有可能更有力地影响国民党的政策,推动国民党的革新,推动在它影响下的资产阶级和小资产阶级群众投入革命;还有利于通过国民党的组织去发动工农群众,从而使国民党具有

① 中共中央文献研究室、中央档案馆编:《建党以来重要文献选编》(1921～1949)第一册,中央文献出版社 2011 年版,第 91 页。

② 同上,第 91 页。

广泛的群众基础,获得新的生命;也有利于中国共产党从比较狭小的圈子里走出来,在更广阔的革命斗争的天地中接受锻炼,迎接大革命高潮的到来。基于更好地发挥这些作用,中共三大特别作出规定,在共产党员加入国民党时,党必须在政治上、思想上、组织上保持自己的独立性;并且强调,拥护工人农民的自身利益是共产党员一刻不能遗忘的,“对于工人农民之宣传与组织,是我们特殊的责任;引导工人农民参加国民革命,更是我们的中心工作”①。党的三大也有一定的不足之处,那就是没有提出工人阶级应当努力争取对民主革命的领导权的问题。受共产国际的影响,大会对国共两党及其所代表的阶级力量作了片面估计,认为中国工人阶级尚未成为一个“独立的社会势力”②,“中国国民党应该是国民革命之中心势力,更应该立在国民革命之领袖地位”③。

中共三大以后,国共合作的步伐大大加快了。共产党的各级组织动员党员和革命青年加入国民党,在全国范围内积极推进国民革命运动。1924 年 1 月,中国国民党第一次全国代表大会在孙中山主持下在广州举行。大会通过的宣言对三民主义作出了新的解释:在民族主义中突出了反帝的内容,强调对外实行中华民族的独立,同时主张国内各民族一律平等;在民权主义中强调了民主权利应“为一般平民所共有”,不应为“少数人所得而私”;把民生主义概括为“平均地权”和“节制资本”两大原则(后来又提出了“耕者有其田”的主张),并提出要改善工农的生活状况。这个新三民主义的政纲同中国共产党在民主革命阶段的纲领基本一致,因而成为国共合作的政治基础。孙中山在大会上说:“现在是拿出鲜明反帝国主义的革命纲领,来唤起民众为中国

① 中共中央文献研究室、中央档案馆编:《建党以来重要文献选编》(1921~1949)第一册,中央文献出版社 2011 年版,第 1277 页。

② 同上,第 259 页。

③ 同上,第 276 页。

的自由独立而奋斗的时代了！”[①]大会实际上确定了联俄、联共、扶助农工三大革命政策。特别是扶助农工革命政策及其在国民党新三民主义纲领中的贯彻，充分体现了孙中山的群众观点和群众思想的重大发展和进步。国民党作为当时中国最大的革命政治团体，向国人和世人展现了中国革命的前途在于真心实意地相信工农大众、依靠工农大众，这对当时国内各种进步政治力量进一步认识到紧密联系群众的重要性，产生了巨大的示范效应，也为国民党政治影响的进一步扩大奠定了最重要的基础条件。而这都是始终坚持以人民为中心的中国共产党帮助和改造的结果。

国共合作的形成，加快了中国革命前进的步伐。1924 年，工人运动开始复兴，农民运动也有了进一步的开展。国共合作创办了黄埔陆军军官学校，为未来的革命战争准备了军事力量的骨干。1925 年 5 月，以五卅运动为起点，掀起了全国范围的大革命的高潮。在此基础上，进行了胜利的广东战争，征讨地方军阀陈炯明、邓本殷，统一并巩固了广东革命根据地。同年 7 月 1 日，国民政府在广州建立。随后，将黄埔军校校军和驻广东的粤军、湘军、滇军先后改编为国民革命军 6 个军，共 8.5 万人。全国人民痛恨北洋军阀的黑暗统治，越来越把希望寄托在设在广州的国民政府方面。

当时，北洋军阀统治着全国大部分地区。直系军阀吴佩孚控制着湖南、湖北、河南三省和直隶（河北）保定一带，约有兵力 20 万人；由直系分立出来的孙传芳盘踞在江苏、浙江、安徽、江西、福建五省，约有兵力 20 万人；奉系军阀张作霖控制着东北三省、热河、察哈尔、京津地区和山东，有兵力 30 多万人。他们与南方的国民政府相对立，同时彼此之间不断地明争暗斗。1926 年 7 月，以推翻北洋军阀统治为目标的北

① 中共中央党史研究室：《中国共产党的七十年》，中共党史出版社、党建读物出版社 1991 年版，第 43 页。

伐战争开始。国民革命军在工农群众的支援下,采取各个击破的战略,在不到半年的时间里,基本上摧毁了北洋军阀吴佩孚、孙传芳的主力,革命势力发展到了长江流域和黄河流域的大部分地区。“打倒列强,除军阀”的歌声响彻了大江南北、黄河上下。随着北伐的胜利进军,中国形成了历史上空前广大的人民解放运动。以湖南为中心,广大农村掀起了大革命的风暴;工人运动迅速走向高涨;国民政府进行了收回汉口、九江的英租界的斗争;上海工人更举行了三次武装起义。帝国主义、封建主义的统治受到严重的打击。

毫无疑问,北伐战争是大革命的主要形式。那么,北伐战争为何能够得到这样迅速和胜利的进展呢?应当注意,当时的北伐军无论从军力、装备还是后勤给养方面,都是与北洋军阀的军队存在很大差距的。如前所说,北洋军阀的军队加起来有 70 多万人,而国民革命军一至八军总共不过 17 万人左右。就装备来看,北洋军阀部分分别占据汉阳兵工厂、东北兵工厂、上海兵工厂,并可得到外援,枪械齐全,连年更新,不足为虑。而当时国民革命军的主要武器是步枪、重机枪,大都陈旧不堪、型号杂乱,甚至有些尚在使用的步枪没有任何瞄准装置,包括苏联先后赠与的一部分枪械,也是第一次世界大战中用过的旧武器。加上广州兵工厂技术力量较差,处于半手工生产状态,月制步枪仅 800 支、子弹仅 10 万发,修理步枪能力月均只有 500—700 支、机枪 10—12 挺,生产能力极其有限。这与北伐战争的军事需要相去甚远。据估计,国民革命军共需步枪 3 万支、机枪二三百挺、子弹数千万发,可见军械弹药供应严重不足。在军费和后勤给养上,吴佩孚向来截留京汉铁路收入贴补军用;孙传芳拥有五省地盘,粮草充足,完全可以按月发饷,按季换衣;张作霖所需军费也由东三省摊派,一向不拖欠。相比之下,广东国民政府以一省税源负担军饷显然是力不从心的。北伐军出征北伐时,除第一军士兵每人领到两双草鞋外,第二、三、四、五、六军平均每个士兵连一双草鞋还领不到,其入不敷出之状可见一斑。

那么,北伐战争在实际过程中,缘何呈现出与作战双方军事实力对比完全相反的军事战争结果呢?其中的主要原因就是中国共产党在国民革命军中所进行的卓有成效的思想政治工作,使人民军队思想在北伐军官兵中深入人心。国民革命军第一军以黄埔军校教导团为基础建立,抽调粤军第二军的一部分编成。国民革命军第一军在筹建之初,就仿效苏联红军制度,自连以上设立党代表。各连党代表由军校政治部从第一期毕业生中抽选,其中绝大多数是共产党员,统属军校政治部领导。第一军组建后,又设立政治部,分管全军政治训练,并对军事长官的工作进行协助与监督。这样,军队就须听从党的统一指挥,为实现党的纲领去奋斗,并使军队的政治训练在组织措施、内容形式等方面都较前大为改观。在第一次东征的战前动员中,政治部就通过印发传单、教唱革命歌曲等形式,揭露陈炯明叛国叛党残害人民的罪行,指出东征是"为党为国为人民出力",号召战士们以"不打倒他就誓不生还"的精神英勇杀敌。同时公布军纪,"不抽捐收税;不强拉民夫;付价购物,不用军用票"。东征期间,部队不仅严守军纪,而且专门组成宣传队向群众宣讲,举行军民联欢,并抽调一些党代表协助当地建立国民党基层组织。这就使国民革命较易得到民众的理解、支持,密切军民关系,从而克服资产阶级革命党人以往那种脱离群众、单纯军事行动的弱点,使军队成功地充当国民革命的先导。

以国民革命军第一军卓有成效的政治工作为基础和样板,从 1925 年 7 月到 1926 年 7 月,国民革命军其他各军全面推行党代表制,建立起统一的政治工作系统。实际上主要是在中共党员的努力和推动下,国民革命军很快就初步成为一支有正确政治方向,军纪严明,有相当实力的新型革命军队,其政治素质是任何军阀部队无法相比的。1926 年 3 月 19 日,国民政府委员会公布了两个重要文件,即《军事委员会政治训练部组织大纲》《国民革命军党代表条例》。自此确定政治训练部为国民革命军内负责指导党务政治及文化工作的最高机关,本部设有组织处、宣传处、党务处、总务处和军法委员会。政治训练部负责监督指导军内各政治组织,并掌管各级政治干部的选择任命。“军事委员会主席同时为国民革命军总党代表,指导政治训练部处理日常工作”,“政治训练部设主任一员,同时为军事委员会委员”。作为各级党代表应对该部队的政治情形及行为,向党负完全责任;协助实行党的指导及上级军事机关的训令;辅助部队长官巩固并提高革命的军纪。团以下的党代表,由政治训练部任命之,任命书须由军委会主席署名及政治训练部主任副署之;师以上党代表,由政治训练部提出,经国民党中执委会通过,军事委员会任命。党代表除分管部队党务、政治文化工作外,并对军事长官的工作负有协助监督责任,“会同指挥官审查军队行政”,副署命令。在此期间,全军大体上实现连以上逐级配备党代表,从而使相当一批优秀的共产党员政治干部充实到各军,军队的领导构成有所改善,这就为实施统一的政治训练奠定了较好的基础。在短短一年里,先后有 1000 多名从各军校抽调的学员和部分经军队选送的军官,被分别安排在黄埔军校政治科、政治训练班及中国国民党政治讲习班接受政治培训。在一个月到半年的学习期间,他们先后学习了国民党党史、三民主义、帝国主义、社会主义、中国政治经济现状、工农运动及军队政治工作等十多门课程,在北伐前夕,大部分派往各军的政治干部都能较好地胜任本职工作。在军级党代表中共产党员占有明显优势,如李富春、朱克靖、廖乾吾、林伯渠分别担任第二、三、四、六军党代表。在第一军各级党代表中,共产党员也居多数,其中师级占 2/3;9 个团级党代表中,共产党员有 7 人。

国民革命军这一时期的政治训练除了着重向士兵灌输以救国救民为己任、不怕苦不怕死的献身精神外,还制订了严厉的军法,以整肃军纪,清除旧军队的积习。比如在第二次东征前,政治部就拟定了这样一些宣传口号:“不怕死、不要钱、是革命军的本色”,“为人民利益而战,为国家独立而战,是革命军的责任”。大力提倡革命军的“十不怕”精神,即“不怕死、不怕穷、不怕冻、不怕痛、不怕热、不怕饥、不怕疲、不怕远、不怕重、不怕险”。同时还定出训诫,指出“保护百姓(不拉夫、不抢物、不捐饷、不占屋)就是实行三民主义。反之,扰害百姓就是违反主义反革命的强盗军队”。由此部队的政治空气大为加强,士兵的精神面貌为之一新。师以下建立国民党党部、基层支部建在连队,由三人组成支委会,直接受团党组织领导。第一军曾实行每周两次的党小组会议,学习时事政治,开展互相批评,讨论改善士兵生活等,并将学习情况按时上报。在第四、六军的部分营部办起了俱乐部,由官兵代表组成委员会自行管理,为士兵们创造了学习娱乐场所,使士兵外出聚赌现象大为减少。在叶挺的独立团还进行过以反打骂、反贪污、反虚报为内容的学习运动。北伐前夕,各军根据总政治部印发的宣传资料,几乎每天层层组织宣讲。凡此都与当时北洋军阀部队所谓的“精神教育”是有根本区别的。

四、大革命中风起云涌的工农群众运动

早在北伐战争的准备阶段,为了加强对日益高涨的革命运动的领导,以迎接大革命高潮的到来,中国共产党于 1925 年 1 月 11 日至 22 日在上海举行了第四次全国代表大会。出席会议的代表 20 人,代表全国的 994 名党员。

这次大会具有的重大历史功绩:第一,提出了中国无产阶级在民主革命中的领导权问题,指出:“中国的民族革命运动,必须最革命的无产阶级有力的参加,并且取得领导的地位,才能够得到胜利。”[①]第二,提出了工农联盟问题,指出中国革命需要“工人、农民及城市中小资产阶级普遍的参加”[②],其中农民是“重要成分”,他们“天然是工人

① 中共中央文献研究室、中央档案馆编:《建党以来重要文献选编》(1921~1949)第二册,中央文献出版社 2011 年版,第 219 页。

② 同上,第 219 页。

阶级之同盟者"[①],无产阶级及其政党如果不发动农民起来斗争,中国革命的成功和无产阶级领导地位是不可能取得的。第三,对中国民主革命的内容作了更加完整的规定,指出在"反对国际帝国主义"的同时,既要"反对封建的军阀政治",还要"反对封建的经济关系"。这些都是中国共产党在总结建党以来尤其是国共合作一年来历史经验的基础上,对中国革命问题认识的重大进展,为党进一步领导推动工农群众运动浪潮的高涨指明了方向。

四大的不足之处在于:对于如何实现无产阶级领导权,特别是如何正确处理同资产阶级争夺领导权过程中遇到的复杂问题,并没有做出明确具体的回答;对民族资产阶级也缺乏正确的分析,对政权和武装问题的极端重要性仍缺乏足够的认识。[②]

1925年5月15日,上海内外棉七厂的日本资本家枪杀带领工人冲进工厂要求复工的工人顾正红(共产党员)。5月28日,中共中央和上海党组织一起召开紧急会议,决定发动学生和工人在30日到租界内举行大规模的反帝示威活动。30日,上海工人和学生举行援助纱厂工人的街头宣传和示威游行,租界的英国巡捕在南京路上突然开枪,向密集的群众射击,打死学生、工人等13人,伤者不计其数:这就是震惊全国的五卅惨案。以后几天,在上海和其他地方又连续发生英、日等国军警枪杀中国民众的事件。五卅惨案激起了全上海以至全中国人民的极大愤怒。多年来深埋在中国人心里的对帝国主义的怒火一下子喷发出来,形成工人罢工、学生罢课、商人罢市的局面。为了加强对运动的领导,中共中央决定成立专门机构。6月1日,成立了由李立三任委员长的上海总工会,同时成立具有联合战线性质的上海工商学联合委员会,作为运动的公开指导机关。6月11日,上海举行群

---

① 同上,第218页。

② 参见中共中央党史研究室:《中国共产党的九十年》(新民主主义革命时期),中共党史出版社、党建读物出版社2016年版,第63页。

众大会,到会的有 20 多万人。全国各地约有 1700 万人直接参加了运动,这在中国近代历史上是史无前例的。从通商都市到偏僻乡镇,到处响起“打倒帝国主义”“废除不平等条约”的怒吼。反对帝国主义的民族运动浪潮,以不可遏止的浩大声势迅速席卷全国,史称五卅运动。

发生在广州和香港的省港大罢工,是这个运动的重要组成部分。6 月 3 日,广州各界群众举行声势浩大的示威游行,声援五卅运动。6 月 19 日,香港工人举行罢工。15 天内,参加罢工的人数达到 25 万人,其中 10 多万人离开香港回到广州。6 月 23 日,香港罢工工人和广州各界群众 10 万人在广州举行大会和示威游行。游行队伍经过沙基时,突然遭到沙面租界英国军警的排枪射击,当场被打死 52 人,重伤 170 多人:这就是沙基惨案。惨案发生后,广州革命政府立刻宣布同英国经济绝交,封锁出海口,对罢工给予有力的支持。香港和沙面工人在广州举行省港罢工工人代表大会,成立由苏兆征担任委员长的省港罢工委员会,对香港实行封锁。省港大罢工前后坚持了 16 个月之久。10 多万集中在广州的有组织的罢工工人,成为广州革命政府的有力支柱。

以五卅运动为代表的中国工人运动的大发展,是中国共产党矢志不渝地扎根劳动群众、不断密切党群关系的结果。而中国工人运动的大发展,又反过来推动中国共产党的力量得到很大发展。五卅运动前后,中共党员人数从这年年初的不足 1000 人,到年底猛增至 1 万人,增加了 10 倍。不少原来没有党组织的地方建立了党组织,如云南、广西、安徽、福建等。党在斗争中受到很大锻炼。中国共产主义青年团带领团员青年积极投身反帝运动和革命斗争,团的组织和团员队伍也快速发展。

北伐战争开始后,伴随北伐战争的胜利进展,北伐军所到之处,军阀统治被推翻,工农群众运动立刻以空前的规模迅速高涨起来。这在湖南、湖北、江西三省,表现得最为显著。

在这些省份，首先高涨起来的是农民运动。1925 年 5 月，邓中夏撰写《劳动运动复兴期中的几个重要问题》，指出：“我们工人阶级要领导中国革命至于成功，必须尽可能的系统地帮助并联合各地农民逐渐从事于经济和政治的斗争。”①1926 年 9 月，毛泽东发表《国民革命与农民运动》一文，指出“农民问题乃国民革命的中心问题”，“若无农民从乡村中奋起打倒宗法封建的地主阶级之特权，则军阀与帝国主义势力总不会根本倒塌”。同年 11 月，毛泽东担任中共中央农民运动委员会书记，决定以湖南、湖北、江西、河南的农民运动为重点。在湖南，从北伐军 1926 年夏进入那里到 1927 年 1 月，农民协会会员从 40 万人激增至 200 万人，能直接领导的群众增加到 1000 万人，在湖南农民全数中差不多有一半已经组织起来。农民有了组织，便开始行动起来，发动了一场空前的农村大革命。“农民的主要攻击目标是土豪劣绅，不法地主，旁及各种宗法的思想和制度，城里的贪官污吏，乡村的恶劣习惯。”②在那些打倒了地主政权的地方，农民协会便成为乡村唯一的权力机关，真正做到了“一切权力归农会”。湖北全省的农民协会会员，到 1926 年 11 月间发展到 20 万人；江西的农民协会会员，到 10 月间也有 5 万多人。在这两个省，也开始出现农村大革命的形势。毛泽东在当时就指出：“国民革命需要一个大的农村变动。辛亥革命没有这个变动，所以失败了。现在有了这个变动，乃是革命完成的重要因素。”③

中国共产党对各地农民运动的领导全面、系统而有力。经济方面，党领导下的农民斗争经历了从抗租抗息到分配土地的过程。一开始的斗争具有如下几个特点：一是取消粮食投机，不准囤积居奇，实行平粜。为了反抗地主奸商肆意抬高粮价，囤积居奇，各地农民协会规

① 李光辉：《中国共产党思想政治工作史论》，法律出版社 2005 年版，第 70 页。

② 《毛泽东选集》（第一卷），人民出版社 1991 年版，第 14 页。

③ 同上，第 16 页。

定一律取缔粮食投机，禁止囤积居奇，不准抬高粮价，一律实行平粜。二是开仓没收土豪劣绅地主的粮食，封门没收他们的财产。一些农民运动发达的地方，还组织了封门没收财产委员会，普遍查封了土豪劣绅地主的家门，对大土豪大地主的财产实行没收。三是实行减租减息。此外，有的地方，农民协会还宣布取消酒税、烟税、屠宰税等苛捐杂税。废除牛行、棉花行、米行等，禁止中间剥削。1927 年年中，伴随革命形势的发展，一些地方开始重新分配土地。湖北是较早提出并实行分配土地的省。黄梅、黄安两地是这项工作开展比较好的。在农民运动的强大声势下，许多县份的土豪劣绅被迫交出部分或全部土地。与此同时，湖南、江西等地的分配土地的斗争也都在当地一些县份陆续展开。这些地方以前都是农民受封建土地制度剥削压迫非常严重的地方，减租减息和分配土地开始后，农民群众欢欣鼓舞，喊出了“联俄联共扶助农工、分田分土打倒土豪”、“平均地权、实行耕者有其田”的口号。①

与此同时，中国共产党还特别重视依托农民协会等组织开展对广大农民群众的思想引导，如创办农民刊物、出版相关书籍等。在当时，国民党中央农民部定期出版两种农民工作刊物，即《农民运动》周刊和《中国农民》。另外，其还出版丛书《告农民书》《全国农民运动近况》等 11 种；小丛书《农民协会章程与农民自卫军组织大纲》《国民政府对于农民运动第一、二次农民宣言》等 4 种；农民问题丛刊《革命政府对于农民运动的宣言》《湖南农民运动目前的策略》等 52 种。在很多地方也有一些地方性的农民运动刊物，如广东省农民协会机关刊物《犁头》旬刊等。② 除此之外，各地党组织和农民组织还广泛利用演讲、标语、口号、演出、刊印壁报等其他方式来鼓动农民群众，把革命道理用

① 吴礼林：《北伐战争时期湖北农运的几个特点》，《中南民族学院学报》1986 年第 3 期。

② 广东农民运动讲习所旧址纪念馆编：《广东农民运动资料选编》，人民出版社 1986 年版，第 200—202 页。

方言编成歌谣演唱，甚至借魔术表演吸引农民并向农民群众做生动的政治宣传等。先进的革命思想理论就这样通过灵活多样、通俗易懂的形式，深入农民的头脑中，成为他们行动的思想指南。“在农民协会的领导下，广大农民还着手建设新农村，如兴办教育，设农民学校，普及文化，教唱革命歌曲；改革农村的陈规旧俗，禁赌和禁吸鸦片；新年娱乐，除龙灯狮子外，还新增演讲会，提灯会，群众大游行；也组织农民筑堤坝，修道路，垦荒地；以及建立消费、贩卖、信用合作社，等等”①。

为了培养农民工作干部，多吸收农民群众中的先进分子加入党的组织，中国共产党还大力加强开办农民运动讲习所和训练班的工作。国共合作统一战线建立后，根据彭湃的建议，由国民党中央农民部出面，设立农民运动讲习所，培养能够担负各地方农民运动工作的人才。1924 年 7 月至 1926 年 9 月，在广州先后开办了六届农民运动讲习所，彭湃、阮啸仙、毛泽东等先后担任该所所长，共培养出 772 名毕业生和 25 名旁听生。1927 年 1 月，毛泽东在武昌创办中央农民运动讲习所，招收了 810 名学员。这七届农讲所所培养的这将近 2000 名农民运动骨干人才，毕业后一般派回原籍，从事宣传和组织发动农民、建立农民协会、领导农民群众同帝国主义和封建主义作斗争的工作，为当地农民运动的高涨发挥了重要作用。在这些农民运动讲习所的带动下，很多地方性的农讲所、农训班也纷纷建立起来了。据统计，在广东开办的有：广东省农民训练所、普宁农民自卫军训练班、琼崖农民自卫队训练所等；其他省办的有：广西农民运动讲习所、湖南衡阳农民运动讲习所等。② 这些地方性的农讲所和训练班，为当地农民运动的开展也提供了重要的骨干和后备力量支持。③

---

① 沙健孙：《在大革命的洪流中》，湖南教育出版社 1996 年版，第 477 页。

② 汪路勇：《广州农民运动讲习所的创办及其历史功绩》，载《福建党史月刊》2005 年第 2 期。

③ 钟欢：《大革命时期党对农民的思想政治教育》，《党史文苑》2010 年第 1 期。

在城市,工人运动也在更广阔范围和更大规模上进一步高涨起来。湖南、湖北两省总工会在1926年9、10月间相继成立。到1927年1月,两省的工会会员发展到70万人。江西省总工会也正式成立。在湖南、湖北、江西等省,都仿效省港大罢工的经验,组织了武装的工人纠察队。长沙、武汉、九江等城市的工人相继举行大规模的罢工,提出增加工资、减少工时、改善劳动条件、反对封建性工头和包身工制等要求。这些斗争大多取得了胜利。在湘鄂赣等省掀起革命风暴的同时,北方人民的革命斗争也在继续发展。在中国共产党的领导下,开展了反奉(奉系军阀张作霖)倒段(控制北京政府的皖系军阀段祺瑞)斗争。1927年1月,由于英国水兵在汉口和九江登陆打死打伤中国人,武汉工人和其他市民在共产党员刘少奇、李立三等领导下,冲入并占领了汉口英租界,国民革命军独立第二师也接管了九江英租界。2月19日和20日,国民政府外交部同英国方面签署协定,收回了汉口、九江的英租界。反对帝国主义的群众性斗争,取得了重大胜利。

在北伐胜利进军和工农运动高涨的推动下,中共中央和中共上海区委从1926年10月开始,发动和组织上海工人进行武装起义。第一、第二次起义由于条件不成熟和准备不充分而遭到失败。接着,中共中央和上海区委联合组成起义最高指挥机关——特别委员会,由陈独秀、罗亦农、赵世炎、周恩来等任委员,周恩来任起义总指挥。在他们的直接领导下,上海工人于1927年3月21日成功发动了第三次武装起义。3月22日,上海工商学各界举行市民代表会议,选举19人组成上海特别市临时市政府(即上海市民政府),其中有罗亦农等共产党员和共青团员10人。上海临时市政府虽然只存在24天,但它是在中国共产党的领导下最早由民众在大城市建立起来的革命政权。上海工人第三次武装起义,是大革命时期中国工人运动的一次壮举,是北伐战争时期工人运动发展的最高峰。

大革命高潮的到来、北伐战争的胜利进军和工农运动的高涨,为中国共产党的发展创造了有利条件，党的思想、组织和制度等各方面的建设都有相当的进展，特别是从思想建设、组织建设和制度建设等各个方面为把党建设成为一个全心全意为人民群众服务的先进政党，留下了宝贵的实践经验。1923 年党的三大在制定国共合作方针的同时，就提出要“努力从各工人团体中，从国民党左派中，吸收真有阶级觉悟的革命分子，渐渐扩大我们的组织，谨严我们的纪律，以立强大的群众共产党之基础”的任务。1924 年 5 月，第三届中共中央执行委员会第一次扩大会议又通过《党内组织及宣传教育问题议决案》，指出“在大产业的工人里扩大我们的党，是现时的根本职任之一”。这次扩大会议前，中共中央已设有职工运动委员会作为工作机构。扩大会议之后，中共中央进一步设立了组织秘书、宣传报刊、宣传教育、工农、妇女、工人运动、出版等工作机构。在大革命的高潮到来之后，1925 年 10 月召开的党的第四届中央执行委员会第一次扩大会议提出了在极短时间内将党“从小团体过渡到集中的群众政党”的要求，强调要“吸收无产阶级及先进的智识阶级中最革命的分子”入党；“对于革命的工人学生农民免除入党之手续上的繁杂形式”；还缩短了党员的候补期，规定工人、农民为一个月，知识分子为三个月。在这些工作推动下，党的队伍迅速壮大。全国除新疆、青海、贵州、西藏、台湾外，都建立了党的组织或有了党的活动。据 1927 年 3 月统计，党员总数达到了 57967 人，其中工人成分占 53. 8%、农民占 18. 7%、知识分子占 19. 1%、军人为 3. 1%、中小商人为 0. 5%。女党员占党员总人数的 10%。党的队伍的壮大和自身建设的加强，推动了大革命运动的发展。①

纵观中国共产党创建初期的理论和实践，我们不难发现，它从创立之日起就始终坚持为最广大人民利益服务的价值取向和追求，为全

① 参见中共中央党史资料征集委员会、中共中央党史研究室编：《中共党史资料》（一九八二年第三辑），中共中央党校出版社 1982 年版，第 52 页。

国人民乃至中华民族的利益而奋斗。中国共产党自成立之日起就旗帜鲜明的将马克思主义作为自己的指导思想,运用马克思主义的立场、观点和方法指导中国革命实践,具有鲜明的无产阶级立场,充分体现了以无产阶级为代表的最广大人民群众的根本利益。年轻的中国共产党以马克思主义为理论先导,以马克思主义唯物史观为理论基石,在认识和肯定人民群众在社会历史发展中的主体地位和作用的基础上,确立了人民本位的立场。马克思主义唯物史观认为,人民群众是历史的创造者,是推动历史发展和社会变革的决定性力量,只有人民群众才是国家和社会的真正主人。可以说,坚持全心全意为人民服务,为最广大人民群众的利益而奋斗是坚持马克思主义唯物史观的必然要求。同时,“始终站在人民大众立场上,一切为了人民、一切相信人民、一切依靠人民,诚心诚意为人民谋利益”是马克思主义的根本立场和出发点,也是马克思主义政党最本质的要求。中国共产党从成立之日起就认识到了自己的历史使命,始终将党的利益和人民群众的利益、党的立场和人民群众的立场统一起来,自觉践行人民本位的价值理念,坚持人民本位的根本立场。

中国共产党自诞生之日起就将为中国人民谋幸福、为中华民族谋复兴确立为自己的初心和使命,在这一正确的政治方向的引领下,我们党团结带领全国各族人民同仇敌忾、不畏艰险,为实现民族独立和人民解放而不懈奋斗。立场决定态度,态度决定一切。中国共产党正是在保持人民性的政治立场不动摇的基础上不断滋养初心、担当使命,从而成为一步步发展壮大的基石。

第二章
坚持以人民为中心
与中国革命事业的发展壮大

当轰轰烈烈的大革命如火如荼展开时,洪流中包裹着的暗流、胜利中暗藏的危机也在发展。随着北伐胜利进军,蒋介石集团、汪精卫集团先后站到反人民的立场上,叛变革命,轰轰烈烈的大革命和第一次国共合作失败。大革命失败后,全国陷入一片白色恐怖之中。年轻的中国共产党遭到成立后未遇到过的严峻考验。面对反动派的残酷屠杀,中国共产党人没有被吓倒、被征服,而是独立高举起人民的旗帜,以大无畏的自我牺牲精神和宁死不屈的革命意志,把马克思主义的普遍真理同中国革命的具体实际相结合,紧紧同全国最广大人民站在一起,坚持实事求是、群众路线、独立自主的原则,采取正确的方针保持土地革命战争时期的主要革命成果,为争取抗日战争的胜利和实现中国的光明前途,为实现人民和民族的最高利益前赴后继、赴汤蹈火。

第一节　依靠党和人民的集体奋斗开辟中国革命新道路

一、站到反人民立场的国民党右派与大革命的失败

北洋军阀势力的迅速崩溃，使帝国主义列强感到震惊。它们在中国集结兵力、制造事端，企图以武力相威胁，阻挡中国革命前进步伐的同时，也开始把当时任国民革命军总司令的蒋介石看作国民党内的“稳健派”进行拉拢。周恩来说过，蒋介石虽曾一度组织黄埔军校，指挥北伐，但他的军阀思想和投机思想却与他“参加”革命相随而来。在大革命初期，他起了一般资产阶级代表人物的作用。[①] 1926 年 3 月，他制造了中山舰事件，打击共产党和工农的力量。他的立场就转到了“大地主大资产阶级方面，变为新右派”[②]。

1927 年 3 月国民革命军占领南京后，一些溃逃的军阀部队和流氓地痞，袭击抢掠了外国领事馆、外国人机关和住宅，造成了一定的人员伤亡和财产损失。游弋在长江江面的英、美军舰借口保护侨民，猛烈炮轰南京，使中国军民遭到重大伤亡。南京事件加速了蒋介石同帝国主义势力勾结的步伐。事件发生后，蒋介石赶往下关，一面向帝国主义国家道歉，并通过报界公开宣称：“决不用武力改变租界的现状”，一面污蔑造谣说南京抢掠是“共产党蓄意制造”，并解散共产党南京支部，禁止群众性的反帝运动。

蒋介石一面取得帝国主义的支持，一面又在寻求国内各种反动势

---

① 参见《周恩来选集》（上卷），人民出版社 1997 年版，第 151 页。

② 吴汉全：《中国现代政治史》（上卷），人民出版社 2015 年版，第 330 页。

力的支持。在当时,国内本来直接间接依附于北洋军阀的各种反动势力见北洋军阀大势已去,他们惶恐于中国共产党领导的工农革命严重危及他们的特权和剥削所得,因而当蒋介石挑起“反共”大旗时,便一股脑儿地站到蒋介石一边,并怂恿蒋介石尽快与中国革命彻底决裂。一大批北洋政府的官僚、政客联袂南下,如张群、黄郛等向蒋介石建言献策,要求他放弃“联俄容共政策”,“离俄清党”,联系绅商,联系冯玉祥、阎锡山以形成反共的“中心力量”,这都正合蒋介石心意,被蒋介石全部采纳,并成为其反共反革命政变的行动纲领,因此当时才有“军事北伐,政治南伐”之说。上海的江浙财阀和买办资本家也在经济上大力支持蒋介石,由大买办、上海财团头子虞洽卿出面,筹措了 6000 万元的反革命活动经费。上海的青帮头子黄金荣、张啸林、杜月笙等组织了秘密的“中华共进会”和公开的“工商联合会”,网罗了一大批地痞流氓给蒋介石充当打手。

4 月 12 日,蒋介石在上海发动反革命政变,上海 2000 多名武装工人纠察队被解除武装。纠察队员牺牲 120 余人,受伤 180 人。次日,上海 20 万工人罢工,总工会在闸北青云路广场召开有 10 万人参加的群众大会,抗议蒋介石反动派的暴行。会后,群众冒雨举行示威游行,遭到国民党军警的镇压,当场打死 100 多人,伤者不计其数。在事变后 3 天中,在上海的共产党员和革命群众被杀者 300 多人,被捕者 500 多人,失踪者 5000 多人,优秀共产党员汪寿华、陈延年、赵世炎等光荣牺牲。几乎与此同时,江苏、浙江、安徽、福建、广东、广西等蒋介石控制下的省份相继以“清党”为名,大规模搜杀共产党员和革命群众。仅广东一地,被杀害的就达 2000 多人。北方的奉系军阀张作霖也捕杀大批共产党员和革命群众。4 月 28 日,中国共产党主要创始人之一李大钊在北京英勇就义。大革命遭受严重挫折。

在悍然发动大规模反革命政变的基础上,1927 年 4 月 18 日,蒋介石在南京另行成立代表大地主大资产阶级利益的“国民政府”,与北伐战争过程中从广州迁往武汉的国民政府分庭抗礼。这个时期,武汉国民政府管辖的中南三省的群众革命运动还在短暂地继续高涨,在共产国际、中国共产党的推动和国民党左派的努力下,掀起了声势浩大的讨蒋运动。但在这背后,武汉国民政府内部的反革命危险也在暗流涌动。由于蒋介石分裂国民党、另立政府,刚回国不久的汪精卫打着反蒋旗号迅速取得对武汉国民政府和国民党中央的领导权。他随即与武汉的实力派军人唐生智勾结在一起,在继续向北方进军、与冯玉祥会师郑州的同时,也加快同冯玉祥在郑州、徐州等地密谋,商讨"对于共产党之办法",在宁汉合流、清党、反共等方面取得一致意见。随后,冯玉祥在其地盘和军队中开始"遣送"共产党人,并致电汪精卫,攻击共产党,要求汪精卫在反共等问题上"速决大计,早日实行"。1927 年 6 月 29 日,驻武汉的何键在汪精卫授意下宣布与共产党决裂,拘捕、屠杀共产党员和革命群众。7 月 15 日,汪精卫在武汉召开国民党中央执行委员会会议,正式作出关于"分共"的决定,步国民党老右派、蒋介石新右派的后尘,完全站到了反人民的立场上去。随后,武汉国民政府控制下的地盘和军队封闭了工会、农会和所有革命团体。7 月下旬起,汪精卫彻底撕下所谓"和平分共"面具,开始肆无忌惮地进行"武力清党",要求对付共产党"要用对付敌人的手段对付,捉一个杀一个","把他们一个个抓来枪毙"①,开始了对共产党人和革命群众的大屠杀。至此,轰轰烈烈的大革命和第一次国共合作全面失败了。

大革命失败的原因,从客观方面来讲,是由于反革命力量的强大,是由于资产阶级发生严重的动摇、统一战线出现剧烈的分化,是由于蒋介石集团、汪精卫集团先后被帝国主义势力和地主阶级、买办资产阶级拉进反革命营垒里去了,从主观方面来说,是由于中国共产党的

① 中国人民解放军历史资料丛书编审委员会编:《土地革命战争时期各地武装起义 · 综合册》,解放军出版社 2001 年版,第 1465 页。

中央领导机关在大革命的后期犯了以陈独秀为代表的右倾机会主义的错误,放弃了无产阶级对于农民群众、城市小资产阶级和民族资产阶级的领导权,尤其是武装力量的领导权,使大革命遭到了失败。

特别是1927年4月27日至5月9日在武汉举行的中国共产党第五次全国代表大会,是在四一二政变发生后才半个月这样一个非常状态下召开的。全党本来期待着这次大会能清醒地判断当时局势,回答人们最焦虑的如何从危机中挽救革命的问题。但事实上,这次大会并没有满足全党的期望。大会认为:中国的资产阶级已经叛变,民族资产阶级成了革命的对象,中国革命到了"工农小资产阶级之民主独裁制的阶段"①,应该以土地革命及民主政权之政纲去号召农民和小资产阶级,使革命向非资本主义之发展方面进行。这些主张都是脱离当时中国的实际的。大会把蒋介石的叛变看成整个民族资产阶级的叛变,这种看法并不符合事实,这在以后导致对资产阶级采取过"左"的行动;它又把汪精卫看作小资产阶级的代表,把汪精卫控制的武汉政府看作工农小资产阶级的联盟,好像这是很可靠的联盟,这导致对汪精卫、对武汉政府采取右的迁就主义政策,并且对他们可能的背叛丧失警觉,不去做好相应的准备。大会肯定"将耕地无条件的转给耕田的农民"②的革命原则,是正确的;但又提出小地主的土地不没收等限制;并且强调没收地主土地必须先取得"小资产阶级"的同意,实际是先取得汪精卫等的同意,这又使这个主张成为一句无法实行的空话。当时,最紧迫的问题是组织和发展党直接领导的革命军队,然而由于不敢采取深入开展土地革命、广泛武装工农的果断措施,所以大会自然对这个问题连谈也没有谈。因而从总体上看,大会没有能在面临生死存亡的危急时刻,为全党指明出路,提供强有力的领导,而是徒然丧失

① 中共中央文献研究室、中央档案馆编:《建党以来重要文献选编》(1921~1949)第四册,中央文献出版社2011年版,第182页。

② 中共中央党史研究室:《中国共产党历史》(上卷),人民出版社1991年版,第192页。

时机，坐视整个局势继续恶化。

大革命虽然失败了，它的历史意义仍然是不可磨灭的。这场失败了的革命，实际上是未来胜利的革命的一次伟大的演习。因为正是在这个时期，中国共产党人进行了轰轰烈烈的革命工作，领导了全国反帝反封建的伟大斗争，在中国革命史上写下了光荣的一页，同时开始探索马克思主义中国化的途径，初步提出了无产阶级领导的、人民大众的、反帝反封建的新民主主义革命的基本思想，并且从大革命的失败中吸取了严重的历史教训，开始懂得进行土地革命和掌握革命武装的重要性。正是由于经历了这场大革命，中国人民的觉悟程度和组织程度有了明显的提高，中国共产党开始掌握了一部分革命武装，为把中国革命推进到一个新的阶段——土地革命战争阶段准备了必要的条件。

二、国民党政府是完全的反人民的政权

1927 年七一五反革命政变后，一段时间内，国民党内部的南京国民政府和武汉国民政府仍然互相对峙。经过几番周折，实现了宁汉合流。在此基础上，1928 年 2 月，南京国民政府改组，武汉国民政府不复存在。此后，国民党政府的军队继续北伐，于 1928 年 6 月进驻北京、天津一带。奉系首领张作霖在退回关外途中，被日本人预埋的炸药炸死，其子张学良于同年 12 月 29 日从东北发出通告，宣布“遵守三民主义，服从国民政府，改旗易帜”①。北洋军阀不再作为独立的政治力量继续存在。这样，国民党就在全国范围内建立了自己的统治。

在 1927 年大革命失败以后，国民党已经不再是工人、农民、城市小资产阶级和民族资产阶级的革命联盟，而是变成了一个由代表地主

① 严中平主编:《中国近代经济史(1927—1937)》(上册),人民出版社 2012 年版,第 47 页。

阶级、买办性的大资产阶级利益的反动集团所控制的政党。不过，国民党是一个复杂的政党。它虽然被这个反动集团所控制、所领导，但有一部分领导人物不属于这个集团，而且受到这个集团的打击、排挤和歧视；它的不少党员、干部并不满意甚至反对这个集团的领导；在国民党及其统治的军政机关里，都有不少民主分子。就是这个反动集团本身，也不是严密的统一体，而是派系林立，不断进行着明争暗斗，直到兵戎相见。它的“统一”是表面的和不稳定的。即使在蒋介石集团确立了在国民党内的主导地位之后，这个集团内部以及这个集团与其他集团尤其是与地主实力派之间，也仍然矛盾重重，冲突不断。

国民党政府的统治依然是地主阶级和买办性的大资产阶级的统治，同北洋军阀的统治没有本质的区别。但是，由于国民党曾经是旧民主主义革命的一面旗帜和大革命时期统一战线的组织形式，由于帝国主义列强一度对它作出过一两项表面上的让步（如承认中国关税自主、允诺取消领事裁判权），一时使人认为它仍在维护民族权利；由于它在形式上暂时地统一了中国，因此，这个政权曾经在一个时期之内，使一些人尤其是民族工商业者产生过幻想，以为中国可能由此走上独立发展资本主义的道路。

在 1928 年至 1929 年，中国民族工业有过短暂的繁荣。1928 年注册厂家就有 250 户，资本额达 1. 1784 亿元。商业、交通运输业、服务业以至文化教育事业等也在这段时间内有所发展。不过，在 1927 年反革命政变时附和过蒋介石的民族资产阶级，并没有成为中国的统治阶级，民族工商业也并没有得到自由的发展。所以，不久以后，这个阶级中的一部分因为自己的利益，开始逐步形成蒋介石政权下的在野反对派，他们对这个政权表示不满，但又反对无产阶级领导的人民革命，他们发起了一个改良主义运动，想另找一条有利于中国发展资本主义的道路。

国民党所实行的是代表地主阶级、买办性的大资产阶级利益的一党专政和军事独裁统治。1928 年 10 月，国民党中央常务委员会通过《训政纲领》，规定“由中国国民党全国代表大会代表国民大会，领导国民行使政权”[①]；其全国代表大会闭会时，“以政权付托中国国民党中央执行委员会执行之”；指导监督国民政府重大国务之施行，由中国国民党中央以“政治会议行之”。这样，北洋政府时期还在形式上存在的议会制度也被彻底废除了。

国民党政府完全是一个反人民的政权，实行一党专政的军事独裁统治。首先，为了镇压人民和消灭异己力量，国民党建立了庞大的军队。据 1929 年 3 月的官方材料，“全国军额达二百万”，实际兵员数远不止此。国民党还大力加强地方反动武装，各县民团统称保安队。广大人民被置于国民党武装的严密控制和监视之下。

其次，为了镇压人民和消灭异己力量，国民党建立了庞大的全国性特务系统。如隶属于国民党中央组织部的调查统计局（简称“中统”）和隶属于国民党军事委员会的调查统计局（简称“军统”），其主要任务就是反对共产党，破坏革命运动，绑架或暗杀革命者和异己分子。1935 年 11 月，平津十校学生自治会发表宣言揭露：国民党在南京“奠都以来，青年之遭杀戮者，报纸记载至三十万人之多，而失踪监禁者更不可胜计。杀之不快，更施以活埋；禁之不足，复加以毒刑。地狱现形，人间何世？”[②]

再次，为了控制人民，禁止革命活动，国民党大力推行保甲制度，规定十户为甲，十甲为保，分设甲长、保长。保甲内各户要互相监视、互相告发，“共具联保连坐切结”，并从事“碉堡堡塞或其他工事之筹设”和交通干线之“保护”等；国民党政府的征税、摊派等，许多也通过保甲来进行。自 1934 年 12 月起，保甲制度在全国普遍推行，广大人

① 彭明主编：《中国现代史资料选辑》第三册，中国人民大学出版社 1988 年版，第 34 页。

② 《一二九运动资料》第一辑，人民出版社 1981 年版，第 83 页。

民被禁锢在保甲制度之内。

最后，为了控制舆论，剥夺人民的言论和出版自由，国民党还厉行文化专制主义。大批进步书刊被查禁，许多进步作家被监视、拘捕乃至枪杀。

国民党政府主要就是通过这些方法，来维护帝国主义、封建主义、官僚资本主义的利益，巩固自身统治的。正因为如此，中国人民要争得民族独立和自身解放，就必须同这个反动统治作坚决的斗争。伟大的爱国者宋庆龄在当时说过：只有以群众为基础并为群众服务的革命，才能粉碎军阀、政客的权力，才能摆脱帝国主义的枷锁，才能真正实行社会主义。

三、独立高举起人民的革命旗帜

在国民党的反动统治下，中国社会的半殖民地半封建性质没有改变，白色恐怖笼罩着全国城乡，中国革命转入低潮，中国共产党遇到了前所未有的困难。

国民党统治集团将捕杀的罗网张遍了全中国。中国共产党及其领导的革命运动，因为毫无私利，因为全心全意为人民的解放和自由而奋斗，反被反动统治者刻骨仇恨，遭到反动统治者的残酷镇压。共产党被宣布为“非法”，加入共产党成为最大的“犯罪”，共产党的组织不断遭到破坏，党的活动被迫转入地下，许多共产党员和党的领导干部被捕、被杀。据中共六大时的不完全统计：从 1927 年 3 月到 1928 年上半年，被杀害的共产党员和革命群众达 31 万多人，其中共产党员 2.6 万多人，很多党的重要活动家先后牺牲。在白色恐怖统治下，一些不坚定分子动摇了，他们纷纷声明脱离共产党、共青团；有的甚至公开“忏悔”，攻击共产主义和共产党，出卖党的组织和共产党员。据 1927 年 11 月统计，全党党员人数由 1927 年 5 月中共五大时的 5.79 万多人锐减至 1 万多人。革命的工会、农民协会等也到处被查禁或解散，工农运动走向低落。反革命力量大大超过了有组织的革命力量。

敢不敢坚持革命?怎样坚持革命?这是中国共产党人和革命群众必须回答的两个根本性的问题。

在严峻的考验面前,中国共产党人表现了坚定的革命立场和大无畏的英雄气概,因为对马克思主义的坚定信仰和对广大人民群众的无比热爱,他们并没有被吓倒、被征服、被杀绝;他们从地下爬起来,揩干净身上的血迹,掩埋好同伴的尸首,又继续投入战斗了。一些追求进步、向往真理的人士,在革命的危急时刻加入了共产党的队伍。年逾半百的教育家徐特立,文学家郭沫若,在国民革命军中担任过领导职务的贺龙、彭德怀等,都在这时加入了中国共产党。受尽压迫的工农群众,重新在中国共产党的周围逐步聚集起来。在黑暗的中国,中国共产党独立高举起反帝反封建的革命旗帜!

但是,怎样坚持革命,即坚持革命应当走什么样的道路?为了回答这个问题,中国共产党人开始了长时间的艰苦的探索。

在革命的危急关头,1927 年 7 月中旬,中共中央政治局临时常委会决定了三件大事:将党所掌握和影响的部队向南昌集中,准备起义;组织湘、鄂、赣、粤四省的农民,在秋收季节举行暴动;召集中央会议,讨论和决定新时期的方针和政策。1927 年 8 月 7 日,中共中央在汉口秘密召开紧急会议(即八七会议),彻底清算了大革命后期的陈独秀右倾机会主义错误,确定了土地革命和武装反抗国民党反动统治的总方针,并选出了以瞿秋白为首的中央临时政治局。毛泽东在会上着重阐述了党必须依靠农民和掌握枪杆子的思想,强调党以后要非常注意军事,须知政权是由枪杆子中取得的。① 会议还提出了“整顿改编自己的

---

① 参见中共中央文献研究室、中央档案馆编:《建党以来重要文献选编》(1921~1949)第四册,中央文献出版社 2011 年版,第 393 页。

队伍,纠正过去严重的错误,而找着新的道路"①的任务。八七会议使中国共产党在政治上大大前进了一步,开始了从大革命失败到土地革命战争兴起的转折。

1927 年 8 月 1 日,以周恩来为书记的前敌委员会及贺龙、叶挺、朱德、刘伯承等人,率领共产党掌握或影响下的北伐军 2 万多人在南昌举行起义,打响了武装反抗国民党反动统治的第一枪,这是中国共产党独立领导革命战争、创建人民军队和武装夺取政权的开端。9 月 9 日,毛泽东等领导的湘赣边界秋收起义爆发。起义军公开打出了"工农革命军"的旗帜;在攻打长沙的计划受挫后,起义部队决定南下,向敌人控制比较薄弱的农村区域转移,并于 10 月 7 日抵达江西省宁冈县茅坪,开始了创建井冈山农村革命根据地的斗争。12 月 11 日,中共广东省委书记张太雷和叶挺、叶剑英等领导了广州起义,对国民党的屠杀政策发动了又一次英勇的反击。从 1927 年大革命失败到 1928 年年初,中国共产党还先后在海陆丰、琼崖、鄂豫边、赣西南、赣东北、湘南、湘鄂西、闽西、陕西等地区领导了近百次武装起义。

总之,革命失败,教训惨痛,继而有了南昌起义、秋收起义和广州起义,进入了创造红军的新时期,开启了中国革命新纪元。中国革命由此发展到了一个新的阶段,即土地革命战争时期,或称十年内战时期。蒋介石是靠国共合作、北伐战争上台的。但是,他上了台,反而把人民推入了十年内战的血海。正是他的屠杀政策教育了中国共产党人和革命人民,促使他们拿起武器去进行战斗。毛泽东就讲过:"我是一个知识分子,当一个小学教员,也没学过军事,怎么知道打仗呢?就是由于国民党搞白色恐怖,把工会、农会都打掉了,把五万共产党员杀了一大批,抓了一大批,我们才拿起枪来,上山打游击。"②中国共产党

① 中共中央文献研究室、中央档案馆编:《建党以来重要文献选编》(1921~1949)第四册,中央文献出版社 2011 年版,第 439—440 页。

② 《毛泽东文集》第八卷,人民出版社 1999 年版,第 378 页。

为了坚持反帝反封建的事业而领导人民进行土地革命战争，是必要的、正义的、进步的，必然得到中国最广大劳动群众的拥护和支持。

四、群众路线的明确提出与中国革命新道路的开辟

大革命失败后中国共产党在各地进行的武装起义大多迅速失败了，从全国来看，革命仍然处在低潮。主要的中心城市由帝国主义和国民党反动当局强大的经济、政治和军事力量所控制，那些没有受过大革命风暴影响的地方，革命起义也比较难以发生或难以长期存在下去。而得以坚持下来的武装起义，大多是处于数省边界、距离国民党统治的中心城市较远的偏僻山区，这些地方的群众主要是农民群众，他们是有革命要求的，但他们通常习惯地保持着传统的生活方式，又比较分散，要把他们发动并组织起来并不容易。在这样的情况下，中国革命到底怎样才能发展壮大？

中国革命要发展壮大，必须要更加紧密地依靠、动员和组织人民群众，发展党的革命武装。应当说，这是当时全党的共识。对此，1927年八七会议说得很明白："我们党有这种伟大的力量，不但因为我们党的阶级性使然，而且因为有群众之奋斗，无产阶级及贫苦农民群众之奋斗作保证——这些群众是我们党的基础。"[①]然而，关键问题是怎么样有效地动员和组织人民群众，更确切地说，鉴于当时的情况，就是能否在大革命失败和各地武装起义失败的情况下，下决心将工作的重点进一步从单纯军事斗争转入争取群众的细致工作，以及能否认识到更广更多地动员和组织人民群众工作的艰巨性和长期性。正是围绕这些问题，当时全党的探索是非常艰苦和曲折的。

大革命失败的惨痛教训以及对陈独秀"右倾投降主义"的批判，从

① 中央档案馆编：《中共中央文件选集》第三册，中共中央党校出版社1989年版，第252—253页。

侧面加速了党关于发动和组织群众工作的“左”的方向,因而主张在农村“没收一切土地”、在城市以暴动为“中心”、实行全国武装暴动的“左”倾力量逐渐在党内占据了上风。激进的行动将“群众路线”的实践引向了反面,使党在这些地区“严重脱离群众”,造成了惨痛的后果。在此情况下,党对党群关系的认识开始发生一些变化。1927 年 11 月,中共中央临时政治局扩大会议强调:“农民暴动之后,如果专意占据县城而忽略乡村中土地革命的根本工作,不去发动更多更广的群众,不使群众自己取得土地取得政权(苏维埃),那么,这便是军事的机会主义。”①但是,在“左”倾盲动主义取得党内领导权的前提下,发动群众更多的则是激进的“革命”行动,这种引导群众不顾实际情况进行“革命”的路线,并不是真正意义上的走群众路线。1928 年 4 月,中共中央临时政治局作出决议,在承认“左”倾盲动错误的基础上,把工作的重点转向争取群众和建立城乡群众组织,及时纠正了盲目组织群众发起暴动的行为,对此前执行的“没收一切土地的土地政策”也有所改变。当月 30 日制订的《江西工作大纲》和同年 6 月 4 日《中央给红四军前敌委员会的信》②中都提出,要彻底没收土地分配土地,但以佃农及自耕农之比较的多少,步骤应有所不同,在佃农、雇农占多数的地方,可以不顾忌地对于自耕农的土地实行重新分配,但是自耕农占多数的地方,不宜于一开始便重新分配自耕农的土地。

1928 年 11 月,当时主持中共中央工作的李立三在与江浙地区党的负责人谈话时指出:“在总的群众路线之下,需要竭最大的努力到下层群众中去。”③这是在党的历史文献中最早提出和明确使用“群众路

① 中央档案馆编:《中共中央文件选集》第三册,中共中央党校出版社 1989 年版,第 456 页。

② 井冈山革命根据地党史资料征集编研小组、井冈山革命博物馆编:《井冈山革命根据地》(上册),中共党史资料出版社 1987 年版,第 119 页。

③ 中共中央文献研究室:《关于建国以来党的若干历史问题决议》(注释本),人民出版社 1983 年版,第 546 页。

线"这一概念的文字记录。但是,开始把争取群众明确作为党的路线提出来,可以追溯到中共六大。1928 年 6 月 18 日至 7 月 11 日,中国共产党第六次全国代表大会在莫斯科召开,瞿秋白代表中国共产党第五届中央委员会作《中国革命与共产党》的政治报告,周恩来作了组织报告和军事报告,李立三作农民问题报告,向忠发作了职工运动报告,共产国际代表布哈林作了《中国革命与中国共产党的任务》的报告。

在讨论大会的政治报告时,周恩来分析了南昌起义、秋收起义和广州起义失败以及各地出现盲动主义的原因,是"忽略了一切困难艰苦的组织工作,忽略了群众,看重了个人的英雄万能"。因此,"我们要夺取广大群众","目的就是要发动武装暴动以及推翻统治者"。"怎样夺取千百万群众,促进革命的高潮到来,我们要以城市工人领导农民的自发暴动以至于组织他与工人配起来,并且组织红军,这些都是我们目前一些中心任务,必须解决的任务。"在这里,周恩来把争取群众作为党的中心任务之一。① 在此基础上,党的六大明确指出,"争取群众是现时的总路线","党要用一切力量去加紧团结收集统一无产阶级的群众,使他们围绕党的主要口号,做极巨大的组织工作,以巩固革命工会,农民协会,尽可能地领导日常经济政治斗争,以发展工农群众组织"。② 这次大会通过的《中国共产党党章》也明确指出:"支部为使与工农联系起来的组织。支部的任务:(1)用有计划的共产主义的鼓动和宣传,在无党的工农群众中实行党的口号与决议,使工农站到党方面来。(2)以党的组织的力量积极参加工农的一切的政治的经济的斗争,以革命的阶级斗争的观点讨论他们的要求,组织群众的革命行动,为取得工农的一切革命行动的领导而斗争,努力工作以吸收工农

① 参见中共中央文献研究室、中央档案馆编:《建党以来重要文献选编》(1921~1949)第五册,中央文献出版社 2011 年版,第 324—327 页。

② 参见中央档案馆编:《中共中央文件选集》第四册,中共中央党校出版社 1989 年版,第 314 页。

参加中国的与国际的无产阶级一般的革命斗争。(3)征收和教育新党员，散布党的出版品，在党员及无党工农中进行文化的和政治教育的工作。"①为了切实把"争取群众"作为"现时的总路线"，中共六大通过的《政治决议案》《土地问题决议案》和《农民运动决议案》，对争取群众的必要条件做了详细的规定，涉及党与工人阶级的关系及职工运动方面的任务、党在农民运动中的主要任务、党在苏区的任务和反帝国主义的斗争与反军阀的斗争等方面。特别是对党在农民运动和苏区的任务，中共六大明确指出：无产阶级在乡村中主要的敌人是豪绅地主，基本力量是贫农，中农是巩固的同盟者，故意加紧反对富农的斗争是不对的，因为这就混乱了农民与地主阶级的主要矛盾；建立工农革命军，是党在农民运动中所应特别注意的中心问题；发展苏维埃的根据地，夺取新的区域，巩固新的区域；建立苏维埃的政权机关，引进广大群众参加管理政事；等等。这就使党在群众路线上的认识和实践前进了一大步。

中共六大认真地总结了大革命失败以来的经验教训，对有关中国革命的一系列存在严重争论的根本问题，作出了基本正确的回答。它集中解决了当时困扰党的两大问题：一是在中国社会性质和革命性质的问题上，指出中国仍是半殖民地半封建社会，中国革命依然是资产阶级性质的民主主义革命。二是在革命形势和党的任务问题上，明确了革命处于低潮，党的路线是争取群众，党的中心工作不是千方百计地组织暴动，而是做群众工作，积蓄力量。这两个重要问题的解决，基本上统一了全党思想，对克服党内存在的"左"倾思想起了积极作用。中共六大后到 1929 年，在全国城市产业工人中的党支部已经恢复和发展到 229 个，在上海、天津、武汉、厦门、无锡、哈尔滨等地，地方工会

① 中央档案馆编：《中共中央文件选集》第四册，中共中央党校出版社 1989 年版，第 473 页。

得到恢复。更为重要的是在南方很多省份交界地方顽强存活下来的革命根据地得到进一步发展和壮大,先有农村红军,后有城市政权,这是中国革命的特征,这是中国经济基础的产物。在革命斗争的实践中,这已经基本成为全党的共识。在此基础上,1930 年 5 月,中共中央机关刊物《红旗》发表署名信件,明确提出共产党应当以大部分力量甚至全副力量去发展乡村工作;认为革命势力占据了广大农村之后,即可以联合起来包围城市、封锁城市,用广大的农村革命势力向城市进攻,这样,革命必然可以得到胜利。

这些事实说明:以农村为工作重点,到农村去发动农民,进行土地革命,开展武装斗争,建设根据地,这是 1927 年以后中国革命发展的客观规律所要求的。农村包围城市、武装夺取政权这条革命新道路的开辟,依靠了党和人民的集体奋斗,凝聚了党和人民的集体智慧。

毛泽东不仅在实践中首先把革命的进攻方向指向了农村,而且从理论上阐明了武装斗争的极端重要性和农村应当成为党的工作中心的思想。早在 1928 年 10 月和 11 月,毛泽东就写了《中国的红色政权为什么能够存在?》和《井冈山的斗争》两篇文章,明确地指出以农业为主要经济的中国革命,以军事发展暴动,是一种特征;同时还科学地阐述了共产党领导的土地革命、武装斗争与根据地建设这三者之间的辩证统一关系,强调工农武装割据的思想,是共产党和割据地方的工农群众必须具备的一个重要思想。1929 年 4 月,针对共产国际和中共党内某些人担心农村斗争超过城市斗争将不利于中国革命的观点,毛泽东指出:半殖民地中国的革命,只有农民斗争得不到工人的领导而失败,没有农民斗争的发展超过工人的势力而不利于革命本身的。随着红军的发展和根据地的扩大,1930 年 1 月,毛泽东在《星星之火,可以燎原》一文中进一步指出:“红军、游击队和红色区域的建立和发展,是半殖民地中国在无产阶级领导之下的农民斗争的最高形式,和半殖民地农民斗争发展的必然结果;并且无疑义地是促进全国革命高潮的最重要因素。”[①]以毛泽东为书记的红四军前敌委员会还明确地提出了“农村工作是第一步，城市工作是第二步”的思想。

农村包围城市、武装夺取政权的理论，是对1927年革命失败以后中国共产党领导的红军和根据地斗争经验的科学概括。它是在以毛泽东为主要代表的中国共产党人同当时党内盛行的把马克思主义教条化、把共产国际决议和苏联经验神圣化的错误倾向作坚决斗争的基础上逐步形成的。1930年5月，毛泽东在《反对本本主义》[②]一文中，阐明了坚持辩证唯物主义的思想路线即坚持理论与实际相结合的原则的极端重要性，提出了“没有调查，没有发言权”和“中国革命斗争的胜利要靠中国同志了解中国情况”的重要思想，表现了毛泽东开辟新道路、创造新理论的革命首创精神。农村包围城市、武装夺取政权理论的提出，标志着中国化的马克思主义即毛泽东思想的初步形成。这是马克思主义在中国的创造性的运用和发展。

五、建设人民当家做主的革命根据地

随着革命新道路的开辟，中国革命开始走向复兴。中国共产党领导的红军和根据地逐步发展起来。到1930年年初，共产党领导人民群众建立了大小十几块农村根据地，红军发展到7万人，连同地方武装共约10万人。重要的根据地有赣南、闽西、湘鄂西、鄂豫皖、闽浙赣、湘鄂赣、湘赣、广西的左右江、广东的东江和琼崖等。红军游击战争实际上已经成为中国革命的主要形式，农村根据地成为积蓄和锻炼革命力量的主要战略阵地。这使国民党统治当局感到震惊和恐慌。从1930年10月起，蒋介石集中重兵，向南方根据地的红军发动大规模的“围剿”。从1930年10月到1931年9月，红一方面军在毛泽东、

---

① 《毛泽东选集》第一卷，人民出版社1991年版，第98页。

② 同上，第109页。

朱德等指挥下,连续粉碎了国民党军队的三次“围剿”。1933 年二三月间,又取得了第四次反“围剿”战争的胜利。鄂豫皖、湘鄂西等根据地的反“围剿”战争也取得重大胜利。中国工农红军能够一次又一次地粉碎数倍甚至十倍于己的国民党军队的“围剿”,是由于根据地广大贫苦农民在土地革命中分得了土地,踊跃参军,从多方面支持革命战争。没有广大贫苦农民的全力支持,红军反“围剿”战争的胜利是不可能的。这些重大胜利,使赣南、闽西根据地连成一片,形成拥有 21 座县城、250 万人口、5 万平方公里土地的中央革命根据地。与此同时,鄂豫皖、湘鄂西、湘赣、湘鄂赣等根据地也都得到了发展。

随着红军和革命根据地的建立和发展,土地革命广泛地开展起来。在根据地内,消灭封建地主土地所有制,实现“耕者有其田”,是中国共产党在农村进行的最重大的社会变革。

毛泽东、朱德率领红四军主力进军赣南、闽西后,这个地区的土地革命即迅速开展。根据党的六大精神,1929 年 4 月,毛泽东主持制定了兴国县《土地法》,将井冈山《土地法》中规定的“没收一切土地”改为“没收一切公共土地及地主阶级的土地”。这是一个原则性的改正。同年 7 月,在毛泽东的指导下,闽西党的第一次代表大会通过的决议中也规定“自耕农的田地不没收”,并提出“抽多补少”的原则。会后,在闽西 300 多里的地区内进行了分田,60 多万贫苦农民得到了土地。1930 年 2 月,在江西吉安县陂头村,中共红四军前委、赣西特委和红五、红六军军委联合举行联席会议(通称二七会议),批评了一些地区迟迟不分田的右倾错误,提出一要“分”,二要“快”;批评了一些地区按耕作能力和劳动力分配土地的做法,肯定了按人口平均分配土地的原则。会后,兴国等 6 县的全境和永丰等县的部分地区也全面开展分田运动。次年 2 月,毛泽东按照中共中央决定又以中央革命军事委员会总政治部主任的名义,写给江西省苏维埃政府一封信,指示省苏维埃政府通令各级政府发一布告,说明田地分给农民后,农民对土地有所有权，可以租赁买卖，田中收获除给政府交土地税外，均归农民所有。这样，又改变了井冈山《土地法》中关于土地所有权在政府而不属农民、农民只有使用权、禁止土地买卖的规定。

与此同时，在赣东北、湘鄂西、鄂豫皖、湘鄂赣、广西右江、广东琼崖等革命根据地，土地革命也轰轰烈烈地开展起来。在三年多的土地革命实践中，基本上形成了一套比较切实可行的土地革命的路线、政策和方法。主要是：依靠贫农、雇农，联合中农，限制富农，消灭地主阶级，变封建土地所有制为农民土地所有制；以乡为单位，按人口平均分配土地，在原耕地基础上，抽多补少，抽肥补瘦；等等。土地革命的深入开展，使农村革命根据地的面貌发生了根本性变化。1930 年 10 月，毛泽东在《兴国调查》中列举了贫农在 12 个方面得到的利益：第一，分了田，这是根本利益。第二，分了山。第三，分了地主及反革命富农的谷子。第四，革命以前的债一概不还。第五，吃便宜米。第六，过去讨老婆非钱不行，现在完全没有这个困难了。第七，死了人不要用钱了。第八，牛价便宜了。第九，应酬废弃，迷信破除，两项的费用也不要了。第十，没有烟赌，也没有盗贼。第十一，自己可以吃肉了。第十二，最主要的就是取得了政权。他还写道：过去中农在政治上处于地主富农统治之下，没有话事权，“现时，却与贫农雇农一起有了话事权”①。这样，绝大多数农民是拥护土地革命、拥护共产党的。广大农民在政治上、经济上的翻身，极大地激发了革命积极性。他们纷纷参加红军或支援前线。如江西兴国，23 岁至 50 岁的翻身农民基本上都参加了赤卫队；16 岁至 23 岁的青少年参加少年先锋队；8 岁至 15 岁的少年儿童参加劳动童子团，任务是“放哨”“检查烟赌”“破除迷信打菩萨”。翻身农民还经常以粮、肉、鸡、鸭、布草鞋、香烟等物品慰劳红军。

土地革命是中国新民主主义革命的基本内容之一。中国社会各

① 《毛泽东农村调查文集》，人民出版社 1982 年版，第 217 页。

阶级及其政治代表对土地问题的态度和解决方法是不同的。民族资产阶级、小资产阶级政党的土地纲领是不坚决、不彻底的；代表大地主、大资产阶级利益的国民党则维护封建土地所有制。国民党有时口头上也讲“耕者有其田”，但根本没有实现。只有中国共产党最坚决地领导广大贫苦农民，向统治了中国社会几千年的封建土地制度猛烈开火。农民是最讲究实际的，中国共产党领导农民进行土地革命这个事实，使他们迅速地分清了国共两党和两个政权的优劣。大革命失败后，中国革命得以坚持和发展，关键就在于党紧紧依靠占全国人口绝大多数的农民，在农村建立根据地，并在根据地内深入开展土地革命。

在各根据地和红军不断发展的形势下，1931 年 11 月 7 日至 20 日，中华苏维埃第一次全国代表大会在瑞金召开，选举产生中华苏维埃共和国中央执行委员会，宣布成立中华苏维埃共和国临时中央政府，随后毛泽东当选为中央执行委员会主席和中央执行委员会人民委员会主席。大会通过的《宪法大纲》规定：“建设的是工人和农民的民主专政的国家。”①在苏维埃政权领域内的工人、农民、红军兵士及一切劳苦群众和他们的家属，不分男女、种族、宗教，“在苏维埃法律前一律平等，皆为苏维埃共和国的公民”②。11 月 25 日，中华苏维埃共和国中央执行委员会通令成立中华苏维埃共和国中央革命军事委员会（简称中革军委），朱德任主席。中华苏维埃共和国是中国历史上第一个全国性的工农民主政权，是中国共产党在局部地区执政的重要尝试。中华苏维埃共和国临时中央政府的成立，在一定程度上加强了对处于被分割状态的各根据地的中枢指挥作用，在政治上也产生了很大的影响，并推动了各根据地的政权、经济、文化教育等方面的建设。

---

① 中央档案馆编：《中共中央文件选集》第七册，中共中央党校出版社 1991 年版，第 772 页。

② 沙健孙主编：《中国共产党史稿》（1921—1949）第三卷，中央文献出版社 2006 年版，第 494 页。

中华苏维埃共和国实行工农兵代表大会制度，分为乡（市）、区、县、省和全国五级。各级苏维埃政府广泛吸收工农群众代表参加政权管理，行使当家做主的权利。这种制度，体现了广大人民群众的根本利益和要求。从 1931 年 11 月到 1934 年 1 月，中央根据地进行三次民主选举，并颁布了选举法细则。在选举中，许多地方参加选举的人占选民总人数的 80%以上，一些地方达到了 90%以上；妇女享有与男子平等的权利，在代表中一般占 20%以上。其他根据地也相继召开各级工农兵代表大会，选举产生各级苏维埃政府。

苏维埃政府注重廉政建设，严惩腐败分子。1933 年 12 月 15 日，中华苏维埃共和国中央执行委员会发布第二十六号训令《关于惩治贪污浪费行为》，规定苏维埃机关、国营企业及公共团体的工作人员，贪污公款达 500 元以上者处以死刑，300 元以上 500 元以下者处以 2 年以上 5 年以下监禁，100 元以上 300 元以下者处以半年以上 2 年以下监禁。根据这个规定，各级苏维埃政府严肃查处腐败案件，深得民心。1934 年年初，中华苏维埃第二次全国代表大会召开。会议指出：在财政政策上，应该使一切苏维埃人员明白贪污浪费是极大的犯罪。向着贪污浪费作坚决斗争，过去虽有了些成绩，以后还应加倍的用力。① 这次大会后，中华苏维埃共和国颁布法规，建立了审计监督制度。新成立的中央审计委员会开展财政预决算审查、国家企业和群众团体财政收支检查、节省运动专项审计，审计结果在《红色中华》报上公布，在规范财政财务收支、查处贪污浪费、促进廉政建设方面发挥了重要作用。

苏维埃政府重视司法建设，临时中央政府先后颁布 120 多部法律、法令，初步建立起具有鲜明阶级性和时代特征的法律体系。苏维埃政府还建立一整套司法机构，基本形成了较为完整的司法组织系

① 参见中共中央文献研究室、中央档案馆编：《建党以来重要文献选编》（1921~1949）第十一册，中央文献出版社 2011 年版，第 119 页。

统。通过司法建设，根据地培养、造就了一支司法干部队伍，仅在中央根据地，就有2000多名干部从事司法工作。苏维埃司法工作的创立和开展，为苏维埃政权的巩固和发展作出了重要贡献。

在苏维埃政府领导下，根据地军民积极进行经济建设，着重发展农业生产，努力打破敌人的经济封锁。在许多青壮年参军参战、耕牛又十分缺乏的情况下，苏维埃政府积极动员和组织获得了土地的农民群众开展互助合作运动，成立劳动互助社、犁牛合作社，合理调节人力、物力，提高劳动生产率；同时，努力开垦荒地、兴修水利，增加农作物产量。随着农业生产的恢复和发展，手工业生产有了长足的发展，公营的军需工业和厂矿企业也开始建立起来。苏维埃政府克服重重困难，开展同国民党统治区的经济贸易往来，设置了对外贸易机构，奖励私人商业输出输入各种必需商品。此外，根据地在交通、邮电、财政和金融等方面都有一定发展。

苏维埃政府注重文化教育事业的发展，提高工农群众的文化水平。文盲众多，是旧中国广大农村的共同特点。根据地普遍建立了各种夜校、半日制学校、补习学校或识字班；中央根据地还创办了马克思共产主义学校、列宁师范学校、中央农业学校、高尔基戏剧学校等，加强马克思主义思想理论教育，着力培养各方面的干部和专门人才。工农群众开始获得享受文化教育的权利。

在领导根据地建设的过程中，党的自身建设也得到了加强，党员队伍不断扩大，各级党组织得到健全，养成了艰苦奋斗、廉洁自律、密切联系群众的好作风。“苏区干部好作风，自带干粮去办公。日着草鞋干革命，夜走山路访贫农。”这首当年流传于中央根据地的民歌，真切表达了人民群众对苏区干部优良作风的赞誉。

在全心全意建设真正属于人民的革命政权的同时，中国共产党还全心全意建设真正属于人民的革命军队。

南昌起义、秋收起义、广州起义等一系列起义后，中国共产党开始掌握了武装,并打出了工农革命军乃至工农红军的旗帜。但是旗帜的更换仅仅表明这支队伍的归属,并没有解决它的性质,以及为谁当兵、为谁打仗、为谁服务等问题,而只有解决这个问题,才能称得上是真正的人民军队。而且,随着红军和农村根据地的发展,中国共产党虽然有了自己独立领导的军队,许多共产党员和革命干部在这些部队里担任组织和领导工作,但这些部队还带着旧军队的深深烙印,封建思想及军阀作风严重。因此,在农村长期游击战争的环境下如何建设一支党领导下的人民军队,的确是全党全军所面临的重大问题。为此,以毛泽东、朱德为代表的中国共产党人进行了艰苦的探索。

秋收起义失利后,毛泽东率领部队来到永新三湾村。面对整个部队快要散架的危险,毛泽东创造性地提出"支部建在连上"的思想,在班排设党小组,连设党支部,营、团建立党委,由党代表担任各级党组织的书记,整个部队由前敌委员会领导,重大问题经党组织集体讨论决定。这样就从组织和体制上保证了党对军队的领导,形成了领导中枢,从而解决了"怎么样坚持党对军队的领导"问题。"三湾改编,实际上是我军的新生"①,它初步解决了如何把以农民及旧军人为主要成分的革命军队建设成为一支无产阶级领导的新型人民军队的问题。

在井冈山斗争初期,由于群众还不了解党和红军的宗旨,"红军每到一地,群众冷冷清清"②。有些指战员存在包办、恩赐思想,使党和红军的革命难以为群众所了解。为了改变这种状况,确保人民军队的性质,1927 年 10 月,毛泽东在率领部队上山前夕,第一次提出了工农革命军的"三大纪律",即行动听命令;打土豪筹款要归公;不拿老百姓一个红薯。12 月底,毛泽东在砻市又首次宣布了红军的三大任务:第一,打仗消灭敌人;第二,打土豪筹款子;第三,宣传群众,组织群众,帮助

① 罗荣桓:《回忆井冈山斗争时期》,江西人民出版社 1983 年版,第 5 页。

② 《毛泽东选集》第一卷,人民出版社 1991 年版,第 78 页。

群众建立革命政权。三大任务的制定和颁布,明确了军队政治与军事的关系,确定了人民军队的性质。1928年年初工农革命军占领遂川城时,部队在分散活动过程中出现了一些违背纪律的事情。由此,毛泽东宣布了工农革命军的“六项注意”:一是上门板;二是捆铺草;三是说话和气;四是买卖公平;五是借东西要还;六是损坏东西要赔。1928年4月,在桂东沙田,毛泽东正式向部队颁布了“三大纪律,六项注意”;后来红军南下赣南创立中央革命根据地,将“六项注意”增加为“八项注意”,这就成为最早的关于人民军队建设的纪律规定。

红四军主力转战赣南后,因频繁战斗加上忽视思想政治教育,党内和军内在处理军队与人民关系问题上又出现了一些不同意见。有的认为,红军只管打仗,不管建党建政;有的热衷打大城市,轻视武装工农群众,提出“走州过府,流动游击”。这些错误认识,表明党内、军内对红军的性质和宗旨、任务还没有一个明确的认识和定位。对此,1929年12月,毛泽东在古田会议上明确指出,中国共产党是无产阶级的先锋队,它的政治任务集中反映了无产阶级和广大人民群众的根本利益,它是为无产阶级和广大被压迫民众争取解放的工具,它的唯一宗旨是全心全意为人民服务。由这一性质和宗旨决定,红军决不是单纯地打仗的,它除了打仗消灭敌人军事力量之外,还要负担宣传群众、组织群众、武装群众、帮助群众建立革命政权以至于建立共产党的组织等项重大的任务。离了对群众的宣传、组织、武装和建设革命政权等项目标,就是失去了打仗的意义,也就是失去了红军存在的意义。“红军宣传工作的任务,就是扩大政治影响争取广大群众。由这个宣传任务之实现,才可以达到组织群众、武装群众、建立政权、消灭反动势力、促进革命高潮等红军的总任务。所以红军的宣传工作是红军第一个重大工作。"[①]决议还规定,群众工作属政治部的职权,凡没有建立政权机关的地方,红军政治部即代替地方政权机关,至地方政权机关建设时为止",政治部还要"帮助地方武装之建立与发展",司令部要帮助地方武装之平时的军事训练及战时的作战指挥。

古田会议决定的红军必须担负起打仗、筹款和做群众工作三位一体的任务,为红军的发展指明了方向,这也是红军区别于一切旧军队和其他军队的显著标志之一。古田会议确立的建军原则,是以毛泽东同志为主要代表的中国共产党人集体智慧的结晶,是中国共产党建设人民军队的根本原则,它不仅推动了红军的建设和发展,而且极大地丰富了马克思主义建军学说。革命的政治工作是革命军队的生命线。实行革命的政治工作,保证了我军始终是党的绝对领导下的革命军队,为我军战胜强大敌人和艰难险阻提供了不竭力量,使我军始终保持了人民军队的本色和作风。古田会议决议的中心思想就是要用无产阶级思想进行军队和党的建设。它初步回答了在党员以农民为主要成分的情况下,如何从加强党的思想建设着手,保持党的无产阶级先锋队性质的问题;初步回答了在农村进行革命战争的环境中,如何将以农民为主要成分的军队,建设成为无产阶级领导的新型人民军队的问题。[②]

① 中共中央文献研究室、中央档案馆编:《建党以来重要文件选编》(1921~1949)第六册,中央文献出版社 2011 年版,第 743 页。

② 中共中央党史研究室:《中国共产党的九十年》,中共党史出版社、党建读物出版社 2016 年版,第 119、120 页。

第二节　十四年抗战与中华民族抗战的中流砥柱

一、北上抗日的战略转移

正当蒋介石调动兵力大规模“围剿”红军的时候，一直抱着独霸东亚野心的日本帝国主义发动了武装侵略中国东北的战争。1931 年的九一八事变，是日本企图变中国为其独占殖民地的严重步骤。

日本对中国的侵略蓄谋已久。19 世纪 60 年代明治维新以后，日本开始走上资本主义道路，并逐渐发展成为军国主义国家。第一次世界大战结束后，日本军国主义势力进一步控制本国政权，对内镇压人民，对外侵略扩张。1927 年，日本首相田中义一主持召开“东方会议”，宣示了《对华政策纲要》，企图把“满蒙”从中国本土彻底分割出去，并决心为之诉诸武力。日本军国主义势力主张：惟欲征服支那，必先征服满蒙；如欲征服世界，必先征服支那。对外扩张的“大陆政策”进一步发展和具体化。日本成为亚洲的战争策源地。1929 年 10 月，由美国开始的经济危机席卷整个资本主义世界。为了摆脱危机，日本军国主义者决心加紧实施其既定的侵华政策。1931 年 9 月 18 日深夜，日本关东军炸毁南满铁路沈阳北郊柳条湖的一小段路轨，反诬中国军队“破坏”铁路、“袭击”日本守备队，当即炮轰东北军驻地北大营；接着，驻扎在南满铁路沿线的日本军队分别向沈阳城内和长春、四平街、公主岭等地发起进攻。这就是九一八事变。日本变中国为其独占殖民地的阶段由此开始。1932 年，中国东北全境沦陷。日本侵占了山海关至黑龙江之间相当于日本本土 3 倍的 110 万平方公里的中国领土。面对日本的大举侵略，国民党政府一再退让。蒋介石在 1931 年 7 月已提出“攘外必先安内”的方针。九一八事变发生后，国民党政府电告东北军:“日本此举不过寻常寻衅性质,为免除事件扩大起见,绝对抱不抵抗主义。”这种态度,使日本侵略者更加无所顾忌地用武力大规模进攻中国。

国民党政府的不抵抗态度让中国广大人民群众非常失望和愤怒,中国民众坚决要求反抗日本侵略。1931 年 9 月 21 日和 24 日,上海 3.5 万名码头工人先后举行反日大罢工。南京、天津、北平、汉口等城市的工人和其他劳动群众,以请愿、募捐、禁售日货等形式,掀起抗日爱国运动的热潮。青年学生和城市小资产阶级,在经过 4 年多的低沉状态后,也积极行动起来要求抗日。沉寂多时的城市重新沸腾起来。9 月 28 日,上海、南京的学生前往国民政府和国民党中央党部要求对日宣战,痛打了外交部部长王正廷。11 月末,国民政府向国际联盟提议将锦州划为“中立区”交由国际共管,学生闻讯后更加愤怒。12 月 17 日,汇集南京的各地学生 3 万多人举行联合大示威,但遭到大批国民党军警的武力阻拦。民族资产阶级、上层小资产阶级和知识界上层分子发出了要求国民党当局在政治上“改弦更张”、抵抗日本、实行民主的呼声。上海《申报》和《新闻报》刊登学生的抗日宣言。上海等地的民族工商业者开展抵制日货活动,要求实行对日经济绝交。海外侨团也纷纷致电国民政府,要求一致抗日,表示誓为后盾。在被日军占领的东北,相继兴起为数众多的抗日义勇军,揭开了东北抗日游击战争的序幕。全国人民对坚持在白山黑水的义勇军抗日斗争给以热烈声援。

九一八事变是中国人民抗日战争的起点,中国人民不屈不挠的局部抗战揭开了世界反法西斯战争的序幕。九一八事变以后,中日之间的民族矛盾逐渐上升为主要矛盾,中国国内的阶级关系发生重大变动。

在民族危机的严重关头,中国共产党率先高举起武装抗日的旗帜。1931 年 9 月 20 日,中共中央发表《中国共产党为日本帝国主义强暴占领东三省事件宣言》,响亮地提出:“反对日本帝国主义强占东三省!”11 月 27 日,中华苏维埃共和国临时中央政府发表对外宣言,号召全国人民动员起来、武装起来,反对日本侵略和国民党的反动统治。中共满洲省委指示各地党组织,开展抗日斗争。中共中央先后派周保中、赵一曼等到东北,加强党组织的力量。到 1933 年年初,由共产党直接领导的巴彦、南满、海龙、东满、宁安、汤原、海伦等抗日游击队相继成立,逐渐成为东北的主要抗日武装力量。

与此同时,国民党军队中的部分爱国官兵自发进行了抗战,中国共产党人开始了同这部分国民党官兵的抗日合作。在东北,中共满洲省委同以原东北军为主体的抗日义勇军进行合作。其领导人李杜成为中国共产党的亲密战友,后来加入了中国共产党。1932 年一·二八事变后,国民党第十九路军奋起抗击进攻上海的日军,中共中央号召各界民众组织义勇军,并发动沪西日商纱厂工人罢工,以支援十九路军的抗日作战。1933 年 5 月,原西北军将领冯玉祥在张家口成立察哈尔民众抗日同盟军,并谋求同共产党合作。在同盟军中工作的共产党员约有 300 人。北路军前敌总指挥吉鸿昌不久加入了中国共产党(1934 年被国民党当局杀害)。同年 11 月,国民党第十九路军将领蔡廷锴、蒋光鼐以及国民党内爱国人士李济深、陈铭枢等在福州发动反蒋抗日事变,这就是福建事变。此前,第十九路军代表同中央根据地的红军代表签署了《反日反蒋的初步协定》。事变失败后,共产党人同李济深、蔡廷锴等爱国人士继续保持着联系。1934 年 4 月,由中国共产党提出,宋庆龄、何香凝、李杜等 1779 人领衔,以“中国民族武装自卫委员会筹备委员会”名义,发表《中国人民对日作战的基本纲领》。在纲领上签字的群众达几十万人。

然而,由于此时“左”倾教条主义错误在中共中央占据统治地位,严重阻碍了党根据形势变化确立正确的政治路线。应当看到,大革命失败后,中国革命的复兴和发展并不是一帆风顺的。在纠正陈独秀右倾机会主义错误的同时,由于对中国情况的复杂性和中国革命的长期性缺乏认识,中国共产党党内开始滋长一种"左"的急躁情绪。从1927年7月大革命失败到1935年1月遵义会议召开之前,"左"倾错误先后三次在党中央的领导机关取得了统治地位。第一次是1927年11月至1928年4月的"左"倾盲动错误,认为革命形势在不断高涨,盲目要求"创造总暴动的局面"。第二次是1930年6月至9月以李立三为代表的"左"倾冒险主义,错误地认为中国革命乃至世界革命进入高潮,盲目要求举行全国暴动和集中红军力量攻打武汉等中心城市。相较来说,这两次"左"倾错误在中央占据统治地位的时间都很短,其错误思想在中国革命新道路艰难开辟的过程中也都及时得到了一定程度的纠正和限制。

最严重的是第三次"左"倾错误对中央的统治,这就是1931年1月至1935年1月以陈绍禹(王明)为代表的"左"倾教条主义。1月7日中共六届四中全会(扩大)在上海召开。王明实际掌握了中共中央的领导权。以王明为代表的"左"倾教条主义错误在党的领导机关内开始了长达四年的统治。其主要错误是:在革命性质和统一战线问题上,混淆民主革命与社会主义革命的界限,将反帝反封建与资产阶级并列,将民族资产阶级视为中国革命最危险的敌人,一味排斥和打击中间势力。在革命道路问题上,继续坚持以城市为中心,将准备城市工人的总同盟罢工和武装起义作为中国共产党最主要的任务;指令根据地的红军采取"积极进攻的策略",配合攻打中心城市。在土地革命问题上,提出坚决打击富农和"地主不分田,富农分坏田"的主张。在军事斗争问题上,实行进攻中的冒险主义、防御中的保守主义、退却中的逃跑主义。在党内斗争和组织问题上,推行宗派主义和"残酷斗争,无情打击"的方针,这是对党的正确群众路线的根本背离。

对于王明等人的"左"倾错误,毛泽东等进行过坚决的抵制和斗争;在中共中央主持工人运动工作的刘少奇也多次提出过反对冒险主义的错误。但是,王明等人破坏党的民主集中制、压制党内民主,大搞宗派主义,对坚持正确意见的或不对他们随声附和的同志,进行“残酷斗争”“无情打击”。在1931年11月召开的中央苏区党组织第一次代表大会(通常称“赣南会议”)上,毛泽东的正确主张被指责为“狭隘的经验论”“富农路线”“极严重的一贯右倾机会主义”。会议根据中共临时中央政治局的指示,设立中央革命军事委员会,取消红一方面军总司令和总政治委员、总前敌委员会书记的名义,这就剥夺了毛泽东对中央根据地红军的领导权。1932年10月,中共苏区中央局全体会议(宁都会议)对毛泽东和他在红军中实行的战略战术原则进行错误的批评和指责。中共临时中央决定毛泽东回后方主持临时中央政府工作。1933年年初,由于白区党的工作遭到严重破坏,临时中央政治局无法在上海立足,被迫迁到中央根据地。为了全面推行“左”倾教条主义的方针、政策,他们在福建开展了反对“罗明路线”的斗争,接着又在江西开展反对邓(小平)、毛(泽覃)、谢(唯俊)、古(柏)的斗争,其矛头实际上都是对着毛泽东的正确主张的。

王明等人的“左”倾教条主义错误,对中国革命造成了极其严重的危害。其最大的恶果,就是使红军在第五次反“围剿”作战中遭到失败,不得不退出南方根据地实行战略转移——长征。这次错误使红军和根据地损失了90%,国民党统治区党的力量几乎损失了100%,其教训是极其惨痛而又深刻的。

1934年10月中旬,中共中央机关和中央红军8.6万余人撤离根据地,向西突围转移,开始长征;其后,1935年3月、4月,红四方面军从川陕根据地长征;同年11月,红二、六军团(后组成红二方面军)从湘鄂川黔根据地出发长征。长征初期,中共中央领导人博古依靠与共产国际有关系的军事顾问、德国人李德,犯了退却中的逃跑主义错误,在强渡湘江之后,红军和中央机关人员锐减到3万多人。严酷的事实教育了广大的共产党员和红军指战员,他们明显地滋长了对错误领导的怀疑、不满；一些支持过“左”倾错误的中央领导人如张闻天、王稼祥等，也改变态度，转而支持毛泽东的正确主张。这样，当中央红军根据毛泽东的提议，改向敌人力量薄弱的贵州挺进，并在占领黔北重镇遵义之后，中共中央政治局于1935年1月15日至17日在这里召开了扩大会议（史称遵义会议）。

遵义会议集中解决了当时具有决定意义的军事问题和组织问题。经过激烈的争论，多数人同意以毛泽东为代表的正确意见，批评了博古、李德在第五次反“围剿”中的错误。会议增选毛泽东为中央政治局常务委员，并委托张闻天起草《中央关于反对敌人五次“围剿”的总结的决议》（即遵义会议决议）。会后不久，中共中央政治局常务委员分工，根据毛泽东的提议，决定由张闻天代替博古负总的责任；博古任红军总政治部代理主任；成立了由周恩来、毛泽东、王稼祥组成的新的“三人团”，全权负责红军的军事行动。会议的一系列重大决策，是在中国共产党同共产国际的联系中断的情况下，独立自主地作出的。遵义会议开始确立以毛泽东为主要代表的马克思主义的正确路线在党中央的领导地位，从而在极其危急的情况下挽救了中国共产党、挽救了中国工农红军、挽救了中国革命，成为中国共产党历史上一个生死攸关的转折点，这为党和革命事业转危为安、不断打开新局面提供了最重要的保证。

遵义会议表明：作为一个严肃的、对人民负责任的马克思主义政党，中国共产党是敢于正视自己的错误，并注意从自己所犯的错误中学习并吸取教训的。在领导中国革命全过程的某一个时期内，由于经验不足以及其他原因，党和党的领导人难免会犯这样那样的错误甚至严重的错误。但是，错误有两重性：它一方面损害党的事业，损害人民利益；另一方面又从反面教育了党，教育了人民。在大革命失败以后到遵义会议的这个时期内，中国共产党正是通过总结成功的经验和挫折、失败的教训，一方面反对右倾机会主义，另一方面反对“左”倾机会主义,使自己从两条战线斗争中巩固和扩大起来,从而把党领导的革命事业坚持下来并推向前进的。

遵义会议后,在毛泽东等的领导下,中央红军采取灵活机动的战略战术,四渡赤水河,巧渡金沙江,抢渡大渡河,翻越人迹罕至、终年积雪的夹金山,摆脱了数十万国民党军队的围追堵截,赢得了战争的主动权。1935 年 6 月中央红军抵达四川懋功(今小金)地区,同 5 月初离开川陕根据地实行转移到那里的红四方面军会师。之后,中共中央又同红四方面军领导人张国焘分裂中央、分裂红军的严重错误行径进行了坚决的斗争。为了贯彻北上方针,红军经过茫茫草地,历经艰险。随后中共中央决定将北上红军改称陕甘支队,先行北上,于 10 月 19 日到达陕北吴起镇。至此,中央红军主力行程二万五千里的长征胜利结束。1936 年 10 月,红四、二方面军先后同红一方面军在甘肃会宁、隆德将台堡(今属宁夏回族自治区)会师,三大主力红军的长征胜利结束。

红军的长征宣告了国民党反动派消灭中国共产党和红军的图谋彻底失败,宣告了中国共产党和红军肩负着民族希望胜利实现了北上抗日的战略转移,实现了中国共产党和中国革命事业从挫折走向胜利的伟大转折。中国工农红军的长征是一部伟大的革命英雄主义的史诗,它向全中国和全世界宣告,中国共产党及其领导的人民军队,是一支不可战胜的力量。中国共产党人和红军将士用生命和热血铸就了伟大的长征精神,这就是:把全国人民和中华民族的根本利益看得高于一切,坚定革命的理想和信念,坚信正义事业必然胜利的精神;就是为了救国救民,不怕任何艰难险阻,不惜付出一切牺牲的精神;就是坚持独立自主、实事求是,一切从实际出发的精神;就是顾全大局、严守纪律、紧密团结的精神;就是紧紧依靠人民群众,同人民群众生死相依、患难与共、艰苦奋斗的精神。伟大的长征精神,是中国共产党人及其领导的人民军队革命风范的生动反映,是中华民族自强不息的民族品格的集中展示,是以爱国主义为核心的民族精神的最高体现。长征精神为中国革命不断从胜利走向胜利提供了强大精神动力。长征一结束,中国革命的新局面就开始了。

二、抗日民族统一战线的制定与实践

在中国革命最艰苦的年代,在中国共产党及其领导的队伍中奋斗的人们,都是要革命的,在反对蒋介石、主张土地革命和红军斗争这些基本问题上,认识是一致的。在一定时期内,一部分领导人之所以犯了全局性的、严重的错误,这主要是因为他们对于马克思列宁主义的理论和中国革命的实践没有统一的理解。正因为如此,毛泽东强调,为了纠正错误,必须端正思想路线,实行马克思列宁主义与中国实际相结合的原则。红军长征到达陕北以后,毛泽东、中共中央用很大的精力,去总结历史经验,加强共产党自身的思想理论建设。以毛泽东为主要代表的中共中央所进行的理论工作,对党的政治路线、军事路线和思想路线进行了拨乱反正,从思想上、理论上武装了中国共产党人,使他们满怀信心地去迎接即将到来的伟大的全民族抗战。

日本占领中国东北以后,随即开始入侵中国华北地区。1935 年,日本在华北制造一系列事端,向中国政府提出使华北政权“特殊化”的要求,中国政府在河北、察哈尔两省的主权大部丧失,华北成为日军可以自由出入的“真空地带”。接着,日方又策动华北五省(河北、察哈尔、绥远、山西、山东)两市(北平、天津)“防共自治运动”,制造傀儡政权。这就是华北事变。随后,日本加紧发动全面侵华战争的部署。1936 年 8 月,法西斯军人控制的广田弘毅内阁制定了“南攻南洋群岛、北攻西伯利亚”“先打中国”的侵略计划。11 月,日本同德国签订《反共产国际协定》,欧亚两个法西斯国家打着“反共”的旗号结成了反动同盟。多灾多难的中华民族已经到了最危险的时候。

在全国抗日救亡运动高涨之际,中国共产党及时提出了抗日民族统一战线的新政策。还在1935年8月1日,中共驻共产国际代表团起草了《为抗日救国告全体同胞书》,同年10月1日以中国苏维埃政府、中国共产党中央的名义在法国巴黎出版的《救国报》发表,呼吁全国各党派、各界同胞、各军队都应有“兄弟阋墙,外御其辱”的真诚觉悟,捐弃前嫌,停止内战,集中一切国力,为抗日救国的神圣事业而奋斗。12月,中共中央在陕北瓦窑堡召开政治局会议,提出了在抗日的条件下与民族资产阶级重建统一战线的新政策,批评了党内长期存在的“左”倾冒险主义、关门主义的错误倾向。正是因为坚持以人民为中心,中国共产党清醒地认识到了国难当头之际中国最广大人民群众最强烈的诉求,在新的历史时期即将到来时掌握了政治上的主动权。

1935年12月9日,在中国共产党关于救亡图存、全民抗战的号召和中共地下党组织的领导下,北平学生举行声势浩大的抗日游行,喊出“反对华北自治”“打倒日本帝国主义”“停止内战,一致对外”等口号,遭到国民党军警镇压;12月16日,北平学生和市民3万多人在天桥召开市民大会,会后,举行了更大规模的示威游行。这就是一二·九运动。它促进了中华民族的觉醒,标志着中国人民抗日救亡运动新高潮的到来。1936年5月,在共产党人的积极参与下,宋庆龄、沈钧儒、邹韬奋、陶行知、章乃器等爱国民主人士发起成立全国各界救国联合会。中国共产党对驻扎在西北地区的以张学良为首的东北军和以杨虎城为首的国民党第十七路军的统一战线工作取得突破性进展。1936年上半年,红军和东北军、第十七路军之间实际上已停止敌对行动。1936年5月,毛泽东、朱德又联名发布《停战议和一致抗日通电》,公开放弃了反蒋的口号。9月1日,中共中央发出党内指示,明确提出党的总方针是“逼蒋抗日”。中国共产党关于建立抗日民族统一战线的主张深刻回应了中国人民的一致心声和强烈诉求,因而越来越得到社会各界群众的赞赏和支持。

日本对中国华北的扩大侵略,进一步威胁到美、英等国的在华利益和国民党当局的统治地位。但蒋介石仍没有根本改变对日本的妥协退让态度,他仍然准备组织力量对陕甘革命根据地和红军发动新的“会剿”。1936年12月初,蒋介石抵达西安,逼迫张学良、杨虎城攻打陕甘的红军。12日凌晨,爱国将领张学良、杨虎城在对蒋介石“哭谏”无效的情况下,为了实现停止内战、共同抗日,毅然实行“兵谏”,扣留了蒋介石,这就是西安事变。中国共产党从民族大义出发,为了团结国民党共同抗日,确定促成事变和平解决的基本方针,派周恩来等到西安,并参加张、杨同南京方面代表宋美龄、宋子文的和平谈判。蒋介石被迫作出了停止“剿共”、联合红军抗日等六项承诺。西安事变的和平解决成为时局转换的枢纽,十年内战的局面由此结束,国内和平基本实现。在国难当头的时刻,国共两党进行第二次合作成为不可抗拒的历史潮流。

1937年7月7日,卢沟桥事变爆发,中国守军奋起抵抗日军的进攻。中国开始奋起进行全民族抗战,在东方开辟了世界第一个大规模的反法西斯战场。事变发生的第二天,中国共产党就通电全国,号召全中国同胞团结起来,筑成抗日民族统一战线的坚固长城,抵抗日本的侵略。9月22日,国民党中央通讯社发表《中共中央为公布国共合作宣言》;23日,蒋介石发表实际承认共产党合法地位的谈话。以国共两党第二次合作为基础的抗日民族统一战线正式形成。

抗日战争是中华民族全民族的反侵略战争,是一场正义战争。历史事实雄辩地证明,中国共产党所倡导和领导的抗日民族统一战线,代表了中华民族和中国最广大人民群众的根本利益,全国各界民众以不同形式参加到这个统一战线中来,投入全民族抗战。

中国工人、农民、知识分子和其他爱国人士积极投入抗日洪流。华北农村一位名叫邓玉芬的妇女把丈夫和5个孩子送上前线,他们全部战死沙场。民族工商业者踊跃为前线捐赠钱物,一些人还不避艰险,把工厂迁往大后方。中华民族革命同盟、国家社会党、中国青年党、中华职业教育社、乡村建设派等,一致拥护国共两党合作抗日。宋庆龄接受中共中央建议,从上海移居香港,于 1938 年 6 月成立保卫中国同盟,呼吁世界人民援助中国抗战。

在中国共产党的领导、影响下,各少数民族人民与汉族人民一起,以各种方式投入抗日斗争。如马本斋领导的冀中回民支队就进行了大小战斗 870 多次,歼敌 3.76 万余人。许多台湾同胞还来到祖国大陆,组织各种抗日团体和抗日武装。岛内的高山族等台湾同胞则坚持不断地发动抗日暴动,组织抗日义勇军(台湾同胞在长达半个世纪的抗日斗争中,共有 65 万人壮烈牺牲)。香港、澳门同胞也积极支援内地的抗战。太平洋战争爆发后,香港同胞更在内地抗日武装的支持下,开展打游击等多种形式的抗日斗争。

海外华侨始终与祖国同呼吸、共命运。他们以各种方式支援祖国的抗战。如在亚洲,新加坡成立了以陈嘉庚为主席的华侨筹赈祖国难民总会,其分支机构遍及东南亚各国。仅在全民族抗战的头三年,海外侨胞就捐献飞机 217 架、坦克 23 辆、救护车 1000 余辆,物资总数在 3000 批以上。大批海外华侨还回国投身抗战,仅粤籍归侨参军的就有 4 万多人。

三、"兵民是胜利之本"

在祖国存亡危急的关头,中华儿女表现了空前的民族觉醒和民族团结,以自己的血肉之躯筑成了捍卫祖国的钢铁长城。然而如何坚持抗战、争取抗战的胜利?这是必须回答的一个根本问题。

抗战全面爆发以后,国民党军队的爱国将士表现了空前的民族义愤和抗战热情。在战略防御阶段,国民党政府的对日作战是比较努力的,其政策的重点还是放在反对日本侵略者身上。但是,正面战场除了台儿庄战役取得大捷外,其他战役几乎都是以退却、失败而结束的。造成这种状况的客观原因,是由于在敌我力量对比上,日军占很大的优势;主观原因,则是国民党战略指导方针上的失误。蒋介石集团在决心抗战的同时,却又害怕对群众的广泛动员可能危及自身的统治,因而实行的是片面抗战的路线,即不敢放手发动和武装民众,将希望单纯寄托在政府和正规军的抵抗上;在战略战术上,没有采取积极防御的方针,而是进行单纯的阵地防御战。这就使得大多数作战未能给敌人以更大的消耗,并在短时间内丧失了大片国土。

与国民党的态度形成鲜明对比,中国共产党确信,只有动员和依靠群众,才能坚持抗战,并使抗战的胜利成为人民的胜利。与国民党实行的片面抗战路线不同,中国共产党一开始就主张实行全面抗战的路线,即人民战争路线。这两条不同的抗战路线的存在,就是一切中国问题的关键所在。

早在七七事变爆发不久,毛泽东就鲜明地指出了在对付日军上存在的两种方针:"主张坚决抗战,反对妥协退让。这是对付日本进攻的第一种方针,正确的方针。""但是还有采取第二种方针的可能。近月以来,平津之间的汉奸和亲日派分子积极活动,企图包围平津当局,适应日本的要求,动摇坚决抗战的方针,主张妥协退让。"有鉴于此,毛泽东号召"全国军队的总动员""全国人民的总动员"和"全中国人民、政府和军队团结起来,筑成民族统一战线的坚固的长城"。[①] 在毛泽东看来,中国最广大人民群众是抵抗日军的基本力量。

为了深刻反驳抗战全面爆发以后一度甚嚣尘上的"亡国论"和"速胜论"这两种错误看法,坚定全国人民的抗战信心,1938 年 5 月 25 日至 6 月 3 日,毛泽东在延安抗日战争研究会上作了《论持久战》的演讲,系统地总结了抗战全面爆发 10 个月以来的经验,全面地分析了中日双方矛盾的特殊性,从而深刻地指出,中国不能速胜,而必须进行持久战,最终日本必败,中国必胜。在此基础上,毛泽东科学地预见到抗

---

① 《毛泽东选集》第二卷,人民出版社 1991 年版,第 345、346、348 页。

日战争将经过战略防御、战略相持和战略反攻三个阶段,并具体地答复了怎样进行持久战和怎样争取最后胜利的问题,阐述了充分发挥人的主观能动性去进行全面抗战、全民抗战,夺取战争胜利的重要性,详细论述了"兵民是胜利之本"的人民战争思想。

毛泽东说,在日本加紧进攻中国的情况下,中国制胜日本的主要条件,是全国的团结和各方面较之过去有十百倍的进步。最根本的两方面:军队和人民的进步。军队的基础在士兵,没有进步的政治精神贯注于军队之中,没有进步的政治工作去执行这种贯注,就不能达到真正的官长和士兵的一致,就不能激发官兵最大限度的抗战热忱,一切技术和战术就不能得着最好的基础去发挥它们应有的效力。军队应实行一定限度的民主化,主要的是废除封建主义的打骂制度和官兵生活同甘苦。这样一来,官兵一致的目的就达到了,军队就增加了绝大的战斗力,长期的残酷的战争就不患不能支持。[①]

毛泽东进一步指出:"战争的伟力之最深厚的根源,存在于民众之中。日本敢于欺负我们,主要的原因在于中国民众的无组织状态。克服了这一缺点,就把日本侵略者置于我们数万万站起来了的人民之前……我们方面,军队须有源源不绝的补充……广泛的热烈的政治动员,这样,要几百万人当兵都是容易的。抗日的财源十分困难,动员了民众,则财政也不成问题……军队须和民众打成一片,使军队在民众眼睛中看成是自己的军队,这个军队便无敌于天下,个把日本帝国主义是不够打的。"[②]

为此,必须正确处理好官兵关系、军民关系,毛泽东强调,根本态度(或根本宗旨)就是:"尊重士兵和尊重人民……军队政治工作的三大原则:第一是官兵一致,第二是军民一致,第三是瓦解敌军。这些原

① 参见《毛泽东选集》第二卷,人民出版社 1991 年版,第 510-512 页。

② 同上,第 512 页。

则要实行有效，都须从尊重士兵、尊重人民和尊重已经放下武器的敌军俘虏的人格这种根本态度出发。”①

毛泽东还反复强调：“当此保卫武汉等地成为紧急任务之时，发动全军全民的全部积极性来支持战争，是十分严重的任务。”“这个政治上动员军民的问题，实在太重要了。我们之所以不惜反反复复地说到这一点，实在是没有这一点就没有胜利。没有许多别的必要的东西固然也没有胜利，然而这是胜利的最基本的条件。抗日民族统一战线是全军全民的统一战线，决不仅仅是几个党派的党部和党员们的统一战线；动员全军全民参加统一战线，才是发起抗日民族统一战线的根本目的。”②

毛泽东把依靠人民群众，进行人民战争当作战争的基点，提出“兵民是胜利之本”的思想，将民和兵连在一起，这是中国共产党群众观点和群众路线在军事工作中的体现，是在敌我力量悬殊的艰难环境里长时期革命活动历史经验的深刻总结。

1937 年 11 月底，中共驻共产国际代表王明被派回国。由于他不了解中国抗战的实际形势，被抗战爆发后蒋介石采取的某些进步措施，以及当时在实力上蒋介石较强、红军数量较少等现象所迷惑，再加上他一贯具有严重的教条主义，存在着把共产国际指示神圣化、迷信国民党抗战的重要性而严重脱离群众的倾向。为了总结抗战以来的斗争经验，纠正王明在统一战线问题上的右倾错误，明确党在民族战争中的地位，以争取抗日战争的胜利，1938 年 9 月 29 日至 11 月 6 日，中国共产党扩大的六届六中全会在延安召开。

毛泽东代表中央政治局作了《论新阶段》的政治报告，第一次提出了“使马克思主义在中国具体化”的科学命题。这次会议批准了以毛

① 同上，第 512 页。

② 《毛泽东选集》第二卷，人民出版社 1991 年版，第 510—513 页。

泽东为首的中共中央政治局的路线。全会确定了坚持抗日民族统一战线的方针,同时指出了在统一战线中有团结又有斗争,"一切经过统一战线"的提法对于中国情况是不适合的,这样就批判了关于统一战线问题上的迁就主义的错误。全会同时又确定了全党从事组织人民的抗日武装斗争的极端重要性,决定党的主要工作方面是战区和敌后,而批判了那种把战胜日本帝国主义的希望寄托于国民党军队以及把人民的命运寄托于国民党反动派统治下的所谓"合法运动"等错误思想。会议认为,为了实现党的政治路线,必须制定一条马克思主义的组织路线,强调共产党员在民族战争中要发挥模范作用。毛泽东在政治报告中指出:"共产党的干部政策,应是以能否坚决地执行党的路线,服从党的纪律,和群众有密切的联系,有独立的工作能力,积极肯干,不谋私利为标准,这就是'任人唯贤'的路线。"①这就把"和群众有密切联系"上升到党的组织路线的高度,丰富和发展了中共六大和古田会议所提出的建党建军思想。党的六届六中全会是一次具有重大历史意义的会议。它正确地分析了抗日战争的形式,规定了党在抗战新阶段的任务,为实现党对抗日战争的领导进行了全面的战略规划,进一步巩固了毛泽东在全党的领导地位,统一了全党的思想和步调,推动了包括密切联系人民群众等在内各项工作的迅速发展。②

毛泽东说:"广大人民群众的民族觉悟、民族自尊心和自信心的不足,大多数民众的无组织,军力的不坚强,经济的落后,政治的不民主,腐败现象和悲观情绪的存在,统一战线内部的不团结、不巩固,等等,形成了这种困难环境。因此,共产党员不能不自觉地担负起团结全国人民克服各种不良现象的重大的责任。"为此,毛泽东特别强调了共产党在群众运动中的工作方法和方式的问题:"应该是民众的朋友,而不

① 《毛泽东选集》第二卷,人民出版社 1991 年版,第 527 页。

② 中共中央党史研究室:《中国共产党的九十年》,中共党史出版社、党建读物出版社 2016 年版,第 204 页。

是民众的上司,是诲人不倦的教师,而不是官僚主义的政客。共产党员无论何时何地都不应以个人利益放在第一位,而应以个人利益服从于民族的和人民群众的利益……共产党员应和党外一切先进分子协同一致,为着团结全国人民克服各种不良现象而努力。必须懂得,共产党员不过是全民族中的一小部分,党外存在着广大的先进分子和积极分子,我们必须同他们协同工作。”“共产党员又应成为学习的模范,他们每天都是民众的教师,但又每天都是民众的学生。只有向民众学习,向环境学习,向友党友军学习,了解了他们,才能对于工作实事求是,对于前途有远见卓识。在长期战争和艰难环境中,只有共产党员协同友党友军和人民大众中的一切先进分子,高度地发挥其先锋的模范的作用,才能动员全民族一切生动力量,为克服困难、战胜敌人、建设新中国而奋斗。”①“为了团结抗日,应实行一种调节各阶级相互关系的恰当的政策,既不应使劳苦大众毫无政治上和生活上的保证,同时也应顾到富有者的利益,这样去适合团结对敌的要求。只顾一方面,不顾另一方面,都将不利于抗日。”②

毛泽东指出,共产党在领导群众的时候,“必须注意组织先进分子和广大群众之间的密切联系”,必须有照顾全局、照顾多数及和同盟者一道工作的观点。“共产党员必须懂得以局部需要服从全局需要这一个道理。如果某项意见在局部的情形看来是可行的,而在全局的情形看来是不可行的,就应以局部服从全局。反之也是一样,在局部的情形看来是不可行的,而在全局的情形看来是可行的,也应以局部服从全局。这就是照顾全局的观点。共产党员决不可脱离群众的多数,置多数人的情况于不顾,而率领少数先进队伍单独冒进;必须注意组织先进分子和广大群众之间的密切联系。这就是照顾多数的观点。在

① 《毛泽东选集》第二卷,人民出版社 1991 年版,第 521—523 页。

② 《毛泽东著作选读》(甲种本),人民出版社 1965 年版,第 103 页。

一切有愿意和我们合作的民主党派和民主人士存在的地方，共产党员必须采取和他们一道商量问题和一道工作的态度。那种独断专行，把同盟者置于不理的态度，是不对的。一个好的共产党员，必须善于照顾全局，善于照顾多数，并善于和同盟者一道工作。我们过去在这些方面存在着很大的缺点，必须注意改进。"①

应当看到，自1931年九一八事变发生以后，伴随亡国灭种危险的日益严峻，中国共产党从遵义会议以后确立北上抗日方针、主张建立抗日民族统一战线、促进西安事变和平解决，再到提出人民战争思想和怎样领导人民战争，这都有力而深刻地体现出中国共产党的一切奋斗都是为了广大人民群众，更有力而深刻地体现出中国共产党的群众观点和群众路线正在不断地走向成熟。这是在全面抗战爆发、中国的抗战处于前所未有的困难局面下，中国共产党对于怎样坚持抗战和争取抗战胜利这一根本性问题所作出的明确回答：那就是必须坚持和有效地动员和依靠中国最广大人民群众，必须使抗战的胜利成为中国最广大人民群众的胜利。

四、坚决投身抗战和领导抗日民族统一战线

正是因为坚持以人民为中心，中国共产党坚决地投身抗战和义不容辞地担负起领导抗日民族统一战线的责任，从军事、政治、文化等各个方面当之无愧地成为中华民族抗战的中流砥柱。

在1937年的七七事变爆发后，中共中央于8月22日至25日在陕西省洛川召开了重要的政治局扩大会议，即著名的"洛川会议"。会议强调了在统一战线中维护无产阶级的领导权，同时提出在敌方背后大力开展独立自主的山地游击战争，并在国民党控制区积极推动抗日群众运动。此会议通过了《中国共产党抗日救国十大纲领》和《中共中

① 《毛泽东选集》第二卷，人民出版社1991年版，第525—526页。

央关于目前形势与党的任务的决定》,这标志着党的全面抗日战争路线正式确立。会议还决定成立中共中央革命军事委员会,毛泽东被任命为书记(亦称主席),朱德、周恩来担任副书记(亦称副主席)。8 月 25 日,中共中央革命军事委员会发布命令,宣布红军主力改编为国民革命军第八路军(简称八路军),后来更名为第十八集团军。之前长征开始后留在南方的红军和游击队,除琼崖游击队外,改编为国民革命军新编第四军(简称新四军)。八路军刚开赴前线时,主要是直接在战役上配合国民党军队作战。1937 年 9 月,八路军第一一五师主力在晋东北平型关附近伏击日军,歼敌 1000 余人,击毁汽车 100 多辆,取得全民族抗战以来中国军队的第一次重大胜利,粉碎了日军不可战胜的神话,接着,又参加忻口会战。八路军第一二〇师在雁门关以南伏击日军,第一二九师还以一营兵力担任主攻,夜袭阳明堡机场,毁伤敌机 20 多架,削弱了敌人的空中突击和运输力量,有力地配合了国民党军队在正面战场的作战。

1937 年 11 月太原失陷后,按照中共中央的部署,八路军在敌后实施战略展开,发动独立自主的敌后游击战争,先后开辟晋察冀、晋西北、晋冀豫、山东和大青山等抗日根据地。在华北,以国民党为主体的正规战争结束,以共产党为主体的游击战争上升到主要地位。新四军则挺进长江南北,开赴苏南、皖南、皖中地区,创建华中抗日根据地。到 1938 年 10 月,八路军和新四军同日、伪军作战 1600 多次,毙、伤、俘敌 5.4 万人。共产党领导的抗日武装发展到近 20 万人。到 1940 年年底,人民抗日武装部队发展到 50 万人,还建立了大量的地方武装和民兵;在华北、华中、华南创建了 16 块根据地,加上中共中央所在的陕甘宁边区,共产党领导的抗日根据地拥有 1 亿人口。1944 年春季,敌后战场人民军队转入攻势作战。他们已经抗击着全部侵华日军的 64%。

如果离开广大人民群众的支持,中国共产党所领导的抗战力量的迅速发展壮大是不可想象的,这尤其体现在党领导下的游击战争的胜利发展。在战略防御阶段,从全局看,国民党正面战场的正规战是主要的,敌后的游击战是辅助的。但是,游击战在敌后的广泛开展和敌后抗日根据地的开辟,迫使敌人不得不把用于进攻的兵力抽调回来保守其占领区,从而对阻止日军的进攻、减轻正面战场压力、使战争转入相持阶段起了关键性的作用。在战略相持阶段,敌后游击战争成为主要的抗日作战方式。日军逐步将主要兵力用于打击敌后战场的人民军队,以保持和巩固其占领地。1939 年至 1940 年,华北地区的日军出动千人以上对敌后抗日根据地的大"扫荡"就有 109 次,使用的总兵力达 50 万人以上。为了打击日本侵略者,人民军队在有利条件下也进行过运动战。但是,人民军队在大部分时间里所进行的,主要是游击战。削弱敌人、壮大自己,逐步改变敌强我弱的态势、为实行战略反攻准备条件,这个任务主要是由人民军队进行的游击战来完成的。

这里的关键,是得到人民的支持和拥护。在很多敌后抗日根据地,男女老幼都是八路军、新四军的耳目:群众在各个山头和村庄之间设置各种报告敌情的联络信号;各村自卫队、儿童团有组织地传递"鸡毛信"等紧急信件;冀中群众为使夜间活动的八路军部队不被敌人发现,自动地把所有的狗都打死,出现了"行军百里无狗叫"的情形。各根据地都出现了"母亲叫儿打东洋,妻子送郎上战场"的动人景象。人民群众的充分发动、机动灵活地坚持打击敌人,是人民军队赖以生存的基础,也是它能够在敌后的艰苦环境中不断发展壮大的奥秘所在。

在 1945 年 8 月反攻阶段到来前夕,人民军队已经发展到 120 万人、民兵扩展到 220 万人,抗日根据地达到了 19 块。敌后军队的大反攻,就是在此基础上展开的。在全民族抗战的过程中,中国共产党发挥了中流砥柱作用,领导全国人民,指挥八路军、新四军和华南抗日武装等全国各地的革命抗日武装力量,对敌作战 12.5 万余次,消灭日、伪军 171.4 万人,其中日军 52.7 万余人,为坚持抗战、夺取抗战的最后胜利作出了永远照耀史册的贡献。

中国共产党不仅领导着自己的抗日武装坚决投身抗战，而且始终推动国民党等其他政治军事力量克服妥协、分裂、倒退的危险，坚持抗战、团结、进步的方针。正是在此过程中，中国共产党不仅是在政治报告中，更在实际过程中实现和不断强化着对抗日民族统一战线的领导。

抗日战争相持阶段到来以后，由于以蒋介石为代表的国民党亲英美派开始推行消极抗日、积极反共的政策，团结抗战的局面逐步发生严重危机，出现了中途妥协和内部分裂两大危险。针对这种情况，1939 年 7 月，中国共产党明确提出“坚持抗战到底——反对中途妥协”“巩固国内团结——反对内部分裂”“力求全国进步——反对向后倒退”三大口号，坚决揭露打击汪精卫集团的叛国投降活动，继续争取同蒋介石集团合作抗日。

1939 年冬至 1940 年春，国民党顽固派发动第一次反共高潮。国民党军队侵犯陕甘宁边区，并在山西、河北进攻中国共产党领导的军队和根据地，人民军队给予了坚决的还击。1941 年 1 月，国民党顽固派发动第二次反共高潮，在皖南以 8 万余兵力包围袭击新四军军部及所属部队 9000 多人，蒋介石还诬称新四军“叛变”，宣布取消新四军番号，这就是国民党制造的皖南事变。对于国民党当局的这种倒行逆施，中国共产党采取军事上严守自卫、政治上坚决反击的方针，赢得了国内外舆论的同情和支持。1943 年春，国民党顽固派策划发动第三次反共高潮，由于中国共产党及时进行揭露和斗争而被制止。

为了抗日民族统一战线的坚持、扩大和巩固，中国共产党总结反“摩擦”斗争的经验，制定了“发展进步势力，争取中间势力，孤立顽固势力”的策略总方针。进步势力主要是指工人、农民和城市小资产阶级，他们是统一战线的基础，抗日战争的主要依靠力量。为了发展进步势力，就要冲破国民党的限制和束缚，放手发动人民群众主要是农民群众，扩大八路军、新四军及其他抗日人民武装，创立抗日民主根据地,在全国发展共产党的组织,发展全国民众的抗日运动。中间势力主要是指民族资产阶级、开明绅士和地方实力派。争取中间势力需要一定的条件:一是共产党要有充足的力量;二是尊重他们的利益;三是要同顽固派作坚决的斗争,并能一步一步地取得胜利。顽固势力是指大地主大资产阶级的抗日派,即以蒋介石集团为代表的国民党亲英美派,他们采取两面政策,既主张抗日,又限共、溶共、反共并摧残进步势力。为此,共产党必须以革命的两面政策来对付他们,既贯彻又联合又斗争的政策,斗争不忘统一,统一不忘斗争,二者不可偏废,而以统一为主,同顽固派作斗争时,应坚持有理、有利、有节的原则。中国共产党这些原则和方针的提出和贯彻实施,将坚持对抗日民族统一战线的领导权与抗日民族统一战线的扩大巩固有机统一起来,使两者相互促进、相互加强,这对于坚持全民族抗战到底,具有十分重大的意义。

在整个十四年抗战特别是八年全民族抗战期间,中国共产党当之无愧地成为中华民族抗战的中流砥柱,这不仅体现在政治、军事上,还体现在文化上。

全民族抗战开始后,在中国共产党的推动和影响下,文化界各抗敌协会相继成立,成为文化界广泛的抗日民族统一战线建立的重要标志。1938年年初,周恩来担任国民政府军事委员会政治部副部长以后,掌管宣传工作的政治部第三厅厅长由郭沫若担任。第三厅在周恩来、郭沫若的参与和领导下,团聚了一大批文化界爱国人士,成为扩大统一战线、推动抗日文化工作的重要阵地。第三厅组织了包括儿童剧团在内的十多个抗敌演剧队、宣传队,分赴各个战区进行抗日宣传,慰劳抗日将士。

武汉失守前后,一大批文化界人士迁移到重庆和桂林、昆明等地。中共中央南方局设立了文化工作委员会具体领导大后方的进步文化工作。文化界提出"抗战、团结、民主"文艺创作的三大目标。抗战文化在斗争中得到新的发展。

中国共产党的《新华日报》《群众》周刊在国民党统治区公开发行，及时宣传党的主张，鼓舞和激励群众的抗战热情。

中国共产党领导、推动和影响下的国民党统治区的抗日民主运动和进步文化工作，是全民族抗日战争中的一条重要的战线，对于激发大后方人民的爱国民主意识、坚持国共合作团结抗战、支援抗战前线、积蓄革命力量等发挥了重要的作用。

五、群众路线思想的成熟与中华民族的抗战胜利

正因为党坚持正确的群众路线，才有党领导下的抗战事业的不断发展壮大。而党领导下的抗战事业的不断发展壮大，又不断推动着党的群众路线思想的发展成熟。群众路线思想的成熟与正式确立，这是中国共产党在延安时期的重要理论成果之一。特别是抗日战争后期，以毛泽东同志为主要代表的中国共产党人，深刻总结党自成立以来的经验教训，对党的群众路线进行了系统、完整地阐述，进一步丰富和发展了党的群众路线思想，形成了一套较为系统、完善、成熟的科学理论。

坚持党的群众路线，就是要坚持全心全意为人民服务。1939 年 2 月，毛泽东在给张闻天的信中，首次明确提出了“为人民服务”的概念。[①] 1943 年 7 月 2 日，毛泽东在为中共中央起草的《中共中央为抗战六周年纪念宣言》中，从党性修养的角度，对共产党人提出明确要求：“共产党员是一种特别的人，他们完全不谋私利，而只为民族与人民求福利。他们生根于人民之中，他们是人民的儿子，又是人民的教师，他们每时每刻地总是警戒着不要脱离群众，他们不论遇着何事，总是以群众的利益为考虑问题的出发点，因此他们就能获得广大人民群

① 《毛泽东文集》第二卷，人民出版社 1993 年版，第 163 页。

众的衷心拥护,这就是他们的事业必然获得胜利的根据。"[①]这也就是说,为人民服务,这不是夺取抗战胜利的权宜之计,而是中国共产党应自始至终加以遵循的根本宗旨。因为"一切问题的关键在政治,一切政治的关键在民众,不解决要不要民众的问题,什么都无从谈起。要民众,虽危险也有出路;不要民众,一切必然是漆黑一团"[②]。这是中国共产党"与国民党的根本区别,也是共产党员革命的出发点和归宿"[③]。

在当时,党内的群众路线教育一直重视结合对英雄模范人物的学习来进行。例如,1939 年 12 月 21 日,毛泽东在《纪念白求恩》一文中,就号召每个共产党员都要学习白求恩毫不利己专门利人的精神,学习他对工作的极端的负责任,对同志对人民的极端的热忱,指出"一个人能力有大小,但只要有这点精神,就是一个高尚的人,一个纯粹的人,一个有道德的人,一个脱离了低级趣味的人,一个有益于人民的人"[④]。1944 年 9 月 8 日,毛泽东在中共中央警备团追悼张思德的会上发表讲演时也指出:"我们的共产党和共产党所领导的八路军、新四军,是革命的队伍。我们这个队伍完全是为着解放人民的,是彻底地为人民的利益工作的。""因为我们是为人民服务的,所以,如果我们有缺点,就不怕别人批评指出。不管是什么人,谁向我们指出都行。只要你说得对,我们就改正。你说的办法对人民有好处,我们就照你的办","只要我们为人民的利益坚持好的,为人民的利益改正错的,我们这个队伍就一定会兴旺起来"。要奋斗就要有牺牲,但"想到人民的利益,想到大多数人民的痛苦,我们为人民而死,就是死得其所"[⑤]。毛泽东还说,

① 《毛泽东文集》第三卷,人民出版社 1996 年版,第 47 页。
② 同上,第 202 页。
③ 中共中央文献研究室:《毛泽东著作专题摘编》(下),中央文献出版社 2003 年版,第 1883 页。
④ 《毛泽东选集》第二卷,人民出版社 1991 年版,第 660 页。
⑤ 《毛泽东选集》第三卷,人民出版社 1991 年版,第 1004—1005 页。

“我们的每一个指战员以至每一个炊事员、饲养员，都是为人民服务的。我们的部队要和人民打成一片，我们的干部要和战士们打成一片。与人民利益适合的东西，我们要坚持下去，与人民利益矛盾的东西，我们要努力改掉，这样我们就能无敌于天下。”①

为了将为人民服务的思想更好地贯彻到党领导的各条战线，中央还特别强调在党的宣传思想战线首先牢固树立起为人民服务的思想，认为只有这样，党的宣传思想工作战线才能更加明确自身的使命，更好地教育带动其他各条战线的共产党员更加牢固地树立为人民服务的思想和宗旨。1942 年 5 月，延安文艺座谈会召开。毛泽东在会上指出，对于共产党员来说，我们是站在无产阶级的和人民大众的立场。对党领导的文艺工作来说，“为什么人的问题，是一个根本的问题，原则的问题”。“我们的文艺，第一是为工人的，这是领导革命的阶级。第二是为农民的，他们是革命中最广大最坚决的同盟军。第三是为武装起来了的工人农民即八路军、新四军和其他人民武装队伍的，这是革命战争的主力。第四是为城市小资产阶级劳动群众和知识分子的，他们也是革命的同盟者，他们是能够长期地和我们合作的。这四种人，就是中华民族的最大部分，就是最广大的人民大众。”②延安文艺工作座谈会的召开，就是中国共产党以人民为中心的意志在党的文艺工作中的生动和集中体现，这深深鼓舞了党和党影响下的进步文艺工作者队伍。会后，广大文艺工作者纷纷奔向抗战前线，深入农村、部队、工厂，接触群众，体验生活，形成解放区新文艺运动，创作了《白毛女》《兄妹开荒》《逼上梁山》《王贵与李香香》等一大批反映现实生活的群众喜闻乐见的优秀作品。其中《白毛女》是由延安鲁迅艺术学院的艺术家们集体创作的中国第一部新歌剧，通过真实而富有传奇色彩的故

---

① 同上，第 210 页。

② 《毛泽东选集》第三卷，人民出版社 1991 年版，第 855—856 页。

事，揭示了“旧社会把人逼成‘鬼’，新社会把‘鬼’变成人”这一鲜明的时代主题。

1944年10月4日，在清凉山中央印刷厂礼堂看望《解放日报》和新华社、出版局和中央印刷厂的全体工作人员时，毛泽东第一次完整提出了“全心全意为人民服务”的观点。他说：“不论是做新闻工作的，还是做出版工作的，都要全心全意为人民服务。每个同志都要扪心自问：是全心全意为人民服务呢？还是半心半意为人民服务呢？或者三心二意为人民服务的呢？中国革命事业是长期的，是艰苦的，如果我们革命队伍里，越来越多的人都能做到全心全意为人民服务，中国革命的进程也就可以加快些了。”①

坚持党的群众路线，就是要坚持从群众中来，到群众中去。为了动员和教育全党特别是各级领导干部深入群众、扎根群众，毛泽东于1942年2月1日发表了一篇演说，指出：“中央的一切决议案中，没有一个决议说是我们可以脱离群众使自己孤立起来。相反地，中央总是叫我们密切联系群众，而不要脱离群众。所以，一切脱离群众的行为，并没有任何的根据，只是我们一部分同志自己造出来的宗派主义思想在那里作怪。”②1943年6月1日，毛泽东在为中共中央起草的一份决议中进一步批评说：“许多同志，不注重和不善于团结积极分子组成领导核心，不注重和不善于使这种领导核心同广大群众密切地结合起来，因而使自己的领导变成脱离群众的官僚主义的领导。许多同志，不注重和不善于总结群众斗争的经验，而欢喜主观主义地自作聪明地发表许多意见，因而使自己的意见变成不切实际的空论。”③正是有鉴于这种情况，毛泽东在这份决议中首次明确提出了“从群众中来，到群

① 转引自王仲清：《为人民服务理论的提出和发展》，中国延安精神研究会、中共中央党史研究室、中共中央文献研究室编：《为人民服务——纪念毛泽东〈为人民服务〉发表五十周年文集》，党建读物出版社1995年版，第225页。

② 《毛泽东选集》第三卷，人民出版社1991年版，第826页。

③ 同上，第899—900页。

众中去”。他说:“在我党的一切实际工作中,凡属正确的领导,必须是从群众中来,到群众中去。这就是说,将群众的意见(分散的无系统的意见)集中起来(经过研究,化为集中的系统的意见),又到群众中去作宣传解释,化为群众的意见,使群众坚持下去,见之于行动,并在群众行动中考验这些意见是否正确。然后再从群众中集中起来,再到群众中坚持下去。如此无限循环,一次比一次地更正确、更生动、更丰富。这就是马克思主义的认识论。”[①]这是对马克思主义认识论的创造性运用,为中国共产党运用群众路线指明了方向,是群众路线具备成熟的理论形态的主要标志。

在当时,党将正确实践群众路线的这一科学方法深入贯彻到全党各项工作中去。还以文化工作为例,如 1942 年 5 月,中共中央在延安召开文艺座谈会。毛泽东发表讲话,阐明革命文艺为人民服务首先是为工农兵服务的根本方向。1944 年 10 月 30 日,毛泽东在陕甘宁边区文教工作者会议上就说:“我们的文化是人民的文化,文化工作者必须有为人民服务的高度的热忱,必须联系群众,而不要脱离群众。要联系群众,就要按照群众的需要和自愿。一切为群众的工作都要从群众的需要出发,而不是从任何良好的个人愿望出发。有许多时候,群众在客观上虽然有了某种改革的需要,但在他们的主观上还没有这种觉悟,群众还没有决心,还不愿实行改革,我们就要耐心地等待;直到经过我们的工作,群众的多数有了觉悟,有了决心,自愿实行改革,才去实行这种改革,否则就会脱离群众。凡是需要群众参加的工作,如果没有群众的自觉和自愿,就会流于徒有形式而失败。”总而言之,真正践行党的群众路线,就是要明确遵循两条原则:“一条是群众的实际上的需要,而不是我们脑子里头幻想出来的需要;一条是群众的自愿,由

① 同上,第 899 页。

群众自己下决心，而不是由我们代替群众下决心。”①

在中央的大力号召下，抗日根据地的干部和文艺工作者，坚持从群众中来，到群众中去，积极运用人民群众喜闻乐见的各种艺术形式，发动广大人民群众参加抗日救国运动。如在陕甘宁边区，时任陕甘宁边区民众剧团团长的柯仲平在民众剧团的团歌里写道：“你们从哪达来？从老百姓中来。你们又要到哪达去？到老百姓中去。我们是来学习老百姓的宝贵经验，你看老百姓已经活了几千年，几千年。我们是来动员老百姓抗战生产，你看老百姓的力量深无底，大无边。我们是来吃老百姓的奶，我们是来为老百姓开垦荒山。在民主的边区，我们自由地走去走来。我们要叫胜利花开遍，花开遍，在荒山！”这首团歌歌词生动体现了中国共产党人在坚持从群众中来、到群众中去的过程中，不断丰富和创新群众工作的形式。

抗战时期，党的群众路线思想的成熟和进一步发展，从根本上和全面推动了中国共产党领导的抗日民主政权建设，从根本上和全面推动了党的建设伟大工程，因而也从根本上和全面推动了中华民族抗日战争的最终胜利。

抗日民主政权是认真贯彻和实现中国共产党全面抗战路线、坚持抗战和争取胜利的坚强阵地。陕甘宁边区是根据地建设的模范。1941 年 5 月 1 日中共中央批准颁布的《陕甘宁边区施政纲领》，全面体现了共产党团结抗战的基本路线和根据地建设的基本方针。

民主政权建设，是抗日根据地建设首要的、根本的任务。中国共产党提出，根据地政权是共产党领导的抗日民族统一战线性质的政权，是一切赞成抗日又赞成民主的人们的政权，是几个革命阶级联合起来对付汉奸和反动派的民主专政。边区（省）、县参议会既是民意机关，也是立法机关；边区、县、乡抗日民主政府是行政机关；边区高等法

① 《毛泽东选集》第三卷，人民出版社 1991 年版，第 1012—1013 页。

院和县法院是司法机关。抗日民主政府在工作人员分配上实行“三三制”原则，即共产党员、非党的左派进步分子和不左不右的中间派各占1/3，这样做，可以容纳各方面的代表，团结一切赞成抗日又赞成民主的各阶级、阶层。

抗日民主政权普遍采取民主集中制，各级抗日民主政权机构的领导人都经过人民选举产生。抗日民主政权努力发扬政治民主，保障人民的民主自由权利。陕甘宁边区参议会、山东省临时参议会等还专门通过有关保障人权的条例。抗日民主政权实行各民族平等团结、共同抗日的基本政策，在少数民族聚居地区试行民族区域自治，这是中国共产党从中国国情出发解决民族问题的一个创造。毛泽东在回答中国共产党能否跳出“其兴也勃焉”“其亡也忽焉”这个历史兴亡周期律的问题时讲过：“我们已经找到新路，我们能跳出这周期率。这条新路，就是民主。只有让人民来监督政府，政府才不敢松懈。只有人人起来负责，才不会人亡政息。”①

各地抗日民主政权十分重视根据地的经济建设。根据地内停止实行没收地主土地的政策，普遍实行减租减息政策（地租，按原来租额比例，减低25%；战前借贷，以15%为计息标准），以减轻农民所受的封建剥削，提高他们的抗日和生产的积极性；同时实行交租交息，以利于联合地主阶级抗日。为了发展农业生产，抗日民主政府动员农民开垦荒地，兴修水利；发动农民组织劳动互助，提高劳动生产率；帮助农民改良耕作技术，推广优良品种。为了克服根据地面临的严重困难局面，毛泽东提出了“发展经济，保障供给”的经济工作和财政工作的总方针，发出了“自己动手，丰衣足食”的号召。1942年，中国共产党领导根据地军民开展了大生产运动。毛泽东、朱德等亲自参加生产。陕甘宁边区的八路军第三五九旅发扬艰苦奋斗的精神，将荒无人烟的南

① 《毛泽东建党学说论》（下），人民出版社2003年版，第1118页。

泥湾改造成为“陕北江南”。抗日民主政府还厉行精兵简政，以减轻人民负担。根据地军民终于战胜了困难，农业生产和工商业都得到恢复和发展，为坚持抗战、争取胜利奠定了物质基础。

密切军政军民关系，是抗日根据地建设的一项重要内容。1943 年初，党中央、毛泽东及时推广陕甘宁边区开展“拥军优抗，拥正爱民”（即“双拥”）运动的成功做法，倡导推动这一运动在各抗日根据地蓬勃开展起来，形成军政军民团结齐心、同仇敌忾、公御外辱的生动局面。通过根据地各方面的建设，大大增强了中国共产党同根据地人民的血肉联系，使群众更加信任党，信任人民军队，这对在极端艰苦的环境下坚持敌后抗日斗争直到胜利有着至关重要的作用。根据地建设中积累的许多经验，对以后建设新中国也有着深远的影响。①

抗日根据地政治民主、政府廉洁、民族团结、经济发展，同国民党统治区政治专制、吏治腐败的局面，形成鲜明的对照。越来越多的人从中国共产党领导的抗日根据地中看到了中国未来的希望。当时美国驻华使馆的人员在写给美国国务院的报告中也承认：“共产党的政府和军队，是中国近代史上第一次受到有积极的广大人民支持的政府和军队。”“未来的中国，共产党将占有确定的和重要的地位。”“中国的命运不属于蒋而属于他们。”②

在坚持和领导抗日民族统一战线的过程中，为了将丰富的中国革命实际经验马克思主义化，以便更好地指导抗日战争和中国革命，毛泽东撰写了《〈共产党人〉发刊词》《中国革命和中国共产党》《新民主主义论》等一批重要的理论成果。毛泽东总结中国共产党成立以来的历史经验，指出统一战线和武装斗争是战胜敌人的两个基本武器。而党的组织，则是掌握统一战线和武装斗争这两个武器以实行对敌冲锋

---

① 中共中央党史研究室：《中国共产党的九十年》，中共党史出版社、党建读物出版社 2016 年版，第 234 页。

② 雷云峰：《陕甘宁边区史》，西安地图出版社 1994 年版，第 391 页。

陷阵的英勇战士。统一战线、武装斗争、党的建设,这就是中国共产党在中国革命中战胜敌人的三个主要的法宝。以毛泽东同志为主要代表的中国共产党人创立的新民主主义理论,是马克思主义基本原理同中国具体实际相结合的成果。新民主主义理论的系统阐明,标志着毛泽东思想得到多方面展开而达到成熟。这个理论从思想上武装了中国共产党人,使他们极大地增强了参加和领导抗日战争和新民主主义革命的自觉性。

抗日战争以来,中国共产党的组织得到很大的发展。广大新党员有很强的抗日精神和革命斗志,但是他们绝大多数出身于农民及其他小资产阶级,在他们身上存在着各种非无产阶级思想。老党员要适应新形势,也需要进一步提高自己。1935 年 1 月遵义会议以来,党的路线已经走上马克思主义的正确轨道,但对曾经给党的事业造成严重危害的主观主义、教条主义还没有来得及从思想上进行认真的清理。这就有必要集中开展一场普遍的马克思主义思想教育运动,总结和吸取历史上的经验教训,以提高广大党员的思想理论水平,增强党的凝聚力和战斗力。为此,在 20 世纪 40 年代前期,中国共产党以延安为中心,在全党范围内开展了一场整风运动。

1941 年 5 月,毛泽东作了《改造我们的学习》的报告。整风运动首先在党的高级干部中进行。1942 年 2 月,毛泽东先后作了《整顿党的作风》和《反对党八股》的讲演,整风运动在全党范围普遍展开。整风运动的主要内容是:反对主观主义以整顿学风,反对宗派主义以整顿党风,反对党八股以整顿文风。其中,反对主观主义以整顿学风是整风运动最主要的任务。调查研究是把理论和实际结合起来的不可或缺的中间环节。毛泽东强调,加强调查研究是转变党的作风的基础一环。1941 年 8 月,中共中央作出《关于调查研究的决定》及《关于实施调查研究的决定》。中共中央设立调查研究局,各中央局、区委、省委或工委也成立相应的调查研究机构。调查研究作为中国共产党的一项重要的工作制度被确立起来,调查研究在党内蔚然成风。

在整风运动中,全党党员,特别是党的高级干部,认真学习马克思主义著作和党的整风运动文献,联系党的历史,联系个人的思想实际和工作实际,开展批评与自我批评,端正了思想路线,增强了运用马克思主义的立场、观点、方法解决中国革命实际问题的自觉性和能力。整风运动是一场伟大的思想解放运动。一切从实际出发、理论联系实际、实事求是的马克思主义思想路线,在全党范围内确立了起来。整风运动贯彻"惩前毖后,治病救人"的方针,借以达到既要弄清思想又要团结同志这样两个目的。毛泽东强调:对于人的处理取慎重态度,既不含糊敷衍,又不损害同志,这是我们党兴旺发达的标志之一。

1945 年 4 月 20 日,中共扩大的六届七中全会通过了《关于若干历史问题的决议》,对党的若干重大的历史问题作出结论,使全党尤其是党的高级干部对中国民主革命的基本问题的认识达到在马克思列宁主义基础上的一致。同年 4 月 23 日至 6 月 11 日,中国共产党第七次全国代表大会在延安举行。七大制定了党的政治路线,即"放手发动群众,壮大人民力量,在我党的领导下,打败日本侵略者,解放全国人民,建立一个新民主主义的中国"①,制定了实现政治路线的正确的纲领和策略;七大总结了党的建设的历史经验,把党在长期奋斗中形成的优良传统作风概括为三大作风,即理论和实践相结合的作风,和人民群众紧密地联系在一起的作风,自我批评的作风;七大将以毛泽东同志为主要代表的中国共产党人把马克思列宁主义基本原理同中国具体实际相结合所创造的理论成果,正式命名为毛泽东思想,并将毛泽东思想规定为党的一切工作的指针。刘少奇在大会的报告中指出,毛泽东思想,就是中国的共产主义、中国的马克思主义。它完全是马克思主义的,又完全是中国的。这是中国民族智慧的最高表现和理论

---

① 《毛泽东文集》第三卷,人民出版社 1996 年版,第 303 页。

上的最高概括。党的七大是党在新民主主义革命时期召开的一次极其重要的全国代表大会。它总结中国新民主主义革命20多年曲折发展的历史经验，制定了正确的路线、纲领和策略，克服了党内的错误思想，使全党特别是党的高级干部对于中国民主革命的发展规律有了比较明确的认识。[①] 中国共产党在毛泽东思想的基础上，达到空前的团结和统一。中国革命在毛泽东思想的指引下，取得了一个又一个的新胜利。

1945年上半年，世界反法西斯战争进入最后阶段。7月26日，中、美、英三国发表波茨坦公告，敦促日本投降。8月9日，毛泽东发表《对日寇的最后一战》的声明，号召八路军、新四军及其他人民军队，应在一切可能条件下，对于一切不愿投降的侵略者及其走狗实行广泛的进攻。中国人民军队对日军的战略反攻全面展开。8月14日，日本政府照会中、美、英、苏等国，表示接受波茨坦公告。8月15日，日本天皇裕仁以广播"终战诏书"的形式宣布接受波茨坦公告。9月2日，在东京湾美军军舰"密苏里号"上举行日本向同盟国投降签字仪式。至此，中国人民抗日战争胜利结束，世界反法西斯战争也胜利结束。1945年10月25日，中国政府在台湾举行受降仪式。根据波茨坦公告，被日本占领50年之久的台湾以及澎湖列岛，由中国收回。这成为抗日战争取得完全胜利的重要标志。

中国人民抗日战争的胜利，是近代以来中国抗击外敌入侵的第一次完全胜利。以爱国主义为核心的民族精神是中国人民取得这一胜利的决定因素。中国共产党的中流砥柱作用是中国人民取得这一胜利的关键。全民族抗战是中国人民取得这一胜利的重要法宝。经过抗日战争锤炼的中国人民进一步认识到：只有实现民族独立和人民解

---

① 中共中央党史研究室：《中国共产党的九十年》，中共党史出版社2016年版，第256—257页。

放,建立人民当家做主的新中国,才能真正实现民族振兴、人民幸福。中国共产党提出的改造旧中国、建设新中国的主张,代表了中国人民的根本利益。人民革命力量进一步发展壮大。这就为中国共产党团结带领全国人民继续奋斗,赢得新民主主义革命的胜利、创建中华人民共和国奠定了重要的基础。

第三节　为建立人民当家做主的新中国而奋斗

一、"人民得到的权利,绝不允许轻易丧失"

抗日战争胜利后,中国广大劳动人民热切希望实现和平、民主,为建设新中国而奋斗。然而,国民党统治集团作为大地主、大资产阶级的政治代表,其根本目标是使战后的中国恢复到战前的状态,即坚持蒋介石的独裁统治,继续走半殖民地半封建社会的老路。由于中国共产党及其领导的人民革命力量的存在和发展,是它实现上述目标的主要障碍,还在抗战的中期、后期,蒋介石就开始采取避战观战以便保存实力、准备发动反共内战的方针。抗战刚胜利,中国就面临着内战的危险。

以武力消灭共产党及其领导的人民军队和解放区政权,是蒋介石的既定方针。由于全国人民强烈要求和平、反对内战,由于国民党的军队大部分远在西南、西北后方,要把它们运往内战前线、完成内战部署需要相当的时间,由于国际上苏联、美国等都表示希望中国能够实行和平建国,因此,蒋介石在积极准备内战的同时,又表示愿与中共进行和平谈判。其目的,一是以此敷衍国内外舆论,掩盖其正在进行的内战准备;二是诱使中共交出人民军队和解放区政权,以期不战而控制全中国;三是如果谈判不成,即放手发动内战,并把战争责任转嫁给中国共产党。

国民党的反共方针得到了美国政府的支持。美国在中国追求的长期的基本目标,在于推动建立一个统一的亲美政府;其短期目标,首先是"避免共产党完全控制中国"。它之所以这样做:一是为了让蒋介石政府成为它在亚洲的主要支持者,以此稳定它的亚洲战线;二是从"遏制苏联"这个总的战略考虑和反人民革命的一贯立场出发,担心"一个共产党统治的中国将在政治、经济和军事上和苏联结成紧密的联盟",担心中国革命的胜利会对整个亚洲发生深刻的影响;三是为了维护美国在中国的殖民主义利益,即为了便于使战后的中国成为它倾销商品、获取廉价原料和进行自由投资的场所。这是完全违反中国人民利益的。

为了上述目的,美国决策者曾经考虑过"实行大规模的军事干涉,帮助国民党消灭共产党"的问题,但又担心这样做会使自己深陷中国这个泥潭而不能自拔。因而它采取的主要方法是:一方面,要求国民党政府实行某种程度的改革,包括搞一点形式上的民主,以争取中间派的同情和支持,尤其是诱使或迫使共产党交出军队,实现中国在国民党领导下的"统一";另一方面,通过给予经济、政治、军备等方面的援助,"帮助国民党把他们的权力在中国最大可能的地区里面建立起来"。尽管美国当局声称"不支持中国中央政府进行内战",但它的这种做法恰恰是对国民党统治集团内战政策的最实际的支持。

中国共产党对国民党的内战意图有清醒的认识。1945 年 8 月 11 日,中共中央在《关于日军投降后我党任务的决定》中就指出:将来阶段,国民党可能向解放区大举进攻,我党应准备调动兵力,对付内战;决定还指出,国共谈判将以国际国内新动向为基础考虑其恢复,延安对美国与国民党的批评暂时将取和缓态度。但各地对蒋介石绝对不应存任何幻想,必须在人民中揭露其欺骗,对蒋介石发动内战的危险,应有必要的精神准备。8 月 13 日,毛泽东在延安干部会议上作《抗日战争胜利后的时局和我们的方针》报告中进一步指出:“从整个形势看来,抗日战争的阶段过去了,新的情况和任务是国内斗争。蒋介石说要‘建国’,今后就是建什么国的斗争。是建立一个无产阶级领导的人民大众的新民主主义的国家呢,还是建立一个大地主大资产阶级专政的半殖民地半封建的国家?这将是一场很复杂的斗争。目前这个斗争表现为蒋介石要篡夺抗战胜利果实和我们反对他的篡夺的斗争。”①毛泽东强调,由于蒋介石打内战的方针是早已定了的,又由于不要打内战的一方力量还不足以制止要打内战的一方,因此,内战的危险是十分严重的;同时,由于蒋介石要放手发动内战还有许多困难,由于国际国内的大势所趋和人心所向,经过斗争,使内战限制在局部的范围,或使全面内战拖延时间爆发,这种可能性也是有的。因此,党的方针应当是:一方面,要“坚决反对内战,不赞成内战,要阻止内战”;另一方面,必须对蒋介石可能发动的全面内战切实做好相应的准备,“有了准备,就能恰当地应付各种复杂的局面”。报告指出,蒋介石对于人民的方针是“寸权必夺,寸利必得”,我们的方针应当是“针锋相对,寸土必争”,以军事自卫对付蒋介石的军事进攻。报告揭露蒋介石所玩弄的“你交出军队,我给你自由”的阴谋,提出“人民得到的权利,绝不允许轻易丧失,必须用战斗来保卫”。②

总之,在抗战行将结束的前后,面对日益密布的内战乌云,中国共产党一方面清醒地认识到,为使抗战的胜利真正成为人民的胜利,为使未来的中国真正成为人民当家做主的国家,我们绝不能轻言交出用以保卫人民利益的武装和军队;另一方面,中国共产党也认真地分析国内外形势,特别是深刻地认识到中国人民经历了长期的战争之后,有和平建国的强烈要求,因而充分考虑人民群众的这种愿望,希望通

① 《毛泽东选集》第四卷,人民出版社 1991 年版,第 1130 页。
② 《毛泽东选集》第四卷,人民出版社 1991 年版,第 1127 页。

过和平的途径对中国进行政治社会的改革,逐步向新中国这个目标迈进。

正是在上述各方面情况下,1945 年 8 月 14 日、20 日、23 日,蒋介石为准备内战时间而三次电邀毛泽东到重庆共商“国际国内重要问题”,为了争取和平民主,25 日晚,经过紧急连夜磋商,中央决定派毛泽东、周恩来、王若飞赴重庆与国民党当局进行谈判。与此同时,中共中央还于 8 月 25 日发表《对目前时局宣言》,向全国人民表明中国共产党的立场。宣言中明确提出“和平、民主、团结”三大口号,并指出,在日本帝国主义投降之后,“我全民族面前的重大任务是:巩固国内团结,保证国内和平,实现民主,改善民生,以便在和平民主团结的基础上,实现全国的统一,建设独立、自由与富强的新中国”,“我们必须坚持和平、民主、团结,为独立、自由、富强的新中国而奋斗!”宣言中要求国民党政府立即实施六项紧急措施,以奠定此后和平建设的基础,这些措施是:承认中国解放区的民选政府和抗日军队,撤退包围与进攻解放区的军队,以便立即实施和平避免内战;划定八路军、新四军及华南抗日纵队接受投降的地区,并给予他们以参加处置日本的一切工作的权利,以昭公允;严惩汉奸,解散伪军;公平合理地整编军队,办理复员,救济难胞,减轻赋税,以纾民困;承认各党派合法地位,取消一切妨碍人民集会结社言论出版自由的法令,取消特务机关,释放爱国政治犯;立即召开各党派和无党派代表人物的会议,商讨抗战结束后的各项重大问题,制定民主的施政纲领,结束训政,成立举国一致的民主的联合政府,并筹备自由无拘束的普选的国民大会。①

8 月 26 日,中共中央又对党内发出通知,向党员干部说明和平谈判的方针:在谈判中我方准备在不损害人民根本利益的前提下作出必

① 中央档案馆编:《中共中央文件选集》第十五册,中共中央党校出版社 1991 年版,第 247—249 页。

要的让步,以便击破国民党的内战阴谋,取得政治上的主动地位,取得国际舆论和国内中间派的同情,换得我党的合法地位与和平局面。对谈判结果可能出现的两种局面,中共中央提出对策:如果出现和平发展的局面,我们应当努力学会合法斗争的一切方法;如果国民党发动军事进攻,我们就站在自卫的立场上,坚决彻底消灭来犯者。通知告诫全党,绝对不要因为谈判而放松对蒋介石的警惕和斗争;必须依靠自己手中的力量和行动指导上的正确,必须坚决依靠人民。针对党内一些同志对毛泽东等代表安全的担心,毛泽东说:“由于有我们的力量、全国的人心、蒋介石自己的困难和外国的干预四个条件,这次去重庆是可以解决一些问题的。”[①]当天,新华社还向国内外播发了毛泽东决定赴重庆谈判的消息,迅速引起强烈反响,从而有力地推动了全国的和平民主进程。

毛泽东不顾个人安危,亲赴重庆,万众瞩目。这一行动表明,中国共产党是真诚地谋求和平的。中共代表团到达重庆的消息,山城人民奔走相告,社会舆论同声期望国共两党会谈取得成功。当天,成千上万的重庆市民和学生自动走上街头,热烈欢迎毛泽东等一行的到来。民主人士柳亚子称颂毛泽东亲临重庆的行动是“弥天大勇”。成都《华西晚报》在发表的社评中说:毛泽东到了重庆,“对于中国人民,这是一个比之日本突然宣布无条件投降更使人欣喜的消息”。评论认为,“如果对中国命运应负重大之责任的国民党确具结束一党专政与在野党派团结合作的诚意,毛泽东重庆之行,将可能成为中国近代史上划时代的大事件”。重庆《大公报》在以《毛泽东先生来了!》为题的评论中说:“毛先生能够惠然肯来,其本身就是一件大喜事。”抗战胜利后,“我们再能做到和平、民主与团结,这岂不是国家喜上加喜的大喜事!”胡其瑞等读者在致《新华日报》编者的信中,对于毛泽东到重庆

---

① 《毛泽东文集》第四卷,人民出版社 1996 年版,第 16 页。

谈判，给予热情赞颂。信中说：“毛先生之来，是关系全国命运的大事”，“使我们过去所听到的对中国共产党的一切诬词和误解，完全粉碎了。毛先生来渝，证明了中共为和平团结与民主而奋斗的诚意和决心，这的确是反映和代表了我们老百姓的要求”。[①]

重庆谈判从8月29日正式开始，到10月10日结束。整个谈判经过三个阶段：8月29日至9月3日，为普遍交换意见阶段；9月4日至21日，为就实质性问题进行商谈阶段；其后，谈判停顿了5天；9月27日至10月10日，为最后达成协议阶段。在谈判过程中，为了广泛地宣传中国共产党的政治主张，争取和团结各方面的和平民主力量，毛泽东等中共代表于谈判之外，还同各界人士进行了广泛的接触和交往。毛泽东在到达重庆后，首先拜会了宋庆龄、冯玉祥、柳亚子等一些中共的老朋友，对他们与中共的合作与支持表示敬意。他还几度与中国民主同盟负责人张澜、沈钧儒、黄炎培等进行晤谈，向他们介绍和平建国的基本方针和国共两党谈判的情况，听取他们对国事的建议和意见，得到了民盟的支持与帮助。在与张澜的交谈中，张澜为毛泽东来渝的安全担心，表示不相信蒋介石的和平诚意，是假戏。毛泽东说，我们就来个假戏真做，让全国人民当观众，看出真假，分辨是非，这场戏就大有价值了。毛泽东、周恩来还先后与社会知名人士、教授、学者郭沫若、章士钊、马寅初、许德珩、翦伯赞、周谷城等见面，征询他们对时局的意见，增进了了解与友谊。中共代表还会见或招待了新闻界、文化界、产业界和妇女团体的代表，说明了谈判陷入僵局的真相，听取并交流对谈判的意见，加强了沟通和信任。[②]

在国共谈判的同时，国民党政府就试图用武力向中共施加压力，部署军队向八路军、新四军进攻。在延安主持中共中央工作的刘少奇

① 《重庆谈判纪实》，重庆出版社1983年版，第54—55、62、77页。

② 柳建辉主编、周炳钦著：《中国共产党史稿》第五卷，四川人民出版社2011年版，第50—51页。

等中央领导人,及时地将各地军情报告给在重庆谈判的中共代表,毛泽东等也不断向延安通报谈判情况,中共中央迅速作出决策和部署,使解放区军民站在自卫的立场上,奋起抗击,挫败了国民党军的各路进犯。尤其是上党战役,一举歼灭国民党军3万余人,给国民党统治集团以极大的震动。这些对谈判都起了有力的配合作用。

经过43天的谈判,10月10日,国共双方签订了《政府与中共代表会谈纪要》("双十协定"),确认和平建国的基本方针,同意"长期合作,坚决避免内战"。1946年1月10日,国共双方下达停战令。同一天,政治协商会议在重庆开幕,出席会议的有国民党、共产党、民主同盟、青年党和无党派人士的代表38人。以周恩来为首的中共代表团与民主同盟等民主党派和无党派人士的代表密切合作,同国民党当局认真协商,推动政协会议达成五项协议。这些协议还不是新民主主义性质的,但它有利于冲破蒋介石的独裁统治和实行民主政治,有利于和平建国,因而在相当程度上是有利于人民的。它激起了亿万善良的中国人对于实现和平、民主、团结、统一的热烈期望。协议较多地吸收了中间人士的意见,这使他们尤其感到振奋。在一个时期内,是否忠实履行政协协议,成了人们衡量政治是非的重要尺度。

正因此,中国共产党是准备严格履行政协协议的。在政协召开时,毛泽东指出,"中国和平民主新阶段,即将从此开始"①。全党应为"巩固国内和平,实现民主改革"②,建立新中国而奋斗。政协闭幕的第二天,中共中央发出党内指示,指出"从此中国即走上和平民主建设的新阶段","中国革命的主要斗争形式,目前已由武装斗争转变为非武装的群众的议会斗争,国内问题由政治方式来解决"。③ 然而,国民

① 中共中央文献研究室、中央档案馆:《建党以来重要文献选编》(1921~1949)第二十三册,中央文献出版社2011年版,第24页。

② 同上,第24页。

③ 《毛泽东年谱(1893—1949)》(下册),中央文献出版社2013年版,第56页。

党政权所代表的是大地主、大资产阶级的利益,其统治的社会基础极其狭隘,这决定了它既不能容忍、也经受不住任何的民主改革。后来艾奇逊在其回忆录中也承认,国民党存在着维护特殊利益的集团,它"愈来愈流露这样一种信念:追求统一和民主的中国,他们将丧失一切"。正因为如此,国民党统治集团从来没有准备去履行政协协议。在1946年3月召开的国民党六届二中全会上,蒋介石命令他的追随者对政协协议"就其荦荦大端,妥筹补救"。他以扩大内战的行动,使政协协议成为一纸空文。国民党统治集团既然扼杀了全国人民对于和平建国的热切愿望,它也就把自己放在了全国人民的对立面。

中国共产党争取和平民主的努力,尽管最终未能阻止全面内战的爆发,但是,它使得各界群众增进了对中国共产党的了解,懂得了什么人应当对这场战争承担责任。这在政治上是一个重大的胜利。中共代表团在返回延安时,代表团成员李维汉在当天的日记中写道:"国共谈判破裂了,但我党满载人心归去。"这是完全符合事实的。同时,经过努力,中国人民毕竟争得了将近一年的和平的暂息时期。这也为扩大和巩固解放区、做好进行自卫战争的准备,提供了有利的条件。

二、土地改革与广大农民群众的支前参军

1946年6月底,国民党军以进攻中原解放区为起点,挑起了全国性的内战。同年10月11日,国民党军占领华北解放区重镇张家口。蒋介石于当天宣布11月12日召开由国民党一手包办的"国民大会"。次年3月,国民党当局限期令中共驻南京、上海、重庆三地代表及工作人员全部撤退。至此,一切和平谈判之门都被国民党关闭,国共关系彻底破裂。

全面内战爆发时,中国共产党面临的形势是极为严峻的。当时,国民党军的总兵力为430万人,它占有3.39亿以上人口、730万平方公里面积的地区,控制着几乎所有的大城市和绝大部分铁路交通线;

它不仅接收了100余万日军和数十万伪军的装备，而且美国还为它训练和装备了50万军队。人民解放军的总兵力为127万人，装备基本上是缴自日军的步兵武器；解放区的人口为1.36亿，面积约230万平方公里，而且是被分割、包围的，在物质上得不到任何外援。正是凭着军力和经济力的优势，蒋介石声称，这场战争“一定能够速战速决”。

中国共产党清醒地估计了国内外形势，坚决认定，我们必须打败蒋介石，而且能够打败它。毛泽东指出：我们必须打败蒋介石，是因为蒋介石发动的战争，是一个在美帝国主义指挥之下的反对中国民族独立和中国人民解放的反革命的战争。在这种时候，如果我们表示软弱，表示退让，不敢坚决地起来用革命战争反对反革命战争，中国就将变成黑暗世界，我们民族的前途就会被断送。毛泽东又指出：我们能够打败蒋介石，是因为蒋介石军事力量的优势和美国的援助，只是临时起作用的因素；而蒋介石发动的战争的反人民性质，人心的向背，则是经常起作用的因素，在这方面，我们占着优势。人民解放军的战争所具有的爱国的正义的革命的性质，必然要获得全国人民的拥护。这就是战胜蒋介石的政治基础。

解放战争的事实证明，中国共产党领导的土地改革和农民群众的广泛发动，既是中国共产党领导的革命战争反对反革命战争的有力体现，也是推动这种战争形势朝向人民胜利的方向迅速发展的重要原因。

抗战胜利后的一段时间，中共中央在土地政策上仍沿袭抗战时期的减租减息政策。1945年11月7日，毛泽东在为中共中央起草的一个指示中指出：“告诉党员坚决同人民一道，关心人民的经济困难，而以实行减租和发展生产两件大事作为帮助人民解决困难的重要关键，我们就会获得人民的真心拥护，任何反动派的进攻是能够战胜的。”“减租必须是群众斗争的结果，不能是政府恩赐的。这是减租成败的关键……目前我党方针,仍然是减租而不是没收土地。"[①]1945 年 12 月 15 日,毛泽东在为中共中央起草的关于 1946 年的工作方针的指示亦强调:"各地务必在一九四六年,在一切新解放区,发动大规模的、群众性的、但是有领导的减租减息运动。工人则酌量增加工资。使广大群众,在此运动中翻过身来,并组织起来,成为解放区自觉的主人翁。"[②]

进入 1946 年,随着国民党军事进攻的不断扩大,国内阶级矛盾的上升和解放区群众运动的发展,作为抗日民族统一战线土地政策的减租减息,已不能适应农民的要求。在减租减息斗争中,农民进一步要求消除封建剥削,有的地区直接从地主手中取得土地,部分地实现了"耕者有其田"。经过十四年抗战特别是八年全民族抗战,解放区农民付出了巨大牺牲,要进行面对国民党军队的自卫战争,需要他们继续参军参战。各解放区经过抗战中较彻底的减租减息之后,仅靠这一政策已不足以调动农民支援革命战争的积极性,广大缺地少地的农民群众希望中国共产党能满足其土地要求。在这种情况下,已很难在不损害地主根本利益的前提下解决农民土地问题,中国共产党及其领导的政府手中没有可供分配的土地资源,已不可能找到一个既使地主根本利益不受损又能满足农民土地要求的两全其美的办法。

正是在这种情况下,1946 年 5 月 4 日,中共中央发出《关于清算减租及土地问题的指示》(《五四指示》),指出要"坚决拥护广大群众这种直接实行土地改革的行动","坚决拥护农民一切正当的主张和正义的行动,批准农民获得和正在获得土地",强调"各地党委必须明确认识,解决解放区的土地问题是我党目前最基本的历史任务,是目前一切工作的最基本环节。必须以最大的决心和努力,放手发动和领导目

① 《毛泽东选集》第四卷,人民出版社 1991 年版,第 1173 页。

② 同上,第 1175 页。

前的群众运动来完成这一历史任务”。“实现耕者有其田”但“绝不可侵犯中农土地”,“一般不变动富农的土地”。①

到 1947 年年初,各解放区约有 2/3 的地区已经比较深入地开展了土地改革工作,解决了农民群众的土地问题。在胜利面前,毛泽东保持了清醒的头脑,他强调:“在实现耕者有其田的全部过程中,必须坚决联合中农,绝对不许侵犯中农利益(包括富裕中农在内),如有侵犯中农利益的事,必须赔偿道歉。此外,对于一般的富农和中小地主,在土地改革中和土地改革后,应有适当的出于群众愿意的照顾之处,都照《五四指示》办理。总之,在农村土地改革运动中,务须团结赞成土地改革的百分之九十以上的群众,孤立反对土地改革的少数封建反动分子,以期迅速完成实现耕者有其田的任务。”②

1947 年 9 月 13 日,《中国土地法大纲》在全国会议上通过,同年 10 月 10 日公布施行。《中国土地法大纲》明确规定:废除封建土地剥削制度,实行耕者有其田。没收地主的土地财产,征收富农多余的土地财产;废除一切祠堂、庙宇、寺院、学校、机关团体的土地所有权和乡村在土地改革以前的一切债务;以乡或村为单位统一分配土地,数量上抽多补少,质量上抽肥补瘦,所有权归农户所有。土改前的土地契约、债约一律缴销;工商业者的财产及其他营业受法律保护,不受侵犯。

全国土地会议和《中国土地法大纲》公布后,一个以平分土地为中心的波澜壮阔的土地改革群众运动,很快在陕甘宁、晋绥、晋察冀、晋冀鲁豫、华东等老解放区,东北等半老解放区,以及鄂豫皖、豫皖苏、豫陕鄂、江汉、桐柏等新解放区广泛开展起来。毛泽东在 1947 年 12 月 25 日再次强调了土地对于农民、对于战争胜利的重要性:“全党必须

① 中共中央党校党史教研室编:《中共党史参考资料》第六册,人民出版社 1979 年版,第 128—129 页。

② 《毛泽东选集》第四卷,人民出版社 1991 年版,第 1216 页。

明白,土地制度的彻底改革,是现阶段中国革命的一项基本任务。如果我们能够普遍地彻底地解决土地问题,我们就获得了足以战胜一切敌人的最基本的条件。”[①]1948 年 4 月 1 日,毛泽东在晋绥干部会议上进一步指出:“今后晋绥党组织的任务,是用极大的努力,继续完成土地改革工作和整党工作,继续发展和支援人民解放战争,不再加重人民负担,并酌量减轻人民负担,恢复和发展生产。……在目前数年内,恢复和发展生产的目的是一方面改善人民的生活,一方面支援人民解放战争。”[②]毛泽东还在总结土改经验的基础上,将党在新民主主义革命时期土地改革的总路线概括为:依靠贫农,团结中农,有步骤、有分别地消灭封建剥削制度,发展农业生产。

到 1948 年下半年,解放区大约有 1 亿农民分得了土地。这就从根本上废除了中国几千年封建制度的根基,使农村的阶级关系得到了根本的改变,翻身农民真正成为解放区的主人。他们的革命积极性大大提高,在物力和人力上极大地支援了解放战争,从而为人民解放战争的胜利奠定了深厚的群众基础。

在 1946 年 6 月至 1947 年 6 月一年的时间里,人民军队处于战略防御阶段。战争主要在解放区进行。战局的发展,从根本上粉碎了国民党统治集团的速战速决计划,并使他们陷入了人民战争的汪洋大海之中,难以逃脱遭遇灭顶之灾的命运。在战略防御阶段,虽然当时力量对比敌强我弱,但是人民解放军得到了解放区人民的全力支持。中原解放军在中原人民的支援下经过艰苦转战,粉碎了 30 万大军的围追堵截,成功地实现了战略转移。在配合部队的作战中,全区群众共出担架 702200 副,大车 34869 辆,民兵 139094 人,民夫 116951 人,粮

---

① 《毛泽东选集》第四卷,人民出版社 1991 年版,第 1252 页。

② 同上,第 1311 页。

食50180443斤。[①] 华中解放军于1946年7月13日至8月27日进行苏中战役时,盐阜专区群众组织近万只民船支援野战军,经常保持5000余副担架,听候使用。泰州分区动员民力达40万人,负责担架、运输、磨面、碾米。兴化县上万民工、几千条船,将江都来不及转移的公粮抢运出来,并给参战部队运送粮食80余万担。泰兴县动员全县20万群众支前。据不完全统计,整个苏中战役期间,参战民工达14万人,用工700万个,在后方为支前服务的群众近50万人。[②]

解放区的广大农民群众不仅积极支援前线,还踊跃报名参军。在中原解放区,自卫战争一打响,"太行就掀起了两次参军高潮;第一次是1946年10月,全区22个县,仅10余天就有3万多青壮年报名参军,如赞皇、武安、涉县、安阳、林县等15个县有两万名优秀青年报名入伍。第二次是1947年3月,全区25个县,其中博爱县就有1500名参军,其他各县如辉县、修武、洪县、汤阴、鹤壁等地也有大批青年入伍。在大规模的参军高潮中,父送子、妻送郎、兄送弟、兄弟同参军等动人事迹层出不穷"[③]。在东北,延边仅在1946年5月17日至6月8日的20天内,就有13659人参军。[④]

从1947年6月底中国人民解放军转入战略反攻阶段后,各解放区广大人民群众以更高的热情投入支前工作中,踊跃报名参军。刘伯承、邓小平等率领晋冀鲁豫解放军强渡黄河挺进大别山的各次战役中,当地群众共提供民工756494人,大车6930辆,牲口28270头,粮食

---

① 《晋冀鲁豫六次自卫爱国战役中战勤动员及财粮开支的初步统计》,转引自河南省委党史委二处:《解放战争时期河南人民的支前工作》,中共河南省委党史工作委员会编:《中原大地发春华》(上册),河南人民出版社1991年版,第379页。

② 沈秉钧主编:《江苏省志·民政志》,方志出版社2002年版,第272页。

③ 中共河南省委党史工作委员会编:《中原大地发春华》(上册),河南人民出版社1991年版,第380页。

④ 姚作起主编:《硝烟千里:解放战争时期的朝鲜族人民》,辽宁民族出版社1997年版,第201页。

197508678 斤，还有大批担架、柴草及其他支前物资。陈赓、谢富治兵团强渡黄河挺进豫西的各次战役中，温县、济源民众支援大量担架随军行进，并出动大车、小车、民兵、民夫运送粮草、军鞋及其他支前物资。太行、太岳两个区供给粮草 5945322 斤、饲料 17960840 斤、柴草 9780000 斤、牲口 14597 头、担架 880 副，出动民工 26304 人、民兵 7465 人，有 2073 位群众当选为支前功臣。

在东北解放区，1947 年 7 月，为适应战争急剧发展的需要，中共中央东北局、东北军区作出了《关于成立二线兵团的决定》。根据这个决定，各野战军从不脱产的群众武装和脱产的地方部队等地方武装中，抽调少数干部和老战士带领大批新战士组成二线兵团，经过比较正规的军事训练和政治教育后，直接补充主力，得到了解放区广大人民群众的积极响应。据 1947 年 7 月 16 日《东北日报》报道，合江地区仅半个月就有 7000 人加入主力，超过计划的一倍。东北局原计划各省市到 1948 年 4 月完成 60 个独立团的建设，实际上到 1948 年 5 月止，仅黑龙江省、松江省、合江省、嫩江省就已组建 47 个独立团，兵员 10 万余人，超过当地计划的 1.7 倍，而且均补入了各野战部队。在安东，仅 20 天内就有 2000 人参军，在北安达到 3000 人。①

1948 年 3 月，华北野战军发起解放临汾的战役。襄陵、汾城两县成立了支前指挥部，当地群众不仅从本县运送物资，还组织牲口、驮骡队从洪洞、浮山等地远距离调运物资，平均每天出动 8000 名民工，提供 100 多辆大车、800 多头牲口，源源不断地把粮食、蔬菜、燃料及弹药运往前线。为了协助部队攻城、掩护工兵坑道作业，两县人民给部队贡献出门板 41500 余块、檀条 1000 多根，并给部队做云梯 90 多架。为了让前线部队吃好穿暖打胜仗，两县农民群众几十天不分昼夜地给部队碾米、磨面、准备吃喝。当前方战斗激烈，群众就把蒸馍、烙饼、炒菜

---

① 《北满革命根据地专题论文集》，哈尔滨出版社 1990 年版，第 252—253 页。

送到前线，广大妇女群众早起晚睡，挑灯夜战，给部队赶出军鞋 3.6 万余双。[①]

还有一些地方的群众组成支前部队，随解放大军奔波，有力地支援了解放战争。如 1947 年 8 月，陈赓、谢富治率晋冀鲁豫太岳兵团挺进豫西时，襄陵人民组织了 1200 余名民工跟随大军南下，经曲沃、夏县、平陆，从茅津渡口过黄河到河南，转战灵宝、陕县，一直跟随部队打到观音堂，才于 11 月中旬返回。[②] 山东省惠民县也组成了支前民工营，共 500 余人，在 1948 年，他们随军转战山东、江苏、安徽、河南等省，行程万里，与解放军同甘共苦、生死与共，不仅完成了抢救伤员、运粮等任务，还参战俘虏敌人 315 人，缴获机枪、小炮等武器 269 件。[③]

到人民解放军进行战略决战前夕的 1948 年秋，广大解放区土改工作已经基本完成，广大无地少地农民分到了土地。在"参军保田"的口号下，大批青壮年农民的参军参战热情空前高涨，纷纷加入人民军队。各地农民不仅将粮食、被服等送上前线，而且组成运输队、担架队、破路队等随军组织，担负战地勤务，用肩挑、车推、驴驮、船运等方法，将大量的粮食、弹药等军需物资源源不断地运往前线。他们还广泛建立起民兵组织，配合解放军和地方武装作战。特别是在辽沈、淮海、平津三大战役中，人民群众发挥了巨大的作用，展现了一幅宏伟壮观的人民战争画卷。

1948 年 9 月，辽沈战役开始后，东北解放区"各省报名参战的民工更加踊跃。松江省分两批出动民工 1 万多人、担架 2000 副，大车 1100 多辆、马 2678 匹。嫩江省出动两个大车队、4 个担架队共 8200 名民工，带大车 650 辆、马 2600 多匹、担架 1000 副赶赴辽沈前线。松江、嫩

① 政协襄汾县文史资料研究委员会编：《襄汾文史资料》第 10 辑，1999 年版，第 14—15 页。

② 同上，第 15 页。

③ 政协惠民县文史资料研究委员会编：《惠民县文史资料》（第 6 辑），1990 年版，第 61 页。

江、黑龙江、合江4省还接收救治伤员1.5万人,收容俘虏1.7万人”①。在三大战役中,淮海战役规模最大、歼敌数量最多,历时也最长,达66天,参战的人民解放军部队有60余万人。为了解决这么多人的吃饭问题和弹药补给,累计动员543万民工夜以继日地把粮食和弹药运往前线。② 在前线和大后方,各解放区人民掀起了一场轰轰烈烈的支前运动。如山东解放区就选拔了11万民工大军,分6批开进淮海战场,向前线运送了两亿多斤粮食。在鲁中南、渤海、胶东三个专区,广大妇女群众为部队制作军鞋762.2万双、军袜221.9万双、军衣235.6万套、军被177.9万床。在运送粮食、被服、弹药等军用物资时,山东当地群众克服重重困难,坚决完成任务,涌现出大批英模群体和个人。③ 平津战役发起之时,辽沈战役刚刚结束,淮海战役正在进行。东北、华北解放区群众为支援平津战役,从人力、物力上作出了巨大贡献,共出动民工260余万人,组织随军担架23000余副,转运伤员14000余名,动用大车61余万辆、牲口120余万头,往前线调运供应粮食2.8余亿斤、马料9000余万斤、马草1.1亿斤、柴2.4亿斤。④ 在冀中区,全区当时总共只有1000万人口,但平津战役期间就出动支前民工2158593人,供应畜力895914头,“不但每户每车每畜都参加了这次支前,而且还大大超过”⑤。

据统计,三大战役总计动员支前民工880余万人次,人民群众出动支前的大小车辆141万辆、担架36万余副,提供牲畜260余万头、粮

---

① 曲晓溪:《一切为了前线——解放战争时期黑龙江人民的支前运动》,《世纪桥》2011年第24期。

② 参见《中国共产党简史》编写组编著:《中国共产党简史》,人民出版社、中共党史出版社2021年版,第131、135页。

③ 参见魏子焱编著:《泰山巍峨:解放战争时期山东军民的斗争》,中共党史出版社2005年版,第173—179页。

④ 参见《一切为了前线——平津战役支前资料汇编》,纺织工业出版社1992年版,第7页。

⑤ 天津市档案馆编:《天津解放》,中国档案出版社2009年版,第79—80页。

食4.25亿公斤。时任华东野战军司令员陈毅曾深情地说："淮海战役的胜利，是人民群众用小车推出来的。"其实何止是淮海战役，整个战略决战直至整个解放战争的胜利，都归根结底是广大人民群众支援和支持的结果。这充分显示了人民战争的巨大威力，再一次证明了毛泽东的科学论断："人民，只有人民，才是创造世界历史的动力。"①

三、国民党政府处在全民的包围中

在解放区广大群众热情、全力支援解放战争，解放战争胜利发展的过程中，国统区的广大民众也在中国共产党的领导、推动或影响下，掀起了轰轰烈烈的反抗国民党政府统治的斗争，逐步形成为配合人民解放战争的第二条战线，从而加速了国民党政权的灭亡，为中国革命在全国的胜利起了重要的作用。

对于抗战胜利后国民党统治区的任务，中国共产党在七大政治报告中曾作了专题阐述，其中指出："在国民党统治区，人民没有爱国活动的自由，民主运动被认为非法，但是包括许多阶层、许多民主党派和民主分子的积极活动是在发展中。""中国共产党和解放区人民，应当给予他们以一切可能的援助。"②周恩来在七大所作的《论统一战线》的专题发言中，总结党的统一战线的经验时指出："要建立一个巩固的新民主主义的统一战线，就是要认清楚敌人、队伍和司令官这三个问题。"他提出党的统一战线的方针是："发展进步力量，争取中间力量，孤立、分化和打击顽固力量，也就是联合大多数，反对少数，打击最顽固的力量。"③

抗日战争胜利后，中国共产党坚决反对和制止内战，得到了国统区人民的积极响应。但国民党统治集团违背全国人民迫切要求休养

① 《毛泽东选集》第三卷，人民出版社1991年版，第1031页。
② 《毛泽东选集》第三卷，人民出版社1991年版，第1087—1088页。
③ 《周恩来选集》(上卷)，人民出版社1980年版，第207、214页。

生息、和平建国的意愿，坚持内战独裁政策，国统区人民对此表示强烈的义愤。1945 年 11 月 2 日，中国民主同盟发言人发表谈话时就说：双十协定"虽然发表了二十几天，中国人打中国人的枪声，就没有停息过"。"假定大规模的内战终于无法避免，这不仅要为一切中国的友邦所齿冷，要为新遭惨败的敌人所窃笑，这简直是在对着整个国家的生命当心一枪；简直是对着四万万五千万老百姓瞄准扫射。""当前中国第一件事是停止内战，避免内战，消弭内战。国家一切的问题，都应该用和平的方法来解决。谁要用武力来解决党争问题，谁就负内战的责任，谁要发动内战，谁就是全国的公敌。"[①]11 月 5 日，中国经济事业协进会等 6 团体，紧急呼吁反对内战，其中痛陈：国人苦战久矣！"而现今流亡、饥寒、疾病、失业，亟待救济者不知凡几！疮痍满目，百业凋敝"，"我们再不能有内战！亦再经不起内战！"[②]11 月 8 日，重庆《中华论坛》等 27 家杂志联合呼吁不要内战。他们指出："和平与老百姓的生活太关紧要了，所以大家宁愿拼着生命去争取。"[③]

在民主党派、各群众团体、组织和各界人士的呼吁和推动下，11 月 19 日，包括工人、学生和商人在内的重庆各界代表 500 余人举行反内战大会，宣告陪都各界反内战联合会成立。大会反内战的号召，在各大中城市引起了广泛的响应，成为国统区反内战运动高涨的开端。接着，国统区的爱国学生运动进一步将反内战运动推向高潮。

当时被誉为"民主堡垒"的昆明，抗战胜利后，各阶层人民对于蒋介石独裁内战政策无不为之激愤。随着国民党对解放区的军事进攻和国统区反内战运动的兴起，昆明的广大学生和爱国人士对时局尤为

① 中国民主同盟中央文史资料委员会编：《中国民主同盟历史文献》（1941—1949），文史资料出版社 1983 年版，第 100—102 页。

② 重庆市政协文史资料研究委员会、中共重庆市委党校编：《政治协商会议纪实》（下卷），重庆出版社 1989 年版，第 782 页。

③ 重庆市政协文史资料研究委员会、中共重庆市委党校编：《政治协商会议纪实》（下卷），重庆出版社 1989 年版，第 792 页。

关注。抗战期间由北京大学、清华大学和南开大学联合筹组迁昆的国立西南联合大学(简称“西南联大”),以及云南大学等昆明各大学的学生,纷纷开展活动,反对内战。1945 年 11 月下旬,在中共云南省工委的组织发动下,由西南联大、云南大学、中法大学、云南英语专科学校的学生自治会联合发起,决定于 11 月 25 日在云南大学礼堂举行时事晚会,邀请有关人士作反内战演讲,国民党政府当局闻讯勒令禁止。4 校学生自治会因而决定会议改在西南联大图书馆前的大草坪举行。11 月 25 日晚,时事晚会如期在西南联大举行,到会的学生和各界人士达 6000 余人。晚会进行中,国民党政府当局派出军队武装包围会场,鸣枪恫吓与会师生。这引起昆明各界爱国群众的更大愤慨,随后几日,昆明各界爱国反内战运动进一步高涨。12 月 1 日,国民党政府当局为了压制学生运动,组织大批特务和军警闯入西南联大、云南大学等校,殴打师生。冲突中国民党士兵居然向手无寸铁的师生投掷手榴弹,造成 4 名师生死难,数十名师生受伤,这就是震惊全国的“一二·一惨案”。

面对反动派的血腥镇压,昆明学生和各界爱国人士英勇地坚持斗争,这在全国激起强烈的反响。重庆、成都、上海、遵义等国统区大、中城市都以集会、游行、罢课等形式,进行群众性的声援活动。延安、晋察冀、山东、晋绥等解放区相继举行群众大会,对昆明的学生运动表示声援。1945 年 12 月 9 日,在延安纪念一二·九运动 10 周年大会上,周恩来代表中共中央赞扬“青年是争取和平、民主的先锋队”,指出“我们正处在新的‘一二·九’时期,昆明惨案就是新的‘一二·九’”。“一二·一”运动,是全国解放战争时期中国共产党领导的第一次大规模的学生爱国民主运动,它提高了人民群众的政治觉悟,使坚持内战政策的国民党反动派在政治上陷入不利的境地。[①]

国民党挑起内战后，在中国共产党领导解放区军民英勇抗击国民党军全面进攻的同时，国民党统治区的人民为制止内战、恢复国内和平，继续进行着不懈的努力以至殊死的抗争。中国共产党十分重视国民党统治区的人民运动。为了声援和推动国统区人民反对国民党独裁内战政策和美国政府援蒋政策的斗争，1946 年 6 月 24 日，中共中央发出党内指示，要求各地党组织动员群众团体及民主党派，采取示威、游行、请愿等形式，努力扩大反战和平运动，并在运动中“唤起中美两国广大舆论反对美国军事干涉助长中国内战与蒋介石的卖国政策”[②]。在各地中共党组织的领导下，国民党统治区的反内战运动继续高涨，反美反蒋的爱国民主运动逐步展开。

这触怒了国民党统治集团。为了维护其专制独裁统治、稳定后方，国民党政府在其统治区内加强特务活动，继续加紧迫害和镇压爱国民主力量。仅 1946 年 6 月到 7 月间，国民党当局即关闭全国各地反内战群众问题团体、言论机关 100 多处，1 万多名各界反内战人士遭到逮捕，并接连刺杀了著名爱国民主人士李公朴、闻一多，这就是震惊全国的李闻惨案。惨案发生后，中国共产党对国民党屠杀民主人士的罪行表示极大的义愤，对民主党派和各界人士的抗议活动表示坚决的支持，并对民主人士的英勇斗争精神给予高度的评价。1946 年 7 月 17 日，周恩来在南京举行记者招待会，发表反对扩大内战与政治暗杀的严正声明，指出：“中国目前面临着两个最严重、最紧迫的问题，即内战与政治暗杀。”昆明发生的李闻惨案，“赤裸裸地暴露了国民党特务残暴的法西斯本质，采用了最卑劣的手段来镇压和平民主运动及其代表

---

① 柳建辉主编、周炳钦著：《中国共产党史稿》第 5 卷，四川人民出版社 2011 年版，第 150 页。

② 中央档案馆：《中共中央文件选集》第十六册，中共中央党校出版社 1992 年版，第 216 页。

人物”[①]。

国统区各民主党派和各界爱国民主人士不畏强暴，通过吊唁李公朴、闻一多的活动，进一步为争取和平民主而抗争，更有力地揭露了国民党独裁内战的真实面目，使国民党政府在人民的心目中越来越孤立。

在反内战运动不断兴起的同时，由美国的扶蒋反共、助蒋内战政策引起的反美抗暴运动也迅速兴起。全面内战爆发后，为了进一步乞求美国的援助和支持，国民党政府不惜出卖国家主权和民族利益，与美国签订了一系列公开的或秘密的条约和协定。这当中最为臭名昭著的就是《中美友好通商航海条约》（简称“中美商约”）。它表面上规定中美双方是“平等互惠”的，但是由于中美之间的经济实力相差悬殊，实际上只是保证了美国在中国享有片面的特权。条约签署后，中国国内舆论哗然。著名经济学家马寅初就揭露说：“今日甚嚣尘上之‘中美商约’问题，表面上是纯粹的经济问题，内容却是一个百分之百的政治问题。”[②]中共中央机关报《解放日报》载文指出，“这是历史上最可耻的卖国条约”，比起袁世凯的“二十一条”有过之而无不及。当时人们把签约的 11 月 4 日称为新的“国耻日”。

此外，驻华美军还以“占领者”的姿态在中国的土地上横行霸道，胡作非为，滥施暴虐，犯下种种罪行。据不完全统计，从 1945 年 8 月至 1946 年 11 月，在上海、南京、北平、天津、青岛五城市发生的美军暴行事件至少有 3800 起，中国人被伤害致死、致伤、致残者达 3300 人以上。[③] 在美军进驻的城市里，其军车肆意横行，美军士兵公开侮辱和强奸中国妇女的事件时有发生。仅 1945 年 8 月到 1946 年 7 月，中国人

① 《周恩来选集》（上卷），人民出版社 1980 年版，第 237 页。

② 周永林、张廷钰编：《马寅初抨官僚资本》，重庆出版社 1983 年版，第 209 页。

③ 中共中央党史研究室：《中国共产党历史》第 1 卷（下册），中共党史出版社 2002 年版，第 911 页。

被美军汽车撞死的就有千余人。在黄浦江上，美国军舰横冲直撞，船民落水而亡者就达660人。[①]

国民党政府向美帝国主义出卖中国主权的行径，美军在中国犯下的暴行和给中国人民带来的严重灾难，激起了中国人民的强烈反对。全国各地报刊纷纷抨击和揭露。中共中央在《关于不承认蒋政府一切卖国协定的声明》中指出：政治协商会议后，国民党政府单独与外国政府进行的多次性质严重的外交谈判，及其成立的协定和谅解，“完全违背中国人民的意志，已经使并将继续使中国陷于内战、反动、丧权辱国、殖民地化、混乱与崩溃的危机之中”[②]。

中国人民难以压抑心中郁积的愤怒，一个以反对美蒋为中心的人民运动在国统区迅速兴起。为了更有效地领导和推动这个爱国民主运动，1946年12月2日，中共中央召开书记处会议，专门研究了国统区的工作，并决定改组中共中央城市工作部，由周恩来兼任部长，李维汉任副部长。明确城工部的主要任务是在中央领导下管理党在国民党统治区的工作，负责训练这方面的干部，同时还规定各中央局、分局和各有关区党委都设立城工部，从而加强了党在国统区工作的组织领导。

1946年12月24日晚，北平发生了美军强暴北京大学女学生的事件。事件发生后，国民党当局企图封锁消息、掩盖事实真相，这迅速点燃了全国范围内的和更大规模的反美抗暴斗争。12月30日，北京大学等高校学生5000余人举行抗议驻华美军暴行大游行。愤怒的学生一路高呼“反对美军暴行！”“美军滚出中国去！”“反对政府媚外！”“维护主权独立！”等口号，沿途有不少中学学生和市民自动加入，使游行总人数增加到1万多人。北平学生运动兴起后，中共中央连续发出

① 张宪文主编：《中华民国史纲》，河南人民出版社1985年版，第687页。

② 《中共中央文件选集》第十六册，中共中央党校出版社1992年版，第402页。

《关于在各大城市组织群众响应北平学生运动的指示》《关于响应北平学生反美蒋运动的指示》《关于加强对蒋管区学生运动的组织与领导的指示》,要求各大城市地下党组织积极动员群众,响应和支援北平学生的斗争。中共中央强调在斗争中要注意政策和策略,要求在这个运动的基础上,把斗争提高到促使美军全部撤离中国,反对美国干涉中国内政、助长内战,废除中美商约、抵制美货以及其他群众民主要求与经济要求上去。①

在中共地下党组织的领导下,全国各大城市学生积极响应北平学生的反美抗暴斗争,由此掀起了全国范围的反美斗争怒潮。从 1946 年 12 月底到 1947 年 1 月,天津、上海、南京、长沙、台北等几十个大中城市的学生,相继举行游行示威和罢课,抗议美军暴行。1947 年 3 月 8 日,由全国 28 个省、市的代表组成全国学生抗议美军暴行联合总会,在上海正式宣告成立。不久,又有 67 个地区、单位的代表入会。全国学生抗暴联合总会的成立,奠定了以后成立的全国学生联合会的组织基础。对于学生的抗暴爱国行动,北平、上海等地的许多教授、学者和文化界知名人士,纷纷以各种形式支持和声援。在此期间,各民主党派和人民团体也都强烈抗议美军暴行,声援北平学生的斗争。反美抗暴运动迅速席卷全国,表明中华民族不可辱。在这场斗争中,人们进一步认清了美国干涉中国的活动,是与蒋介石的独裁统治和内战政策紧密相连的。在广大人民群众的强烈抗议下,美国政府被迫宣布陆续撤退其驻北平、天津、青岛等地的美军,减少甚至一度中断了对国民党政府的军事援助。中国人民的反美抗暴斗争取得重大胜利。②

国民党政府的独裁、内战、卖国政策,使抗战结束后本就凋敝的国统区经济雪上加霜。严重的经济危机,给广大国统区人民带来深重灾

① 中共北京市委党史研究室编:《解放战争时期第二条战线》(学生运动卷)(上册),中共党史出版社 1997 年版,第 26、40、42 页。

② 周永林、张廷钰编:《马寅初抨官僚资本》,重庆出版社 1983 年版,第 164 页。

难,“民不聊生,民怨沸腾,民变蜂起”,被人们称为国统区的“新三民主义”。

随着内战规模的扩大,国民党政府的军费开支激增,同时工农业产值大幅下降,使财政出现巨额赤字。1947年国民党政府财政总收入约14万亿元法币,总支出为43万多亿元,财政赤字占支出的近70%。其中,军事开支占政府财政总支出的比重超过一半。[①] 巨额的财政赤字,造成恶性通货膨胀,人民的生活水平急剧下降,甚至到了无法生存的边缘。如1947年3月到7月仅5个月中,国统区的上海、南京和江苏、安徽、四川等9省的38个城市就连续发生抢米风潮,参加的城市贫民达17万人。[②]

在此情况下,国统区的工人、市民为求生存、反内战而举行的罢工请愿斗争不断发生。1946年年底发生在上海的市民为反对市政当局取缔摊贩市场举行的请愿游行,是其中较大的一次。由于严重的经济危机,当时许多破产或半破产的中小商人,城市贫民和失业、半失业的工人以及职员和店员等,以高利贷资金购进美国战争剩余物资、粮食、贪官污吏盗卖的“接收”物资、破产商店的存货和贫困家庭出售的旧货等,进行摆摊经营,以维持生计。许多人因生活贫困、购买力低下,纷纷去摊点购买廉价货物。从1946年7月起,上海市政当局以“整顿市容”为名,下令取缔摊贩,引起广大摊主的激愤。11月30日,数千名摊贩举行请愿游行,要求立即释放被捕摊贩,发还被没收的货物。上海警察总局派出大批警察,用水龙喷射群众,甚至开枪射击,致使7人被打死、多人受伤、一部分摊贩被捕。为镇压摊贩反抗,国民党上海当局下令,从1946年12月1日起全市戒严,警察对违反规定者“格杀勿论”。当天,5000多摊贩和市民不顾国民党当局的禁令,再次到黄浦

---

① 张公权:《中国通货膨胀史》,文史资料出版社1986年版,第50、53页。

② 中共中央党史研究室:《中国共产党历史》第1卷(下册),中共党史出版社2002年版,第948页。

和闸北两个警察分局请愿,与军警发生冲突,结果又有10人被打死,百余人受伤,很多人被捕。①

针对国民党的统治危机和可能由此会给人民群众斗争带领的威胁,1947年2月28日,中共中央发出指示,及时提出对国民党统治区的工作方针和斗争策略。其中指出:针对目前蒋的镇压政策,我们应扩大宣传,避免硬碰,争取中间分子,利用合法形式,力求从为生存而斗争的基础上,建立反卖国、反内战、反独裁与反特务恐怖的广大阵线。同时在斗争中要联系到、有时要转移到经济斗争上去,才能动员更广大群众参加,而且易于取得合法形式。有了经济斗争的广大基础,也易于联系到反特务反内战的斗争上去。② 随后,中共有关中央局和城工部根据中央的指示,分析了人民运动的形势,进行了具体部署。注意引导群众从迫切要求解决的生活问题入手,使经济斗争与政治斗争逐步结合,使分散的群众斗争汇成反对美蒋斗争的洪流,使国统区人民的反抗斗争深入地开展下去,这尤其体现在工人运动中。仅1947年,在上海、天津、广州、武汉等主要工业城市就有总计超过120万工人参加反对内战、反对美帝国主义暴行的罢工和示威游行,罢工次数达3000次。

在农村,国民党政府对广大农民横征暴敛、征粮抓丁,引发了许多地区农民的反抗运动。中国共产党的地下党组织发动农民群众开展反征兵、反征粮、反征税的"反三征"斗争,矛头直指国民党的基层政权。到1947年1月,直接或间接发生这一斗争的地方已经遍及国统区的四川、湖南、江苏、安徽、浙江、云南、广东、广西、湖北、福建、江西等省的300多个县,参加群众达到84万人。③

---

① 柳建辉主编、周炳钦著:《中国共产党史稿》第5卷,四川人民出版社2011年版,第166页。

② 参见《周恩来选集》(上卷),人民出版社1980年版,第269页。

③ 参见李新、陈铁健总主编:《中国新民主主义革命通史》第11卷,上海人民出版社2001年版,第631页。

国民党执行的独裁、内战和卖国政策不断加深和急速恶化着国统区的经济和社会危机,这种危机导致国统区的反抗国民党统治的斗争不断高涨。国民党当局为了镇压民众运动,手段愈加残酷,而这反过来又推动国统区人民的反抗斗争更加高涨。与此同时,大陆对岸的台湾省和少数民族聚居的内蒙古、新疆地区,反抗国民党统治集团的群众斗争也有新的发展。国民党统治的破产结局正在加速到来,它已处在全民的包围当中。对此,正如1947年5月30日,毛泽东为新华社写的社评中所说:“和全民为敌的蒋介石政府,现在已经发现它自己处在全民的包围中。”“中国境内已有了两条战线。蒋介石进犯军和人民解放军的战争,这是第一条战线。现在又出现了第二条战线,这就是伟大的正义的学生运动和蒋介石反动政府之间的尖锐斗争。”“中国事变的发展,比人们预料的要快些。一方面是人民解放军的胜利,一方面是蒋管区人民斗争的前进,其速度都是很快的。为了建立一个和平的、民主的、独立的新中国,中国人民应当迅速地准备一切必要的条件。”①

解放战争第二条战线的开辟和壮大,国民党政府迅速失去民心,陷入全民的包围中,归根结底是由于它违背全国人民迫切要求休养生息、和平建国的意愿,执行反人民的独裁、内战和卖国政策。这样,国民党当局就将全国各阶层人民置于饥饿和死亡的界线上,因而迫使全国各阶层人民团结起来,同蒋介石反动政府作你死我活的斗争,除此以外,再无出路。

四、创建人民当家做主的新中国

经过三大战役,加上1948年7月至1949年1月期间济南战役和其他战役,国民党赖以维持其反动统治的主要军事力量基本上被摧

① 《毛泽东选集》第四卷,人民出版社1991年版,第1224、1225、1227页。

毁。1949年元旦,蒋介石发表“求和”声明,企图借“和平谈判”之机争取喘息时间,布置长江防线,以便卷土重来。1月14日,毛泽东以中共中央主席的名义发表关于时局的声明,严正指出:虽然中国人民解放军具有充足的力量和充分的理由,确有把握,在不要很久的时间,全部地消灭国民党反动政府的残余军事力量;但是,为了迅速结束战争,实现真正的和平,减少人民的痛苦,中国共产党愿意在惩办战争罪犯、废除伪宪法和伪法统、改编一切反动军队等八项条件的基础上,同南京国民党政府及国民党地方政府和军事集团进行和平谈判。谈判从4月1日开始。由于国民党政府拒绝在《国内和平协定》上签字,1949年4月21日,毛泽东、朱德发布《向全国进军的命令》。人民解放军第二、第三野战军在东起江阴、西至湖口,长达1000多里的战线上强渡长江天险,一举摧毁国民党苦心经营了3个半月的长江防线。4月23日,人民解放军占领南京,宣告延续了22年之久的国民党反动统治的覆灭。随后,解放军第一、第二、第三、第四野战军所部各路大军继续向中南、西北、西南各省举行胜利的大进军,分别以战斗方式或和平方式,迅速解决残余敌人,解放广大国土。国民党蒋介石集团被人民赶出中国大陆,逃亡中国台湾省。

随着解放战争的胜利发展,建立新中国的任务被提上了历史日程,这得到了民主党派的赞成和支持。中国各民主党派是中国共产党领导的爱国统一战线的重要组成部分。中国的民主党派,少数成立于大革命时期和十年内战时期,多数成立于抗日战争和全国解放战争时期。主要是:中国国民党革命委员会(简称“民革”)、中国民主同盟(简称“民盟”)、中国民主建国会(简称“民建”)、中国民主促进会(简称“民进”)、中国农工民主党(简称“农工党”)、中国致公党、九三学社、台湾民主自治同盟(简称“同盟”)。抗日战争胜利后,民主党派在中国的政治舞台上比较活跃,中国共产党对各民主党派采取了积极的争取和团结的政策,中国共产党与民主党派的合作,对于中国人民解放事业的发展起到了积极的作用。民主党派曾经幻想中国走资产阶级共和国的道路,但历史经验表明,这个方案在中国是行不通的。中国各民主党派和无党派人士的绝大多数人,经过实践的教育,确认了中国共产党关于通过建立人民共和国、走向社会主义的政治主张的正确性;认识到只有接受中国共产党的领导,才能在中国政治生活中有效地发挥积极作用,才有光明的前途。中国共产党领导的多党合作和政治协商制度,是在这个基础上形成的。它符合中国历史发展的规律和中国人民的根本利益,也符合各民主党派和无党派民主人士的意愿。

在 1948 年 9 月召开的中共中央政治局会议上,毛泽东论述了即将成立的新中国的国体,即国家政权的阶级性。他说:“我们政权的阶级性是这样:无产阶级领导的,以工农联盟为基础,但是不仅仅工农,还有资产阶级民主分子参加的人民民主专政。”[①]关于新中国的政体,即国家政权的组织形式,他说:我们“不必搞资产阶级的议会制和三权鼎立等”,这套东西“袁世凯、曹锟都搞过,已经臭了”,我们应当“建立民主集中制的各级人民代表会议制度”。[②]

1949 年 3 月召开的中共七届二中全会,规定了党在全国胜利后在政治、经济、外交方面应当采取的基本政策,指出了中国由农业国转变为工业国、由新民主主义社会转变为社会主义社会的发展方向。在这次会议上,毛泽东告诫全党,夺取全国胜利,这只是万里长征走完了第一步,中国的革命是伟大的,但革命以后的路更长,工作更伟大、更艰苦。据此,他提出了“两个务必”的思想,即“务必使同志们继续地保持谦虚、谨慎、不骄、不躁的作风,务必使同志们继续地保持艰苦奋斗

① 中共中央文献研究室、中央档案馆编:《建党以来重要文献选编》(1921~1949)第二十五册,中央文献出版社 2011 年版,第 446 页。

② 中共中央文献研究室、中央档案馆编:《建党以来重要文献选编》(1921~1949)第二十五册,中央文献出版社 2011 年版,第 446 页。

的作风”。[①] 在胜利面前,毛泽东保持着清醒的头脑。他告诫全党,必须警惕糖衣炮弹的攻击,不要在这种攻击面前打败仗。全会还根据毛泽东的提议,做出不给党的领导者祝寿,不送礼,少敬酒,少拍掌,不用党的领导者的名字作地名、街名和企业的名字,不要把中国同志和马克思、恩格斯、列宁、斯大林并列等有关规定。在中共中央离开西柏坡时,毛泽东说,我们进北平,可不是李自成进北京,他们进了北京就变了。我们共产党人进北京,是要继续革命,建设社会主义,直到实现共产主义。他把进北平比作“进京赶考”,说“我们决不当李自成,我们都希望考个好成绩”。[②]

为了向全国人民公开阐明中国共产党在建立新中国问题上的主张,在中国共产党成立28周年的前夕,1949年6月30日,毛泽东发表了《论人民民主专政》一文,明确指出,人民民主专政需要工人阶级的领导。因为只有工人阶级最有远见,大公无私,最富于革命的彻底性。人民民主专政的基础是工人阶级、农民阶级和城市小资产阶级的联盟,而主要是工人和农民的联盟,因为这两个阶级占了中国人口的80%—90%。推翻帝国主义和国民党反动派,主要是这两个阶级的力量;由新民主主义到社会主义,主要依靠这两个阶级的联盟。他指出,我们还必须利用一切于国计民生有利而不是有害的城乡资本主义因素,团结民族资产阶级。但是民族资产阶级不能充当革命的领导者,也不应当在国家政权中占主要的地位。

中共七届二中全会的决议和毛泽东的《论人民民主专政》,在理论和政策上奠定了《中国人民政治协商会议共同纲领》的基础。

完成创建新中国的任务,是由中国人民政治协商会议来承担的。1949年9月21日,中国人民政治协商会议第一届全体会议在北平中

---

① 《毛泽东选集》第四卷,人民出版社1991年版,1438—1439页。

② 参见黄宏主编:《西柏坡精神》,人民出版社2004年版,第74页。

南海怀仁堂隆重开幕，参加会议的代表共 662 人。新政协筹备会主任、中共中央主席毛泽东在开幕词中向全世界豪迈地宣告："我们的工作将写在人类的历史上，它将表明：占人类总数四分之一的中国人从此站立起来了。""我们的民族将从此列入爱好和平自由的世界大家庭，以勇敢而勤劳的姿态工作着，创造自己的文明和幸福，同时也促进世界的和平和自由。我们的民族将再也不是一个被人侮辱的民族了，我们已经站起来了。"①

会议通过了《中国人民政治协商会议共同纲领》（简称《共同纲领》）。其中规定："中华人民共和国为新民主主义即人民民主主义的国家，实行工人阶级领导的、以工农联盟为基础的、团结各民主阶级和国内各民族的人民民主专政"；"中华人民共和国的国家政权属于人民。人民行使国家政权的机关为各级人民代表大会和各级人民政府"；"各级政权机关一律实行民主集中制"。②《共同纲领》中还规定："中华人民共和国境内各民族一律平等。""各少数民族聚居的地区，应实行民族区域自治"③；"各少数民族均有发展其语言文字、保持或改革其风俗习惯及宗教信仰的自由。人民政府应帮助各少数民族的人民大众发展其政治、经济、文化、教育的建设事业"，"使中华人民共和国成为各民族友爱合作的大家庭"④。对于新中国的经济工作，《共同纲领》中规定："以公私兼顾、劳资两利、城乡互助、内外交流的政策，达到发展生产、繁荣经济之目的。"⑤国家应调剂国营经济、个体经济、私人资本主义经济等，"使各种社会经济成分在国营经济领导之

---

① 《毛泽东文集》第五卷，人民出版社 1996 年版，第 343、344 页。

② 中共中央文献研究室、中央档案馆编：《建党以来重要文献选编》（1921～1949）第二十六册，中央文献出版社 2011 年版，第 759、760、761 页。

③ 中共中央文献研究室、中央档案馆编：《建党以来重要文献选编》（1921～1949）第二十六册，中央文献出版社 2011 年版，第 768 页。

④ 同上，第 767 页。

⑤ 同上，第 763 页。

下,分工合作,各得其所,以促进整个社会经济的发展"①。关于外交工作,《共同纲领》规定,新中国外交工作的原则,是"保障本国独立,自由和领土主权的完整,维护国际的持久和平和各国人民间的友好合作,反对帝国主义的侵略政策和战争政策"②。

《共同纲领》在当时是全国人民的大宪章,起着临时宪法的作用。会议通过了中央人民政府组织法,一致选举毛泽东为中央人民政府主席,朱德、刘少奇、宋庆龄、李济深、张澜、高岗为副主席,陈毅等 56 人为中央人民政府委员会委员。随后,中央人民政府委员会任命周恩来为政务院总理兼外交部部长。

9 月 30 日,中国人民政治协商会议第一届全体会议闭幕,创建中华人民共和国的筹备工作胜利完成。随后,10 月 9 日,中国人民政治协商会议第一届全国委员会在北京举行第一次会议,选举毛泽东为政协第一届全国委员会主席。人民政协的召开,标志着中国的新型政党制度——中国共产党领导的多党合作和政治协商制度的确立。

随着国民党反动统治的覆灭和中华人民共和国的创建,中国新民主主义革命赢得了基本的胜利。中国革命的发生不是偶然的,它有着深刻的社会根源和雄厚的群众基础。由于帝国主义、封建主义、官僚资本主义的残酷压迫,中国人民走上了反帝反封建反官僚资本主义斗争的伟大道路。工人、农民、城市小资产阶级群众是民主革命的主要力量,在他们中间,涌现出了无数无畏的英雄和不屈的战士。随着斗争的发展,民族资产阶级也逐步向共产党靠拢,这种现象曾经被人称作是"开万国未有之奇"。各民主党派和无党派民主人士、各少数民族、爱国的知识分子和华侨等,都在这场斗争中发挥了积极的作用。没有广大人民和各界人士的广泛参加和大力支持,中国革命的胜利是

---

① 同上,第 763 页。
② 同上,第 735 页。

不可能的。

中国革命之所以能够走上胜利发展的道路,是由于有了中国工人阶级的先锋队——中国共产党的领导。中国共产党作为工人阶级的政党,不仅代表着中国工人阶级的利益,而且代表着整个中华民族和全中国人民的利益。中国共产党人在革命过程中始终英勇地站在斗争的最前线。"没有共产党,就没有新中国。"这是中国人民基于自己的切身体验所确认的客观真理。这一点,甚至也得到了来自国民党营垒的一些人士的肯定。1949 年 6 月 26 日,留在北平的原国民党政府代表团团长张治中在他所发表的《对时局的声明》中说:"我居留北平已八十多天了,以我所见所闻的,觉得处处显露出一种新的转变、新的趋向,象征着我们国家民族的前途已显露出新的希望。"①他说:"我以国民党党员一分子的立场只有感到无限的惭疚,但是站在国民一分子的立场说,又觉得极大的欣慰。我们中国人毕竟还有能力把国家危机挽转过来,还可希望把国家搞好,断不是一个没出息的民族,已可得到证明。"②

中国人民的反帝反封建反官僚资本主义的革命斗争,是在中国共产党的领导下,在它所提出的新民主主义的理论、纲领、路线和方针政策的指引下,经过长期的艰苦曲折的斗争,逐步取得胜利的。无产阶级领导的,人民大众的,反对帝国主义、封建主义和官僚资本主义的革命,这就是中国共产党在新民主主义革命阶段的总路线和总政策。中国共产党在领导人民革命的过程中,积累了丰富的经验,锻造出了有效的克敌制胜的武器。毛泽东指出:"统一战线,武装斗争,党的建设,是中国共产党在中国革命中战胜敌人的三个法宝,三个主要的法

---

① 沙健孙主编:《中国共产党史稿》(1921—1949)第五卷,中央文献出版社 2006 年版,第 497 页。

② 同上,第 497 页。

宝。”①中国共产党正是在长期的斗争实践中，把自己锻炼成了一个有纪律的、有马克思列宁主义的理论武装的、采取自我批评方法的、联系人民群众的党，成为掌握统一战线和武装斗争这两个武器以实行对敌冲锋陷阵的英勇战士，成为全国各族人民拥戴的领导核心。

人民民主专政的新中国的创建，标志着近代以来中国面临的争取民族独立、人民解放这个历史任务的基本完成，这就为中国人民集中力量进行建设，以实现国家的繁荣富强和人民的共同富裕，创造了前提，开辟了道路。

① 《毛泽东选集》第二卷，人民出版社1991年版，第606页。

第三章
坚持以人民为中心与社会主义的实践探索及曲折发展

1949年10月1日下午,首都北京30万军民在天安门广场隆重举行开国大典。毛泽东庄严宣告:"中华人民共和国中央人民政府今天成立了。"中华人民共和国的成立,彻底结束了旧中国半殖民地半封建社会的历史,彻底结束了旧中国一盘散沙的局面,实现了中国从几千年封建专制政治向人民民主的伟大飞跃,实现了中国高度统一和各民族空前团结。中国人民从此站起来了!中国人民从此把命运牢牢掌握在自己手中,成为国家、社会和自己命运的主人!同时,在党和人民面前,还存在很多亟需解决的困难,面临着很多严峻的考验。新生的人民政权能不能站得住脚,中国共产党能不能管好国家,这在相当一部分群众中仍然是一个疑问,亟待中国共产党人用自己的行动和实践来作出回答。国际间的朋友和敌人也在注视和等待着这个回答。面对复杂形势和种种考验,党采取一系列积极稳健的政策措施,秉持以人民为中心的初心,领导全国各族人民满怀信心地迎接挑战,为实现国家富强、人民幸福而奋斗,踏上了带领人民创造幸福美好生活的新征程。

第一节　保卫和巩固人民胜利成果

一、追缴残余敌人，基本完成祖国统一任务

1949年中华人民共和国的成立，为中国人民摆脱贫穷落后的面貌、实现国家富强和人民共同富裕奠定了基础，为中国人民过上美好生活创造了根本社会条件。毛泽东满怀信心地宣告："中国人民将会看见，中国的命运一经操在人民自己的手里，中国就将如太阳升起在东方那样，以自己的辉煌的光焰普照大地，迅速地荡涤反动政府留下来的污泥浊水，治好战争的创伤，建设起一个崭新的强盛的名副其实的人民共和国。"这一声宣告，标志着中国人民真正成为了国家的主人，中华民族的发展从此开启了新的历史纪元。

不过，中华人民共和国在成立初期，也面临着许多严重的困难和一些紧迫的问题。这对于刚刚执掌全国政权的中国共产党来说，是新的严峻考验。这当中首要的就是能不能保卫住人民胜利的成果，巩固新生的人民政权。当时，解放全中国的任务还没有完成；国民党从大陆撤退时遗留下的100余万军队、200多万政治土匪及60多万特务分子还有待肃清；在广大城乡，反动会道门和传统黑恶势力还危害着人民的生命财产安全；在广大的新解放区还没有进行废除封建土地制度的改革。与此同时，新中国的诞生，打破了帝国主义在东方划定的势力范围，这是以美国为首的西方资本主义阵营不愿意看到的。它们企图通过实行强硬的对华政策，即政治上孤立、经济上封锁、军事上威胁的政策，从根本上搞垮新中国。针对这些情况，中国共产党紧紧依靠广大人民群众，迅速和胜利地完成了民主革命的遗留任务，保卫了人民胜利成果，有力巩固了新生的人民政权。

中华人民共和国宣告成立时，全国尚有西南、华南、东南大片土地有待解放。开国大典的当天，中国人民解放军总司令朱德签发《中国人民解放军总部命令》。命令指出："现在我们的战斗任务还没有最后完成。残余的敌人还在继续勾引外国侵略者，进行反抗中华人民共和国的反革命活动。我们必须继续努力，实现人民解放战争的最后目的。"[①]为此，中国人民解放军全体指战员及工作人员，须"坚决执行中央人民政府和伟大的人民领袖毛主席的一切命令，迅速肃清国民党反动军队的残余，解放一切尚未解放的国土"[②]。

中华人民共和国成立的时候，国民党残余势力仍在广州设立国民党中央党部及所谓"国民政府"。1949 年 10 月 1 日，中共中央华南局发表《告广东人民书》，号召广东各界群众紧急地动员起来支援解放战争，彻底扫除残敌，协助接管城市乡村，建立革命秩序，恢复和发展生产。[③] 得到广东各界人民群众的欢迎和支持。为阻止解放军南下广东，国民党华南军政长官余汉谋布置总计 15 万人兵力于曲江、英德、从化等地区，企图阻止人民解放军入粤。但这个"余汉谋防线"彻底丧失人心，无法阻挡解放军南下的步伐。10 月 14 日，广州宣告解放。国民党中央党部及所谓"国民政府"被迫迁往重庆。与此同时，在湖南，人民解放军发起衡（阳）宝（庆）战役。此役全歼国民党桂系部队精锐，解放了湘南、湘西大部地区。随后，解放军紧随白崇禧部进入广西，发动广西战役。12 月 14 日，人民解放军攻克镇南关（今友谊关），广西全境宣告解放。1950 年 2 月 19 日，在原国民党云南省主席卢汉宣布云南起义的基础上，云南全境宣告解放。在人民解放军迅速解放广西、云南的同时，解放贵州、四川、西康等省的任务也迅速推进。

---

① 中共中央文献研究室编：《建国以来重要文献选编》第一册，中央文献出版社 1992 年版，第 22 页。

② 同上，第 22 页。

③ 《中共中央华南分局号召广东人民 紧急动员配合解放全广东》，《人民日报》1949 年 10 月 13 日，第 1 版。

1949 年 11 月 30 日，重庆解放，蒋介石乘坐飞机逃往成都，国民党中央党部与所谓“国民政府”也随之迁往成都。12 月 9 日，原国民党政府西康、四川等省的主要官员在雅安联名发表通电，宣布起义。次日，蒋介石和国民党主要党政官员逃亡台湾。12 月 27 日，成都宣告解放，解放中南、西南广大地区的任务基本完成。在此前后，解放东南地区的任务也基本完成。1950 年 5 月 1 日，海南岛全境宣告解放。

在西北，1949 年 10 月 10 日起，人民解放军分由甘肃酒泉、玉门与安西地区向新疆进发。10 月 13 日，解放军进驻哈密。部队还没有进入哈密城时，“即有维吾尔族人民夹道欢迎，他们拿着哈密甜瓜送给解放军的战士们，表示对人民解放军的热爱和慰劳”①。而迪化（乌鲁木齐）市各界欢迎解放军代表团，亦远道赶到哈密城外列队欢迎。“解放军在雷鸣似的掌声和维、汉语言交汇的欢呼声中，通过大道两旁的漫长的欢迎行列，缓缓进入哈密城。”②10 月 20 日，人民解放军进驻迪化（乌鲁木齐）市，“是日，热烈欢迎的迪化各族各界男女老少，充满市郊，呼声雷动，盛况空前”③。1950 年 3 月，进疆部队胜利完成各项进驻任务。

1949 年 10 月 1 日，居住在青海的藏族宗教领袖班禅额尔德尼致电毛泽东、朱德，表示拥护中央人民政府，期望西藏早日解放。1950 年 1 月，班禅堪布会议厅（班禅额尔德尼系统管理政教事务的机构）又致电毛泽东、朱德，要求“速发义师，解放西藏，肃清反动分子，驱逐在藏帝国主义势力，巩固西南边防，解放西藏人民”④。1950 年 5 月 17 日，

---

① 《我军源源开入新疆　进驻哈密继续西进　沿途受到各族人民热烈欢迎》，《人民日报》1949 年 10 月 17 日。

② 《我军源源开入新疆　进驻哈密继续西进　沿途受到各族人民热烈欢迎》，《人民日报》1949 年 10 月 17 日。

③ 《我军进驻迪化市　鲍尔汉电毛主席朱总司令报告欢迎盛况》，《人民日报》1949 年 10 月 22 日。

④ 中华人民共和国国务院新闻办公室：《西藏和平解放 60 年》，人民出版社 2011 年 7 月版，第 7 页。

中共中央就进军西藏的方针问题发出指示,强调:“军事进攻的同时,利用一切可能进行政治争取工作是十分必要的。这里的基本准备问题是西藏方面,必须驱逐英帝国主义的侵略势力,准许人民解放军进入西藏。我们方面则可承认西藏的政治制度,连同达赖的地位在内,以及现有的武装力量、风俗习惯概不变更,并一律加以保护。”[①]6月,中共中央批准了关于西藏的十项政策,作为和西藏地方当局谈判以和平解放西藏的依据。当中明确提出,实行西藏民族区域自治;尊重西藏人民的宗教信仰和风俗习惯;发展西藏民族的语言文字和学校教育;发展西藏的农牧工商业,改善人民生活等政策,并指出有关西藏的各项改革事宜,完全根据西藏人民的意志,由西藏人民及领导人员采取协商方式解决。[②] 1951年春,西藏地方当局响应中央人民政府和平解放西藏的号召,派出以阿沛·阿旺晋美为首席全权代表的和谈代表到达北京,同李维汉为首席代表的中央人民政府代表进行谈判。1951年5月21日,双方达成了《中央人民政府和西藏地方政府关于和平解放西藏办法的协议》。[③] 1951年5月23日,中央人民政府与前西藏地方政府双方的全权代表在北京,于“伟大祖国国旗和国徽下庄严地举行关于和平解放西藏办法的协议的签字仪式”,西藏宣告和平解放。[④]

二、建立各级党政机关,人民开始行使当家做主的民主权利

截至1949年年底,在全国地方各级党组织中,已总计有中共东北、西北、华北、华东、中南和西南6个地方中央局,山东、华南、内蒙古和新疆4个中央分局,河北、平原等24个省委及川北、苏南等17个区

① 军事科学院军事历史研究部编著:《中国人民解放军战史》第三卷,军事科学出版社1987年版,第392页。

② 《当代中国丛书》编辑部编辑:《中国人民解放军》(上卷),当代中国出版社1994年版,第85—86页。

③ 同上,第87页。

④ 《和平解放西藏问题取得协议》,《人民日报》1951年5月28日。

党委,北京、上海等134个市委,另有218个地委和盟委,2142个县委和旗委,15494个分区委,约20万个支部,全国共有党员450万人以上。而在中共中央委员会,属下各机关、办事机构及其他相关部门,也都进一步健全或迅速建立起来。[①] 各级党组织的建立,不断巩固党的执政地位、对全面加强党的领导、夯实党的执政根基,不断增强为人民服务的思想自觉和行动自觉发挥了积极作用。

与此同时,在中国共产党领导下,从中央、大行政区直到基层的国家政权体系也建立起来。新中国建立时,已建立人民政权的老解放区占全国面积的1/3。新中国成立前后,伴随中央人民政府的成立,新解放区的各级地方政权机关也逐步建立起来。其一般过程是:首先在新解放区实行军事管制,由上级军事管制委员会组织建立该地区的军事管制委员会;同时也通过自下而上的委任,组成地方人民政府,并根据可能,将权力逐步向人民政府转移。军事管制时期的长短,一般是根据各地的实际,在当地完成恢复社会秩序、建立系统的革命政权机关和临时的各界代表会、建立可靠的群众组织等项任务的情况而定的。这个制度的实行,对维护新旧政权交替时期的社会稳定,恢复并维持正常的生产生活秩序等起到了很好的作用。

面对执政初期的严峻考验,为保证政令的统一、畅通,中央人民政府决定在中央和省两个行政层级中间加设大行政区。毛泽东于1949年12月在中央人民政府委员会第四次会议上对此解释说:“中国是一个大国,必须设立这样一级的有力量的地方机构,才能把事情办好。应该统一的,必须统一,决不许可各自为政;但是统一和因地制宜必须互相结合。在人民的政权下,产生像过去那样的封建割据的历史条件已经消灭了,中央和地方的适当的分工将有利而无害。”[②]那次会议也

① 王建英编:《中国共产党组织史资料汇编——领导机构沿革和成员名单》,中共中央党校出版社1995年版,第905页。

② 《中央人民政府委员会举行第四次会议》,《人民日报》1949年12月4日。

宣告东北、西北、华东、中南、西南五个大行政区建立。1952 年年底，又在华北人民政府的基础上建立了华北大行政区。1954 年年底，为适应社会主义改造的需要，大行政区制撤销。

1950 年 1 月和 12 月，政务院通过了省、市、县人民政府组织通则和区、乡人民政府组织通则，对各级地方政权的隶属关系、组成、职权、机构等做出了明确的规定，使得建政工作有了初步的法规规范。到新中国成立两周年的时候，全国已经建立了 28 个省人民政府，1 个自治区人民政府（内蒙古），9 个相当于省的行政公署，12 个中央和大行政区直属的市人民政府，67 个省辖市人民政府，2087 个县人民政府。[①]

各级党政机关的建立，为人民行使当家做主的权利奠定了坚实的基础。在此基础上，为了更好地保障人民当家做主的权利，由于新中国成立之初还不具备召开各级人民代表大会的条件，《中国人民政治协商会议共同纲领》第十四条规定：凡人民解放军初解放的地方，在条件许可时召集各界人民代表会议（简称“各代会”）。在普选的地方人民代表大会召开以前，由地方各界人民代表会议逐步地代行人民代表大会的职权。[②]

1949 年 8 月中旬，北平各界代表会议召开，毛泽东于 8 月 13 日出席会议并讲话。毛泽东说：希望全国各城市都能迅速召集同样的会议，加强政府与人民的联系，协助政府进行各项建设工作，克服困难，并从而为召集普选的人民代表大会准备条件。一俟条件成熟，现在方式的各界人民代表会议即可执行人民代表大会的职权，成为全市的最高权力机关，选举市政府。[③] 随后，南京、天津、杭州、武汉等城市也都纷纷召开各界代表会议。

9 月 16 日，新华社发表《迅速召开各界人民代表会议》的社论，强

---

① 郭德宏：《中国共产党的历程》第二卷，河南人民出版社 2001 年版，第 15 页。
② 《中国人民政治协商会议共同纲领》，《人民日报》1949 年 9 月 30 日。
③ 《北平各界代表会议第五日毛主席亲临讲话》，《人民日报》1949 年 8 月 14 日。

调:这种组织形式,要比临时参议会好得多,它可更广泛而有效地联系群众,并洗涤旧的政权机构的官僚主义的遗毒,使人民政权在群众中面貌一新。各代会又要比各界、各业的座谈会能更经常而宽广地联系群众,因为它可经常地定期召开代表会议,通过各界代表沟通政府与人民的关系。社论认为,经过各代会和会议代表在会内会外的活动,可以把各阶层人民的意见集中起来,使人民政府能够更清楚地了解社会生活的各方面以及目前存在着的问题,更准确地规定施政方针和重要措施,取得群众的拥护,成为人民群众自己的行动纲领;经过各代会和会议代表的讨论和工作,又可使各阶层人民由其本身利益出发的不同主张、要求和意见,得到充分的申述和沟通的机会,特别是诸如公私关系、劳资关系、房客和房主关系等这些涉及广大人民生活而又最易发生纠纷的重大问题,可以谋取一致的协议,使各界人民能在人民政府领导下更亲密地团结起来,而人民政府在今后施政方面也能更全面而妥善地照顾各阶层人民的利益。

更为重要的是,社论还对如何切实有效地发挥各代会作用提出了明确要求。其一,是开会以前必须有充分的准备,使每个代表都有充分的代表性。其二,会议时间不要太长,但必须充分发扬民主,吸收各界代表参加会议中的各项工作和活动。其三,会议闭幕以后,应该发动代表们充分利用报纸、广播电台和群众集会场合,向各工厂、学校、团体、机关,向他们所代表的单位和群众,进行传达和报告,并发动人民群众讨论政府的工作报告和会中的重要决议,使会议的决议真正为群众所了解和接受,成为群众的行动。社会强调,不仅 3 万人口以上的城市一律应当召开各代会,在新解放区的县也应一律召开全县性的各代会,以此作为人民政府与各界人民群众发生密切联系的机关。在县以下的区和乡,则召开农民代表会议。①

---

① 《迅速召开各界人民代表会议》,《人民日报》1949 年 9 月 17 日。

中央有关迅速召开各代会和切实有效发挥各代会密切党群、政群关系作用的指示和要求,在各地得到了迅速和有力的贯彻。在初步总结经验的基础上,1949 年 12 月 3 日,中央人民政府委员会举行第四次会议,通过省、市、县各代会组织通则。到 1949 年年底,全国大部地区都先后召开了各代会(有条件的地方则召开了人民代表大会)。北京、天津、唐山等市召开的第二届各代会已经代行了人民代表大会职权,选举了市人民政府。1950 年 12 月,政务院又先后通过了区、乡各代会组织通则。1951 年 4 月,政务院发出《关于人民民主政权建设工作的指示》和《关于十万人口以上的大城市召开区人民代表会议的指示》,对进一步明确和发挥各代会的重大功能做出了规定。至 1951 年 10 月,即新中国成立两周年之时,全国 30 个省、2 个省级行署区、160 个市、2174 个县(包括相当于县级的行政单位)和约 28 万余个乡,不仅建立了人民政府,而且都已经召开了人民代表会议。其中,有 19 个省、85 个市、436 个县和绝大多数的乡选举了各该级人民政府委员会。全国各级各代会代表总计达到 1363.7 万人。到 1952 年年底,除台湾外,全国所有省、市、县、区、乡都已召开了人民代表会议。其中部分各代会代行了人民代表大会的职权。各级人民代表会议的召开和行使职能,不但充分说明中国共产党领导的各级政府是真正的人民的政府,人民能够充分地行使自己的民主权利,而且通过人民代表会议(农民代表会议)这个载体,实现了"变党的意图为群众自己的事"。

三、继续实行土地制度的改革

新中国成立时,除了 1 亿多人口的老解放区已经完成土地改革外,广大新解放区的土改工作尚未进行。1950 年 6 月,中央人民政府出台《中华人民共和国土地改革法》,由此启动了新解放区轰轰烈烈的土地改革。

在当时,中国共产党在新解放区的土地改革工作的总路线是:依靠贫农、雇农,团结中农,中立富农,有步骤有分别地消灭封建剥削制度,发展农业生产。《中华人民共和国土地改革法》与1947年的《中国土地法大纲》相比,有两个显著变化。一个是,没收地主的土地、耕畜、农具、多余的粮食及其在农村中多余的房屋,但不再没收地主的衣物、现金或底财等其他财产;另一个就是,不再征收富农多余的土地,而是保存富农经济。而在具体的土改过程中,也更为强调在执政条件下,土地改革不能单单依靠群众运动的方式去完成,而是需要将有关土改的许多重大事项上升为国家意志,运用法律的方式去解决。为此,中共七届三中全会决定组织由刘少奇负责的全国土地改革委员会。紧接着,经中央人民政府委员会批准,华东、中南、西南、西北四个有土地改革任务的大区,均设立了土改委员会。各省、专署、县也相应地成立了土改委员会,负责本省、本专区、本县的土改工作。土改委员会的任务,主要是订立土改细则,主持土改干部的训练,宣传解释土地改革法,检查土地改革法执行情况,组织和领导各方面参加土改的人员下乡,进行有关土改工作的调查统计等。此外,各地还组织工作队,深入农村发动和帮助农民土改。工作队下乡之前,都经过严格的训练。与此同时,各地还利用各种方式,广泛地宣传土地改革的必要性。

各大区和各省全面发动土改之前,均进行了土改典型试验,然后再分批推进。各地的试验都得出一个共同的结论:充分发动群众是土改成功的关键。在此基础上,各大区制订并颁布了《中华人民共和国土地改革法》的实施办法,根据本地区的实际,作了细化和具体化,从而使《中华人民共和国土地改革法》更具有可操作性。历史事实表明,新解放区的土改,一般都经过了发动群众、划分阶级、没收与征收、分配土地财物、土改复查等五个阶段。与此同时,对于一些特殊的土地问题,即城市郊区、少数民族地区、侨区的土地问题,也基本上都得到了妥善解决。

到1952年9月,全国约有3亿农业人口的地区,在3年之中完成了土地改革;加上之前已经完成土改工作的老解放区,完成土改地区的农业人口已占全国农业人口总数的90%以上。除新疆、西藏等少数民族地区及台湾以外,全国只有3000万农业人口的地区尚未完成土地改革。到这时,土地改革运动已在全国范围内基本结束,占中国绝大多数人口的农民群众获得了翻身解放。

为中国人民谋幸福、为中华民族谋复兴是党的初心和使命,高度重视并审慎稳妥推进农村土地制度变革,有力推动了中国革命、建设、改革的进程。土地制度的一系列变革,既从土地所有制层面保障了农民占有、使用和利用土地的公平公正,避免了农民因土地兼并而破产,极大提高了农民生活水平,又为支持国家工业化进程创造条件。

四、开展镇压反革命运动

1949年4月下旬在人民解放军突破长江、解放南京后,国民党反动派即开始制订"关于大陆失陷后组织全国性游击武装的应变计划",企图在大陆建立15个所谓重点"游击根据地",同时,开始实施培养"游击骨干"的计划,专门招收国民党军队中下级退役军官,地方政府的乡长、保长,地方上势力较大的恶霸、地主,各地有名的会道门、青红帮头子,流落江湖的鸦片贩子以及杀人越货、打家劫舍的惯匪等,进行"政治训练"。一时间,华东、中南、西南、西北各地匪患四起。他们无恶不作,严重威胁着广大新解放区的社会秩序和人民生命财产安全。例如在湖南的湘西地区,这里历史上匪患本来就比较严重,国民党的纵匪害民政策,更助长了当地恶霸土匪的气焰。这些罪大恶极的匪霸,杀人放火,奸淫掳掠,无所不为,被杀全家、灭三族、烧全村者屡见不鲜。他们强奸妇女,老幼亦难幸免。匪首汪援华强奸民女即达40余人。1949年该匪部攻入沅陵县城,被强奸者达300余人。土匪打家劫舍,所到之处十室九空。[①] 再如在川北地区,1950 年 3 月 12 日,本已宣布投诚的驻绵竹原国民党军一部叛变,勾结当地土匪,杀害党政军干部和战士 400 余人。据统计,在整个 1950 年上半年,川北地区共发生匪特暗杀 47 起,纵火 199 起,放毒 259 起。仪陇县恶霸李树林勾结土匪,组织一支 20 多人的"放毒队",在几个乡同时放毒,中毒者多达 2800 余人。

中国共产党坚决捍卫广大人民群众的利益和安全,充分发动和依靠群众,对各种反革命活动和势力予以坚决打击。1949 年 8 月 6 日,新华社发表题为《肃清特务土匪,巩固革命秩序》的社论,指出在人民解放军消灭或击溃国民党匪军,解放广大的城市和乡村以后,如果许多地方仍为特务土匪和反动势力所控制,则人民仍然要受苦,一切革命工作无法展开。因此,必须发动大批干部和革命的工人、学生下乡,动员广大农民,配合人民解放军的武装力量,肃清土匪特务,并进而有系统地有步骤地进行各种社会改革,这应该成为一个时期的中心任务。[②] 按照中共中央的指示,各地立即开展肃匪反特工作,同时展开政治攻势,促使土匪投降自新。从 1949 年 5 月到 1950 年 5 月,在一年剿匪作战中,共歼灭土匪游击队 98 万人,初步稳定了新解放区的社会局势。

与此同时,针对各种反革命活动在短时间内日趋严重的紧张趋势,中共中央决定采取更加强有力的措施,于 1950 年 3 月 18 日发出《关于镇压反革命活动的指示》。人民解放军在当地人民的支持下,在 1950 年下半年开始了第二阶段的剿匪作战。到 1951 年年初,新解放区的股匪已基本上被歼灭,匪乱已基本平息。针对仍有极少数股匪得以逃脱,一些被击溃的散匪、残匪也流窜于腹心地区的情况,中共中央

---

① 周赤萍:《湘西的历史面貌改变了》,《人民日报》1951 年 1 月 13 日。

② 中央档案馆编:《中共中央文件选集》第十八册,中共中央党校出版社 1992 年版,第 547 页。

指示,“以地方武装及民兵继续坚持清捕,直至完全消灭匪众为止”[①]。到1952年年底,大规模的清剿土匪的斗争基本结束。在两年多的时间里,全国共消灭土匪267.59万人,肃清了在历史上长期危害人民的匪患。

按照中共中央关于镇压反革命活动的指示,各地在采取大规模军事行动摧毁匪特武装力量的同时,也积极发动群众,严厉打击和镇压其他各种反革命活动。国民党统治中国的20多年间,建立了庞大的特务机构,败走台湾时更有计划地布置潜伏了一大批特务和反动党团分子,据当时的粗略估计,二者大概各有60万人。即使已经撤至台湾,国民党仍不断地向大陆派遣间谍、特务。另外,旧中国遗留下来的反动会道门组织的“香火”也很旺盛,最典型的是遍布城乡、道徒甚众的“一贯道”。他们以编造的“箴言谶语”造谣惑众,诋毁党的政策,以制造混乱。再加上农村地区的恶霸势力,几股反革命势力交汇融合,严重威胁着新生人民政权的巩固。

在新中国成立前后,各地公安部门已经对各类反革命分子进行了清查搜捕,勒令反动党团骨干分子登记,取消各种反动会道门组织,反恶霸斗争更是成效显著。1950年10月10日,中共中央再次发出《关于镇压反革命活动的指示》(即“双十指示”),强调为了巩固与发展中国人民的胜利,必须镇压一切反革命活动,必须坚决地肃清各类反革命分子,这得到广大人民群众的热烈拥护。例如,彭真于1951年2月12日在中央人民政府委员会第十一次会议上作报告时就说:“当各地坚决镇压反革命活动,枪毙重要匪首、惯匪、恶霸、特务及反动会道门头子的时候,群众所表现的不是恐慌和震动,而是掌声如雷,欢呼万岁,或者放鞭炮来庆祝。”[②]镇压反革命工作很快成为一场社会各界广

① 《建国以来毛泽东文稿》第二册,中央文献出版社1988年版,第144页。

② 中共中央文献研究室编:《建国以来重要文献选编》第二册,中央文献出版社1992年版,第52页。

泛参与的群众运动。例如北京市1950年10月至次年2月共召开各种群众大会近3万次,参加人数累计330余万人次,而当时北京市的人口才不过200多万。在广泛深入的动员工作影响下,人民群众纷纷检举揭发、协助追捕各类反革命分子。到1951年8月,东北地区共收到检举信16万封,上海市则揭发出反革命分子2.9万人。曾经勾结帝国主义捕杀李大钊等人的军统特务吉世安,帮助日寇捕杀抗日女英雄赵一曼的吴树柱,杀害刘胡兰的张全宝、侯雨田纷纷落网。

据公安部1954年统计,镇压反革命运动中,共关押反革命分子129万人(其中刑满释放45万人),管制123万人(管制期满解除管制59万人),处决71万人。[①] 与此同时,各地各类反动会道门组织也已基本上被摧毁,大大削弱了这些组织在旧中国时得以长期存在的思想基础和社会基础。通过镇压反革命运动,基本消灭了蒋介石政权遗留在大陆地区的残余势力,提高了中国共产党和人民政府的威信,新的社会秩序逐渐安定,为人民群众安心生产生活打下了坚实的基础。

五、开展广泛深入的社会改造

为建设一个全新的社会,新中国成立之初,中国共产党还着力从废除旧的婚姻制度、禁毒、禁娼等方面着手,彻底清除旧社会遗留下来的各种污毒,促进新的社会关系和社会风尚的形成。

封建的婚姻制度,是旧中国封建桎梏的一个集中表现。这是一种以夫权为中心,压迫妇女并剥夺男女婚姻自由的、落后的、野蛮的婚姻制度,它对人性、个性的摧残和束缚,世代相袭,在中国社会造成了无数人生悲剧。《共同纲领》第一章第六条明确规定:"中华人民共和国废除束缚妇女的封建制度。妇女在政治的、经济的、文化教育的、社会

① 郭德宏:《中国共产党的历程》第2卷,河南人民出版社2001年版,第87页。

的生活各方面,均有与男子平等的权利。实行男女婚姻自由。"[①]1950年颁布的新中国第一部《中华人民共和国婚姻法》(以下简称《婚姻法》),使上述精神得到了充分的体现。中共中央和中央人民政府对《婚姻法》的颁布实施十分重视,认为"正确地实行婚姻法,不仅将使中国男女群众——尤其是妇女群众,从几千年野蛮落后的旧婚姻制度下解放出来,而且可以建立新的婚姻制度、新的家庭关系、新的社会生活和新的社会道德,以促进新民主主义中国的政治建设、经济建设、文化建设和国防建设的发展"[②]。各级党委与政府一方面加大在人民群众中间进行《婚姻法》的群众性的宣传教育,开展检查《婚姻法》执行情况的运动;另一方面坚持教育的方针,对一般干涉婚姻自由和有违反《婚姻法》行为的干部和群众,主要进行批评和教育,对极少数虐待虐杀妇女以及干涉婚姻自由造成严重后果的犯罪分子则依法进行惩处。经过新中国成立初期几年间的努力,初步废除了封建包办婚姻,新型婚姻家庭关系正逐渐形成。

禁止贩毒吸毒,是中国共产党执政初期推进社会民主改革的又一重大举措。当时在中国流行蔓延的毒品主要是鸦片,它对中国人民的毒害,从18世纪就已开始。至中华人民共和国成立前,种植、贩卖、吸食鸦片者仍然众多,而且这些烟毒活动还同其他社会黑恶势力勾结在一起,严重影响着人民的生活和新生人民政权的巩固。1950年2月24日,中央人民政府政务院发出《关于严禁鸦片的通令》。根据中共中央和政务院的部署,各地迅速成立禁烟禁毒委员会,统一领导禁毒禁烟工作,并根据本地区的情况制定禁绝毒品的办法和措施。一场全国范围的禁烟禁毒运动逐步展开。在此基础上,1952年4月15日,中共中央发出《关于肃清毒品流行的指示》,要求"在全国范围内有重点

① 中共中央文献研究室编:《建国以来重要文献选编》第一册,中央文献出版社1992年版,第3页。

② 《中央人民政府颁发命令公布施行婚姻法》,《人民日报》1950年5月1日。

地大张旗鼓地发动一次群众性的运动,来一次集中的彻底的扫除”①。《指示》提出,首先集中解决贩毒的问题,同时必须依靠广大群众的觉悟程度和斗争的积极性,以期实现根绝制造、贩卖毒品或包庇掩护毒贩的现象。经过充分准备和周密部署,到 1952 年年底,禁烟禁毒运动取得了巨大成就。据不完全统计,在这场禁毒运动中,共登记制造、贩运毒品的罪犯 36 万人,关押 3.5 万人,处决大毒贩 880 人。经过这场运动,基本上禁绝了在中国大陆猖獗泛滥、危害人民 100 多年的烟毒,净化了社会风气。通过这场运动,烟毒在中国大陆基本绝迹长达数十年之久。

封闭妓院、改造妓女,也是中华人民共和国成立初期清除旧社会遗毒、进行社会改革的重要举措之一。在中华人民共和国成立前夕,中国共产党接管城市之后,就提出要坚决取缔妓院、改造妓女。到中华人民共和国成立后很短的时间内,全国共查封妓院 8400 余所,惩治了一批作恶多端的妓院老板,挽救了一大批被迫为娼的妇女,使其脱离苦海。随后,各地还都开展了对妓女的教育和改造工作,帮助妓女开始新生活。她们中的绝大多数人都成为自食其力的劳动妇女,择偶成家,过上正常人的生活。在此基础上,政务院于 1952 年 10 月在批准的《有关城市社会救济问题的情况及处理意见》中要求:各地要在 1953 年内将妓院完全封闭,收容全部妓女。查禁封闭妓院、取缔卖淫嫖娼的斗争,在很短的时间内,这种在旧社会绵延几千年的丑恶现象很快绝迹。

六、取得抗美援朝战争的伟大胜利

中华人民共和国废除了帝国主义国家依据不平等条约在中国享

① 中共中央文献研究室编:《建国以来重要文献选编》第三册,中央文献出版社 1992 年版,第 152 页。

有的一切特权;收回了外国列强在中国的兵营,驻扎在中国领土上的一切外国军队被迫撤走;收回了海关治权,中国人民重新掌握了国门的钥匙。这些都从根本上改变了旧中国“跪倒在地上办外交”的局面。针对美国等国封锁、遏制新中国等情况,以毛泽东同志为主要代表的中国共产党人提出了“另起炉灶”“打扫干净屋子再请客”“一边倒”的外交方针。新中国同苏联订立了《中苏友好同盟互助条约》,在收回旧政权丧失的国家利益的基础上,建立了平等互助的新型中苏同盟关系。

1950 年 6 月,朝鲜战争爆发。美国宣布武装援助南朝鲜,同时命令其海军第七舰队开入台湾海峡,“阻止对台湾的任何进攻”,公然干涉中国内政。中国政府在美国把朝鲜战争的战火烧到鸭绿江边的时候,毅然作出抗美援朝的决策。彭德怀被任命为中国人民志愿军司令员兼政治委员。1950 年 10 月,志愿军赴朝作战。美国侵略军被打回三八线附近。与此同时,国内开展了轰轰烈烈的抗美援朝、保家卫国运动。其后,中朝两国人民及其军队又经过艰苦作战以及谈判斗争,终于在 1953 年 7 月迫使美国代表在停战协定上签字。克拉克后来在回忆录《从多瑙河到鸭绿江》中沮丧地写道:“我获得了一个不值得羡慕的名声:我是美国历史上第一个在没有取得胜利的停战协定上签字的司令官。”

抗美援朝战争是一场抗击美国侵略者的正义战争,打出了新中国的国威和人民军队的军威,创造了以弱胜强的范例。志愿军将士以劣势装备进行殊死搏斗,涌现出杨根思、黄继光、邱少云等 30 多万名英雄功臣和近 6000 个功臣集体。这场战争的胜利,不仅支援了朝鲜人民、保卫了中国的国家安全,而且为维护亚洲和世界的和平作出了重要贡献;这一胜利,有力地打破了美国军队不可战胜的神话,雄辩地证明:西方侵略者几百年来只要在东方一个海岸上架起几尊大炮就可霸占一个国家的时代一去不复返了。毛泽东说:“我们跟它打了三十三个月,把它的底摸熟了。美帝国主义并不可怕,就是那么一回事。”①“这是一条了不起的经验。”中国人民由于这个胜利而极大地增强了民族自信心和自豪感,一部分对帝国主义曾经存在恐惧和幻想的人也由此受到深刻教育而觉悟起来。全世界对新中国刮目相看,新中国的国际威望空前提高。从此,帝国主义不敢轻易作侵犯新中国的尝试,我国的经济建设和社会改革赢得了一个相对稳定的和平环境。

第二节 社会主义道路:历史和人民的选择

一、克服严重的财政经济困难与减轻人民负担

中华人民共和国成立后,旧政权留给中国共产党人的,是一个千疮百孔的烂摊子。1949 年同抗战前的最高年份比,工业产值降低了一半,其中重工业生产约降低 70%,轻工业生产降低 30%,1949 年全国生铁产量只有历史最高年产量的 23.9%,而钢产量则只有 17%。至于煤炭,1949 年全国煤炭产量仅有 3200 万吨,相较历史最高年产量下降了 42.4%。而在电力行业,1949 年全年发电量也比历史最高年产量下降了 28.3%。同时,水泥、硫酸、棉纱、棉布、卷烟、糖产量也分别比历史最高年产量下降了 71.2%、77.4%、24.5%、32.3%、32.3%、51.9%。农业方面,1949 年,全国农村耕畜、农具、耕地面积分别比战前减少 17%、30%、4%。再加上灾情严重,结果 1949 年全国粮食、棉花、油料、烤烟、茶叶等主要农作物及经济作物产量,分别比历史最高水平下降 25%、47.6%、57.8%、76%、81.8%。② 这一年全国人均国民收入只有

---

① 逄先知、李捷:《毛泽东与抗美援朝》,中央文献出版社 2010 年版,第 132 页。

② 范守信:《中华人民共和国国民经济恢复史》,求实出版社 1988 年版,第 5—6 页。

27 美元,相当于亚洲国家平均值的 2/3。

在这种情况下,旧社会留下来的畸形发展的投机资本,在新解放的城市中继续兴风作浪,造成物价继续飞速上涨。上海的资本家说:“共产党是军事一百分,政治八十分,财经打零分。”[①]于是,一些投机资本家在市场上囤积居奇,哄抬物价,捣乱金融秩序。为制止由于投机资本操纵而加剧的市场混乱,人民政府依靠国营经济的力量和老解放区农民的支持,采取有力的经济措施和必要的行政手段,相继组织了同投机资本作斗争的两大“战役”,即“银元之战”和“米粮之战”。这是中国共产党进入大城市后,同民族资产阶级第一次大规模的限制与反限制的两次交锋,通过这两场斗争,国家掌握了对市场的领导权,“民族资产阶级对中国共产党的治国理财能力有所认识,开始认真考虑要接受中国共产党和人民政府的领导。社会主义国营经济初步取得稳定市场的主动权,为争取国家财政经济状况的基本好转创造了条件”[②]。

“银元之战”和“米粮之战”虽然使党和政府取得了市场的领导权,但没有解决财政经济的紧张状况。一方面是由于战争还没有结束,又需要把不愿抵抗的旧军队和旧人员一律包下来,从而导致财政开支巨大;另一方面则由于当时中国极其落后的经济发展水平而导致财政收入有限,“这样,就使政府的财政支出与收入之间,大不相符”[③]。有鉴于此,中共中央决定采取统一全国财经工作的重大步骤,初步建立起集中统一的国家财政管理体制,统一调度全国的财力、物力。中央反复强调,之所以这样做,主要是由于“财政收支不平衡与收支机关脱节现象,如不速求克服,则不但一九五〇年的财政概算有被

① 《陈云文选》第二卷,人民出版社 1995 年版,第 60 页。

② 逄先知、金冲及主编:《毛泽东传》(上卷),中央文献出版社 2003 年版,第 62 页。

③ 中国社会科学院、中央档案馆编:《1949—1952 中华人民共和国经济档案资料选编》(综合卷),中国城市经济社会出版社 1990 年版,第 118 页。

冲破的危险，而且由此而来的金融物价波动，将大大增加全国人民的困难”①。

统一全国财经之后，全国的财政情况开始好转。在此基础上，1950年6月6日至9日，中共七届三中全会在北京召开。这时，各级人民政权已经相继建立，中国共产党人所面临的繁重任务是恢复和发展国民经济，其中首先是财经问题，故而毛泽东将其在会议上所作的书面主题报告定名为《为争取国家财政经济状况的基本好转而斗争》，并在会上作了题为《不要四面出击》的讲话。大会强调，为克服严重的财政经济困难，第一要进行土地改革；第二要调整工商业；第三要减轻税负；此外还要救济失业。而要减轻税负，即要财政减收，可救济失业又是增加开支，为解决这个矛盾，就要大量裁减行政人员与进行部队缩编。一言以蔽之，即要围绕“争取财政经济的基本好转”，统筹开展土改、财经、统战、镇反与精简等各项工作，由此达到迅速而高效地巩固人民政权的根本目的。为此，毛泽东指出，不要四面出击。他说：“四面出击，全国紧张，很不好。我们绝不可树敌太多，必须在一个方面有所让步，有所缓和，集中力量向另一方面进攻。我们一定要做好工作，使工人、农民、小手工业者都拥护我们，使民族资产阶级和知识分子中的绝大多数人不反对我们。这样一来，国民党残余、特务、土匪就孤立了，地主阶级就孤立了，台湾、西藏的反动派就孤立了，帝国主义在我国人民中间就孤立了。我们的政策就是这样，我们的战略策略方针就是这样，三中全会的路线就是这样。”②

中共七届三中全会后，调整工商业的政策全面开展。调整工商业工作所覆盖范围很广，主要包括：调整公营与私营之间的关系，公营与公营之间的关系，私营与私营之间的关系，工业与商业之间的关系，金

① 中共中央文献研究室编：《建国以来重要文献选编》第一册，中央文献出版社1992年版，第130—131页。

② 《毛泽东文集》第六卷，人民出版社1999年版，第75—76页。

融业与工商业之间的关系，城乡之间的关系，国内各区域之间的关系，各企业内部的关系，以及出入口之间的关系等。其中最主要的是三项工作，即调整公私关系、调整劳资关系、调整产销关系。其中调整公私关系，即调整国营经济与资本主义经济之间的关系，是整个调整工商业工作的重点。[①] 1950 年调整工商业工作到 9 月基本完成，收到了良好效果。

与此同时，各地按照中共七届三中全会的要求，着力开展了酌减民负和精简整编的工作。中共七届三中全会上，陈云对"酌减民负"的必要性作了充分论述。他说，今年粮要少征，税率在三五年内也一般的不提高，甚至可能略为降低，"这样的方针是对的，是应该采取的"[②]。因为，其一，中国经过了十二年的战争，人民很苦；其二，"我们现在是开特别的国，这一个国不同于大清帝国，也不同于北洋军阀、蒋介石那个国，对人民当然更应该好一些"。他指出：不要怕财政收入的暂时减少，"中国这样的农业国家，在政治上和经济上有几年的稳定，大家必定好好生产，国家收入肯定会增加"[③]。

所谓"民负"，其时主要就是指公粮、税收。公粮方面，陈云在七届三中全会上说，来年要少征 20 亿斤，"因为今年年景不好，压得厉害了，群众会不满意"[④]；此外已决定在农村中实行单一农业税，"增产不增税"，"养鸡、养羊、卖几个鸡蛋，都不收税"。[⑤] 6 月 15 日，陈云在全国政协第一届全国委员会第二次会议上所作报告中进一步提出：其一，未来只向主要农产品征税，凡有碍农副业与畜牧业发展之杂税，概不征收；其二，适当地降低农业税；其三，农业税应按通常产量制定固

---

① 李践为主编：《中国共产党历史》第三册，人民出版社 1990 年版，第 85 页。

② 中共中央文献研究室编：《建国以来重要文献选编》第一册，中央文献出版社 1992 年版，第 265 页。

③ 同上，第 265 页。

④ 同上，第 265—266 页。

⑤ 同上，第 265 页。

定标准,增产不增税;其四,农村交易税应以"比较大量的货物交易"为起征点,"对于农民很小数量的交易则不应征税"。[①] 9月5日,中央人民政府颁布《新解放区农业税暂行条例》(以下简称《条例》),统一了新区农业税制,"规定以农户为征收单位,按农业人口平均的农业收入计征,计算标准按土地的常年产量,实行有起点的金额累进税制,累进税率为40个等级"。为保证《条例》顺利贯彻实施,中央财政部又于同年、次年分别颁布了《关于农业税土地面积及常年产量订定标准的规定》《农业税查田定产工作实施纲要》。[②]

工商税收方面,陈云在6月15日全国政协会议上亦提出要减少200余种税目、同时简化合并200余种税目。此外还要减收盐税。[③] 随后,为贯彻七届三中全会精神,中央人民政府陆续出台规定,一是减少了税种,停征薪给报酬所得税和遗产税,并将房产税、地产税合并为房地产税;二是简化税目,货物税目、印花税目分别由此前1136个、30个简化为358个、25个;三是降低税率,提高了所得税的起征点和最高累进点,降低货物税部分税目的税率,盐税减半征收,其他各税也分别调整降低了税率。[④]

尽管长远来看,"酌减民负"意味着刺激经济更快恢复与发展,财政收入也会随之有较大增长,但在短时间内,必然造成本就捉襟见肘的国家财政更显入不敷出。为极大减缓财政压力,国家机关人员的大规模精简已不可避免。1950年3月3日,中央人民政府政务院第22次政务会议对统一全国各级人民政府、党派群众团体员额的编制,统

---

① 中共中央文献研究室编:《建国以来重要文献选编》第一册,中央文献出版社1992年版,第318页。

② 参见董志凯主编:《1949—1952年中国经济分析》,中国社会科学出版社1996年版,第255页。

③ 中共中央文献研究室编:《建国以来重要文献选编》第一册,中央文献出版社1992年版,第318页。

④ 参见董志凯主编:《1949—1952年中国经济分析》,中国社会科学出版社1996年版,第254页。

一各级人民政府的供给标准等两个问题进行了讨论，并指定专门小组审查相关文件。1950 年 10 月，政务院第 23 次政务会议，讨论通过并颁发了中央人民政府政务院《关于统一全国各级人民政府、党派群众团体员额暂行编制（草案）》和《全国各级人民政府 1950 年度暂行供给标准（草案）》。文件强调：现时中央人民政府已经成立，全国已经基本上统一，战争和被分割的状态已不复存在，与此同时，中央人民政府也已经制定和通过了 1950 年度国家财政收支概算，在此情况下，为了提高工作效率，调整现有行政工作人员，实现中共七届三中全会所提出的“国家机构所需经费的大量节减”，须对全国各级人民政府、民主党派、群众团体的编制和供给标准进行统一规定。[①]

到 1950 年 10 月，国家各级机关之精简整编工作基本告一段落。据统计，经过此次精简整编工作，全国各级政府机关行政人员数量，总计要比同年 2 月全国财政会议所估计人数减少约 1/4。且在这个过程中，从中央到地方各级政府，对于重复设置与权力重叠机构，亦尽量予以合并和撤销，使机构层次尽量减少。如山东省即撤销掉 3 个行署、6 个专署及 4 个县政府，而河北省则撤销掉了 1 个县政府及 518 个区政府。[②]

酌减民负的一项更重要内容，就是组织军队参加生产和开展精简。1949 年 12 月 5 日，毛泽东即以中央人民政府革命军事委员会主席的身份，发布了《关于 1950 年军队参加生产建设工作的指示》（以下简称《指示》）。《指示》指出：“国内外反动派所发动的长期的反对中国人民的战争，给了人民以严重的灾害，给了经济以严重的破坏”[③]，由此导致“国家的收入不足，开支浩大，这就是我们今天所遇到的一项巨

---

① 林蕴晖、范守信、张弓：《凯歌行进的时期》，河南人民出版社 1989 年版，第 131 页。

② 范守信：《中华人民共和国国民经济恢复史》（1949—1952），求实出版社 1988 年版，第 74 页。

③ 中共中央文献研究室编：《建国以来重要文献选编》第一册，中央文献出版社 1992 年版，第 67 页。

大困难"[①]。而为克服此困难,首要的当然是各界群众在中央人民政府领导下逐步恢复与发展生产;而同时,人民解放军亦须"担负一部分生产任务,方能和全国人民一道共同克服此种困难"[②]。《指示》强调,和平大环境下,"人民解放军参加生产,不是临时的,应从长期建设的观点出发"[③]。同日,中共中央又发出通知,要求各野战军前委及军区,"就自己管辖范围内使一切可能参加生产建设工作的部队和机关积极地适当地实施起来"[④]。通知强调,军队生产是一个重要问题,解决得好,"将使部队和机关的生活获得改善,使国家节省一部分开支,并将在全国人民中产生良好的影响"[⑤]。

随后,各地方中央局、中央分局、军政机关以及各部队党委即着手《指示》精神的层层贯彻下达。在动员与组织军队生产同时,全军范围内的复员整编工作也启动开来。1950 年 4 月,中共中央政治局会议决定,为极大减轻民众粮税负担,中国人民解放军全军要于年内进行整编复员工作,目标是全军要由当前的 550 万人整编为 400 万人。最终,1950 年 5 月 16 日至 31 日召开的全军参谋工作会议确定,为于年内"确实做到军队系统供给总人数不超过四百万",要再次下调各大军区要保留的军队(连同地方部队在内)人数。

6 月 28 日,中央人民政府人民革命军事委员会和政务院联合发出《关于人民解放军一九五〇年的复员工作的决定》。决定说,中国人民解放战争已基本结束,人民解放军即从战争状态转入正规建军,一部

---

① 中共中央文献研究室编:《建国以来重要文献选编》第一册,中央文献出版社 1992 年版,第 68 页。

② 同上,第 68 页。

③ 《建国以来毛泽东军事文稿》(上卷),军事科学出版社、中央文献出版社 2010 年版,第 96 页。

④ 《毛泽东军事文集》(第六卷),军事科学出版社、中央文献出版社 1993 年版,第 58 页。

⑤ 《建国以来毛泽东军事文稿》(上卷),军事科学出版社、中央文献出版社 2010 年版,第 100 页。

分人员须复员参加国家经济建设。"复员工作的原则,是服从国家经济建设与国防军建设的需要,并使二者联系起来。"[①]7月27日,聂荣臻在全国政协会议上又专作了关于军队整编复员工作的报告。报告向与会的社会各界代表表示,全军一次复员140万人,"这在历史上是空前的",其目的就在于"减轻国家负担"。为此,"请地方大力支持,务使复员军人各得其所"。[②] 全军范围的复员工作,随即大规模展开。

中央军委关于1950年全军复员工作的决定下发后,各部队负责同志多能遵照指示精神,结合本部队实际情况,迅速打开工作局面。但是,随着朝鲜战争爆发及战事的不断升级,"同时国内又需要很大力量来剿匪和镇压反革命活动",大规模的复员工作"没有能继续进行",相反,转为"精简型的复员"——即"凡不适合部队工作的便进行复员,能继续在部队工作的即不复员"。[③] 结果,1950年全军实际只复员了37万人。[④] 而到1951年年底,随着国内剿匪已大体结束,镇压反革命已获得显著成效,更由于中国人民志愿军取得重大胜利,抗美援朝战争进入边打边谈阶段,中共中央决定在全军再继续进行大规模的复员工作。为此,中共中央特于同年12月1日发出《关于实行精兵简政、增产节约、反对贪污、反对浪费和反对官僚主义的决定》。根据决定精神,中央军委于次年1月5日正式发布《军事整编计划》,全军大规模精简工作随即展开。至同年8月,3年来全军已共复员、转业140多万人。

二、开始向社会主义过渡与改善人民生产生活条件

在中华人民共和国成立的最初三年,即1949年至1952年期间,

---

① 邓礼峰编著:《新中国军事活动纪实(1949—1959)》,中共党史资料出版社1989年版,第110页。
② 同上,第115页。
③ 同上,第179页。
④ 同上,第239页。

社会主义革命的任务实际上也开始实行了。这主要表现在三个方面:

第一,没收官僚资本,确立社会主义性质的国营经济的领导地位。

解放战争时期,随着对大中城市的接管,没收官僚资本的工作即已开始。中华人民共和国成立后,这项工作在全国范围展开。没收官僚资本归人民的国家所有,是《共同纲领》规定的一项历史任务。到 1950 年年初,人民政府共接管官僚资本的工矿企业 2800 余家,金融企业 2400 余家,这些企业成为新中国成立初期国营经济的主要组成部分。

没收官僚资本,具有两重性质:从反对外国帝国主义的附庸——中国的买办资产阶级——的意义上看,它具有民主革命的性质;从反对中国的大资产阶级的意义上看,它又具有社会主义革命的性质。通过没收官僚资本,并在企业内部进行民主改革和生产改革,中国资本主义经济的主体部分被改造为社会主义性质的国营经济,中国的大资产阶级被消灭了。随着没收官僚资本和原官僚资本主义企业的民主改革、生产改革工作的完成,确立了社会主义性质的国营经济在国民经济中的领导地位,这就为全面进行社会主义改造奠定了重要的物质基础。

第二,开始将资本主义纳入国家资本主义轨道。

新中国在利用资本主义工商业的过程中,已经开始对它进行适当的限制,并把其中的大部分引上了初级形式的国家资本主义的道路。1952 年,私营工业产值的 56%,已属于加工、订货、统购、包销部分。私营经济中不利于国计民生的部分被削弱以至淘汰。资本主义金融业则在此时完成了社会主义改造。私营经济在数量上是明显上升的,但在国民经济中的比重却下降了。

第三,引导个体农民在土地改革后逐步走上互助合作的道路。

1952 年,全国已有 40%的农户参加了互助组,少数农户还参加了半社会主义或社会主义性质的农业生产合作社。

以上事实表明,新民主主义社会不是一个凝固不变的、独立的社会形态。它本身具有过渡性，它是处在很深刻的变动之中的。正是在这种深刻的变动之中，中国的国民经济才得以迅速地恢复和发展。

在中国共产党的领导下，由于社会主义性质的经济在整个国民经济中已经占据主导地位，新中国头三年的经济恢复工作取得了很大成绩。工业生产方面，1952年实现钢产量134.9万吨，比1949年时增长7.54倍，比历史最高年产量亦增加达46.2%；生铁产量则达到192.9万吨，比1949年增长6.66倍，比历史最高水平亦增长7.1%；原煤产量为6649万吨，比1949年增长105%，比历史最高年产量增加7.4%。发电量已达72.6亿度，比1949年多出68.1%，比历史最高年发电量也多出21.9%。棉纱产量362万件，比1949年时多出1倍，比历史最高水平多出47.8%；棉布产量为38.3亿米，比1949年增长1.03倍，比历史最高年产量多出37.4%。

主要工业品产量极大增加的同时，生产技术水平也有明显提高。拿煤矿开采与运输之机械化水平来说，以煤炭部直属煤矿为例，1952年时已实现机械采煤729.4万吨，比1950年增长8.2倍。就全国来看，1952年时机械化采煤量占采煤总量比重已达到77.6%，而1951年时为49%。机械运煤量占运煤总量比重，也由1951年时的51.6%，迅速提高为1952年时的69.6%。再从工业设备利用率来说，1952年全国发电设备、炼铁设备、炼钢设备利用率，相较1949年分别提高63%、168%、135%。在纺织行业，1952年时全国棉纺机与织布机之时间利用率，亦相较1949年时分别提高达62%与65%。此外，还是在纺织业，细纱工人平均每人看管纱锭数量，已从1949年时的250枚增加到1952年时的800枚，而织布工人平均每人看管普通、自动织布机数，也分别由4台、10台增至24台、32台。

此外，过去中国长期无法自主生产的许多工业产品，如某些优质钢材、钢板、无缝钢管、新式刨床、铣床、矿山机械、成套纺织机械、3000千瓦发电机组、1000千瓦电动机、300马力的空气压缩机，经过三年经济恢复时期工业与科技战线工作者的共同努力,都可以制造了,汽车和拖拉机也试制成功,还有长达 500 公里的成渝铁路完全是用国产钢轨铺成的,新建的几个棉纺织厂所安装的是国产的新式纺织机械,这在中国历史上还都是第一次。

在农业方面,由于土地改革的完成极大地调动了广大农民的生产积极性,加之各地各级党委对农业工作的高度重视,督促相关部门贯彻各项奖励生产政策,并对农民进行了经济扶助和技术指导,组织大量人力物力修缮及新建水利设施,农业生产获得了迅速的恢复与发展。截至 1952 年,全国粮棉等主要农产品产量及畜牧与水产之总产量,都已经超过抗日战争前的最高水平,而全国农副业总产值则达到 4754060 亿元(旧币),相较 1949 年时 3259520 亿元增长了 46.9%,其中作物栽培、动物饲养、农家副业三大项产值分别实现 3184570 亿元、625660 亿元、943830 亿元,比 1949 年时分别增长 44.0%、52.9%、47.6%。[①]

具体来说,在粮食作物方面,据统计,1949 年时全国耕地总面积为 143760 万亩,而到 1952 年时已增至 158052 万亩,比 1949 年增长 9.9%。而在粮食作物之种植面积方面,包含复种面积在内,1952 年时达到 183732.56 万亩,比 1950 年时增加 5.4%,平均亩产则达到 178.13 斤,比 1950 年增加 17.3%。粮食总产量则由 1949 年的 2254.77 亿斤,增至 1952 年的 3271.81 亿斤,比 1949 年产量增长 45.1%。[②]

至于工业原料作物,在国家有计划的扶植下,增长更为迅速。如全国棉花总产量于 1951 年时便已一举超越历史最高产量,到 1952 年时则更进一步超过 52.3%之多。其他的如麻袋用麻(黄麻洋麻),1952

① 苏星、杨秋宝编:《新中国经济史资料选编》,中共中央党校出版社 2000 年版,第 101—203 页、第 211 页。

② 同上,第 203—204 页。

年时产量达到 587.69 万担，比 1949 年时增加 431.9%；甘蔗产量 1952 年比 1949 年增加 164.3%。[①]

畜牧与水产业于新中国成立初期亦开始有了显著发展。如畜牧业中黄牛、水牛、马、驴、骡等大家畜之饲养数量，到 1952 年时已分别达到 4226.5 万、1210.7 万、593.3 万、1210.0 万、160.5 万头，其相比 1949 年时已分别增长 39.6%、21.0%、26.8%、30.1%、9.1%；山羊、绵羊、猪等小家畜之饲养数量，到 1952 年亦各自达到 2557.7 万、3931.0 万、8857.7 万头，相比 1949 年时分别增长 72.8%、48.7%、76.7%。水产业经过新中国成立头三年的恢复与发展，到 1952 年时总产量已达 1729269 吨，相比 1949 年之 447927 吨增长达 286.1%。其中海水与淡水之水产产量分别达到 1060062 吨与 669207 吨，相较 1950 年时产量分别增加 94.3%、82.9%。[②]

还应看到，经过三年经济恢复，虽然大规模经济结构调整尚未展开，但工农业收入与产值在国民收入与工农业总产值中所占比重业已开始发生明显变化。如在国民收入方面，1949 年全国农业实现收入 245 亿元，占到当年国民总收入之 68.2%，工业、建筑业与运输业收入之和仅占国民总收入的 16.2%。到 1952 年时，全国农业实现收入 340 亿元，占国民总收入中比重已降为 57.6%，而工业、建筑业与运输业收入之和所占总收入比重已升至 27.5%。在社会总产值方面，1949 年，全国工业总产值实现 140 亿元，占工农业总产值的 30.1%；到 1952 年，全国工业总产值已达到 349 亿元，在工农业总产值中所占比重已升至 43.1%。[③]

三年间，领导城乡与内外物资交流工作也取得明显成绩。到 1952

---

① 苏星、杨秋宝编:《新中国经济史资料选编》，中共中央党校出版社 2000 年版，第 205—206 页。

② 同上，第 209—210 页。

③ 范守信:《中华人民共和国国民经济恢复史》，求实出版社 1988 年版，第 115—117 页。

年时,全国社会商品零售总额实现 27.68 亿元,相较 1950 年增加 62.3%。其中粮食、棉纱、棉布、煤炭、煤油、食盐、纸烟等主要商品,1952 年实现销售额比 1949 年分别增加 271.28%、171.43%、245.76%、141.68%、262.67%、152.89%、149.41%。同时,农副产品采购额和生产资料供应额,也有了很大的增长,1952 年时,农副产品采购额实现 129.7 亿元,比 1950 年增加 62.1%;农业生产资料供应额则达到 14.1 亿元,比 1950 年增加 93.2%。而在外贸方面,1952 年实现进出口贸易总额 64.6 亿元,比 1950 年时增长一半还多。

交通运输业的恢复与发展更为突出。如在铁路运输业,由于连年战争,许多铁路线及其沿线设施都遭到严重破坏,解放战争期间,但凡所解放地区,均从速组织开展抢修铁路线工作。据资料显示,1949 年一年中,全国即抢修铁路 8000 多公里,修复桥梁 2715 座总延长 9 万余米,有效地保证了解放大军和军用物资的运输,有力地支援了解放战争的胜利进军。进入 1950 年,全国铁路又进行了大规模的修复、补强工作,一年间全国铁路线上共计抽换枕木 571 万根,增补石碴 514 万公方,中修铁路 3929 公里,大修铁路 1210 公里,改善桥梁 1569 座共计延长 48171 米,行车容许速度较 1949 年每小时提高 5 至 25 公里,行车密度提高 2.4%至 100%。另铁路沿线设施方面,经过 1950 年的集中整修与建设,车站信号设备数量比 1949 年增加了 44%,关内通信电线数量已比 1949 年增加 63%。到 1952 年时,除暂时不需要修复的线路外,有铁路网基本上已全部修复,且全国还完成 1320 公里新线的铺轨通车工程。

在修复与新铺铁路线的同时,铁路部门还组织对原有铁路机车、车辆进行大规模修理。据资料显示,解放战争中全国铁路各线被破坏的机车、客车与货车分别达到 1792 台、2047 辆与 24040 辆。经过中华人民共和国成立头三年大规模修理,计有 1270 辆破损机车、1863 辆破损客车与 14617 辆破损货车分别得到修复,且又新造货车 5202 辆。

此外客货运输量也比中华人民共和国成立前有较大提升，如与 1947 年相比，1950 年时全国铁路货运总吨数即已达到 1947 年之 378%，客运人数则为 124%；到 1952 年时，全国铁路货运量更是达到 13217 万吨，客运量亦达到 16352 万人。[①]

公路方面，到 1952 年时，全国通车里程已达 12.67 万公里，客运量实现 4559 万人，货运量实现 13158 万吨，同时全国载重汽车数量也由 1949 年时的 3.2 万辆增加到 1952 年之 4.23 万辆。水运方面，1952 年时全国内河航运总里程已达 9.5 万公里，客运量实现 3605 万人，货运量则达到 5141 万吨，轮舶船载重量亦由 1949 年之 37 万吨增加为 1952 年之 53 万吨。民航方面，航线里程到 1952 年时亦总计达到 1.31 万公里，实现客运量 2 万人，货运 0.2 万吨。[②]

三年间邮电事业发展成绩十分显著，一些偏僻农村也开始通邮与使用电话。到 1952 年时，全国邮电局、所已由 1949 年时的 2.63 万处发展到 4.95 万处，新建数量达到 1949 年所有之 88.2%，邮路长度亦由 70.6 万公里延扩至 128.97 万公里，新扩公里数为 1949 年全国邮路总长度之 82.6%，而邮电业务总量在此过程中，则由 1949 年之 0.97 亿元增加到 1952 年时的 1.64 亿元，增幅 69%。[③]

在国民经济得以恢复的同时，党和政府还致力民生的改善。三年来，城乡居民收入与购买力也有提高。据统计，1952 年时全国职工总数已达 1580.4 万人，就业人数比 1949 年增加 197.5%。其次，职工工资方面，1952 年时全国职工平均工资已比 1949 年时增长 70%，其中特别是国营职工工资增长较快，比 1949 年时增长 60%—120%。

与此同时，党和政府还着力解决各类失业问题，千方百计扩大就

---

① 范守信：《中华人民共和国国民经济恢复史》，求实出版社 1988 年版，第 5—11 页、第 103 页。

② 同上，第 103—104 页。

③ 同上，第 104 页。

业。在旧中国,由于帝国主义、官僚资本对民族工商业的摧残,造成相当多的民族工商企业倒闭、工人失业。同时,长期的战争导致农民大量破产流落到城市,陷入就业无门、回家无路的境地。这样一来,造成了庞大的城镇失业大军。新中国成立前夕,失业人员达 472.2 万,失业率高达 23.6%。中华人民共和国成立之初,百废待兴,加之社会经济结构的重新改组,在旧有失业人员就业问题尚未解决的情况下,又出现了新的失业人员,其中情况较严重的是 1950 年和 1952 年。据 1952 年 7 月政务院召开的全国劳动就业会议统计,当时全国尚有失业人员 312 万人,其中,失业工人占 38.6%,失业知识分子占 13.8%,失业旧军官占 16.1%,应予改造、培训后就业的妓女、乞丐、小偷、烟民、游民等占 31.5%。

对于已失业人员,当务之急是解决他们的吃饭问题。1950 年 6 月的中共七届三中全会上,毛泽东在关于《为争取国家财政经济状况的基本好转而斗争》的报告中,把救济失业工人和失业知识分子、帮助他们就业作为当时八项重要工作之一。随后,政务院发出了《关于救济失业工人的指示》和《关于救济失业教师和处理学生失业问题的指示》,并制订了《救济失业工人暂行办法》。

为了组织和指导救济工作,全国 210 个举办失业救济事业的城市,都成立了失业工人救济委员会。政府在当时经济十分困难的情况下,从财政预备费中拨出 4 亿斤粮食作为救济失业人员基金。同时,要求所有国营和私营的工厂、作坊、商店的行政方面或资方,按月缴纳所付实际工资总额的 1%,上述企业的在职职工也按月缴纳所得实际工资的 1%,作为失业救济基金。失业救济标准,根据各地物价水平和生活条件不同有所差异,大体上能够维持最低生活水平。例如,1950 年 6 月政务院颁布的《救济失业工人暂行办法》中规定:失业工人每人每月发给当地主要粮食 45—90 市斤;失业学徒每月 30 市斤;半失业工人所得工资低于失业工人所领救济金而无法维持生活的,酌情补助。

在开展失业救济的同时，人民政府千方百计地解决失业人员的就业问题。党和政府通过政府介绍就业，鼓励失业人员自谋职业，组织以工代赈，保护民族工商业等措施，尽量减少新的失业，并采取了稳定农村劳动力，动员部分城镇失业人员返乡，收容改造游民、乞丐等措施，从而在较短的时间解决了失业问题。

中华人民共和国成立后，党和政府十分重视城镇职工的劳动保险和社会福利工作。1951 年 2 月 23 日，政务院第七十三次政务会议通过了《中华人民共和国劳动保险条例》。这个条例在中国历史上第一次解决了职工养老问题。条例规定：男子满 60 岁、工龄满 25 年，女子满 50 岁、工龄满 20 年，其本企业年龄又均满 10 年的可以退休，每月并可享受本人工资 35%至 60%的养老补助费，直至死亡为止。如因工作需要而本人又同意留在岗位工作时，则除应得工资外，另得 10%至 20%的在职养老补助费。

条例还解决了职工疾病、负伤与残废的问题。规定当工人与职员因工负伤时，其全部治疗费、药费、住院费、住院时的膳食费与就医路费，均由企业行政方面或资方负担。在医疗期间并照发工资，至确定为残废时，则按其轻重程度，从劳动保险基金项下，分别给以 75%、60%的因工残废抚恤费，5%至 20%的因工残废补助费。条例还规定：职工疾病、非因工负伤时，在该企业的医疗机关治疗。其因无法治疗而转送其他医院的，除贵重药品、就医路费及住院膳食费由本人自理外，其费用亦由行政方面或资方负担。职工成为残废时除有其他经济来源可以维持生活外，则按工龄的长短给以 20%至 30%的救济费，直至死亡时止。工人与职员的亲属患有疾病除贵重药品、就医路费、住院费、住院时的膳食费及其他一切费用由本人自理外，亦可享受在该企业的医疗机关或特约医院免费诊治与普通药费减半的待遇。

条例亦对职工死亡及善后诸问题作了明确规定：职工因工死亡发

给两个月额的该企业平均工资的丧葬费,并按照有条件的供养人数给以本人工资25%至50%的供养亲属抚恤费;非因工负伤死亡或因工负伤成为残废而于退职后死亡时,给以该企业平均一个月额的丧葬补助费,并按工龄的长短给其家属以3至12个月本人工资额的救济费。其因养老及非因工残废完全丧失劳动力不能工作的职工退职后死亡时,给以该企业平均一个月工资数的丧葬补助费。直系亲属死亡按其年龄在十周岁以上及一周岁以上十周岁以下,分别给以该企业一个月平均工资的1/3及1/4的丧葬补助费。

此外,条例还规定:女工人与女职员生育,产前产后共给假56日,产假期间,工资照发,并享受生育补助费。同时对产假期满仍不能工作者,亦予以适当的照顾。将由中华全国总工会统筹举办疗养所、残废院、养老院、孤儿保育院、休养所及其他的集体保险事业。凡在实行劳动保险的各企业内的工人与职员均有权享受利益。

1953年1月,中央人民政府政务院第一百六十五次政务会议,通过了关于中华人民共和国劳动保险条例若干修改的决定及修正后的中华人民共和国劳动保险条例。修正后的条例提高了劳动保险待遇问题,废止停工医疗以六个月为限的规定,适当提高职工疾病医疗期间待遇标准,规定贵重药费的酌情补助,增加养老补助费,放宽养老条件,其他如生育待遇、丧葬费、丧葬补助费、非因工死亡家属救济费亦酌量增加。《中华人民共和国劳动保险条例》的实施,标志着新中国企业职工养老保险制度和劳保医疗制度初步确立。

1951年劳动保险条例颁布后,工矿部门职工的医疗问题获得了解决。同年,国家在陕北老根据地和某些少数民族地区,还曾试行了公费医疗制。1952年更将免费医疗扩大到第二次国内革命战争各根据地。1952年6月,政务院发出《关于全国各级人民政府、党派、团体及所属事业单位的国家工作人员实行公费医疗预防的指示》,决定将公费医疗的范围,于1952年7月起,分期推广到全国各级人民政府、党派、工青妇等团体，以及文化、教育、卫生、经济建设等事业单位的国家工作人员和革命残废军人，规定国家工作人员门诊、住院所需的诊疗费、手术费、住院费，门诊或住院中经医师处方的药费，均由医药费拨付；但住院的膳食费、就医路费由病者本人负担，如实有困难，得由机关给予补助，在行政经费内报销。

中国共产党坚持解放和发展生产力，在 1949 年到 1952 年底的三年时间里，开辟了人民翻身解放、当家作主的新社会。历史证明，国民经济恢复时期，中国共产党实施的各方面建设政策都是正确的，新中国成立初期采取的措施不但吸收了苏联失败的经验教训，又充分的考虑中国的国情，对新时期建设中国特色社会主义事业、全面建成小康社会有着重要的指导意义。

所有这一切说明，到 1952 年，繁重的国民经济恢复任务已经胜利完成，中国人民在中国共产党的领导下，已经迅速医治好了战争的创伤，并且顺利地恢复了国民经济。这让广大人民群众越来越强烈地体会到，只有坚持中国共产党的领导，只有坚持以社会主义性质的经济特别是工业经济为主导，国家才能迅速摆脱贫穷落后局面，迅速发展壮大，人民也才能过上更好的生活。这就为党中央作出走社会主义的工业化道路和进行社会主义改造的决策，提供了重要的群众基础和科学依据。

三、走社会主义道路才能满足人民的生产生活需要

1952 年国民经济恢复工作任务完成时，中国工业发展的水平仍然是很低的。现代工业在工农业总产值中的比重只有 26. 6%，重工业在工业总产值中的比重只有 35. 5%。苏联在第一个五年计划开始前的 1928 年，这两个比重已经分别达到 45. 2%和 39. 5%。1952 年，中国许多重要工业产品的人均产量不仅远远落后于美国，甚至落后于印度。如钢产量，美国为 538. 3 公斤，印度为 4 公斤，中国为 2. 37 公斤；发电

量,美国为 2949 度,印度为 10.9 度,中国为 2.76 度。当年毛泽东曾说:“现在我们能造什么?能造桌子椅子,能造茶碗茶壶,能种粮食,还能磨成面粉,还能造纸,但是,一辆汽车、一架飞机、一辆坦克、一辆拖拉机都不能造。”[①]发展工业,改变中国作为农业国的贫穷落后的面貌,这是全国人民的共同要求,是摆在中国共产党和人民政府面前的严重任务。

从 1953 年开始的发展国民经济的第一个五年计划,把优先发展重工业作为建设的中心环节,特别是大力发展钢铁、煤、电力、石油、机器制造、飞机、坦克、拖拉机、船舶、车辆制造、国防工业、有色金属和基本化学工业。中国近代以来无数志士仁人梦寐以求的工业化建设从此大规模地开展起来。

怎样才能发展经济、实现国家的工业化?从世界历史上看,主要有两条道路:一条是资本主义工业化的道路,这是欧洲许多国家、美国和日本走过的,而且走通了;一条是社会主义工业化的道路,这是苏联走过的,而且也走通了。十月革命前,俄国是欧洲的一个比较落后的国家,由于实现了社会主义的工业化,苏联成了欧洲的第一强国、世界上最强大的两个国家之一。由于社会主义制度具有集中力量办大事、促进社会生产力迅速发展的优越性,对于中国这样一个经济文化落后的国家来说,通过社会主义道路实现国家工业化,这是最好的选择。

近代以来的历史表明,资本主义工业化的道路在中国是走不通的。由于受到外国垄断资本的压迫和本国封建生产关系的束缚,中国民族资本主义工业从 19 世纪 60 年代末 70 年代初产生以后,始终处于举步维艰的境地。经过七八十年的发展,到 1949 年,整个民族工业资本不过只有 20.08 亿元人民币。独立以后的中国如果不搞社会主义,而走资本主义道路,就难以取得真正意义上的经济独立。这样,中国

① 《毛泽东文集》第六卷,人民出版社 1999 年版,第 329 页。

就会成为外国垄断资本的加工厂和单纯的廉价原料、廉价劳动力的供应地,就像亚洲、非洲、拉丁美洲的许多国家和地区那样。中国这样一个大国,企图主要靠外国提供资金和机器设备等来求得发展,特别是想要成为世界强国,是不可想象的。而且,由于经济上依赖外国,在政治上就挺不起腰杆,连已经争得的政治独立也可能丧失。中国走资本主义道路,其经济可能会有一时的发展,但终究还是会成为西方资本主义大国的附庸的。在帝国主义时代,中国通过走资本主义道路实现现代化的可能性已经失去。为了实现国家的工业化,中国必须走社会主义的道路。

正是在上述情况下,特别是中国社会的经济成分在克服严重财经困难和国民经济迅速恢复的过程中已经发生重要变化的情况下,中共中央在 1952 年年底开始酝酿并在 1953 年正式提出党在过渡时期的总路线,明确规定:党在这个过渡时期的总路线和总任务,是要在一个相当长的时期内,基本上实现国家工业化和对农业、手工业、资本主义工商业的社会主义改造。[①] 也就是说,主要任务是实现国家工业化;而为了实现国家工业化,就必须进行社会主义改造,全面确立社会主义的基本制度。

当时中国之所以要着力进行和可能进行社会主义改造,主要是因为:

第一,社会主义性质的国营经济力量相对来说比较强大,它是实现国家工业化的基础。发展工业,一方面要充分利用原有的工业,另一方面要建设新的工业。随着没收官僚资本工作的完成和工业建设的初步开展,中国已经有了比较强大的社会主义性质的国营经济。与私营工业相比,国营工业规模大,技术设备先进,不仅有轻工业,而且有重工业。在劳动生产率等方面,国营企业也优于私营工业。而建设

---

① 参见《周恩来选集》(下),人民出版社 1984 年版,第 104—105 页。

新的工业,首先和主要的,也是要发展国营工业。因为在当时的中国,私人是没有能力投资兴建新的、足以为国家的工业化奠定基础的那种大型工业骨干企业的。从 1953 年开始的第一个五年计划规定的大型工业建设项目,基本上是由国营经济来承担的,这就是说,那时工业建设的发展,首先就意味着社会主义性质的国营经济的发展和它在整个国民经济中比重的增加。这是中国选择社会主义的一个基本因素。

第二,对个体农业进行社会主义改造,是保证工业发展、实现国家工业化的一个必要条件。土地改革以后,农业生产摆脱了封建生产关系的束缚,一个时期有过相当大的发展;但是,由于实行在土地私有基础上的个体经营,这种发展又受到很大的限制。因为个体农户耕地少,经营规模十分狭小;生产工具严重不足,贫雇农每户平均仅占有耕畜 0. 47 头,犁 0. 41 部;资金十分短缺。在这种情况下,农民要兴修农田水利设施,平整土地和改良土壤,使用改良农具以至机器来进行耕作、播种、收获,实行分工制度来发展多种经营等,都有很大的困难,更缺少抗御自然灾害的能力。许多农户不仅无力进行扩大再生产,就连简单再生产也难以维持。如果不引导个体农民走组织起来的道路,不仅广大农民不能进一步改善自己的生活,而且农业生产力的发展会受到很大限制,农村也不可能为工业的发展提供必要的商品粮食、轻工业原料、工业品市场和积累工业发展的资金等条件,从而成为工业发展的严重的制约因素。

特别能够说明这个问题的是,中国农村在 1955 年下半年出现了农业合作化的高潮。中共中央为什么在当时作出加快农业合作化进程的决策?这主要是因为,随着第一个五年计划建设的开展,城市和工矿区人口迅速增加。这就要求尽快增产粮食,使国家能掌握足够的供应城市、工矿区的商品粮。同时,还要提供更多的农产品原料,以满足轻工业发展的需要。怎么办?出路何在?对这个问题,陈云在 1956 年 4 月作过切实而有力的说明。他说:在农业增产方面,中国摸索了六年。起初注意开荒,但可开垦的大片荒地在东北和西北。那里居民稀少,每年只能耕种一次,必须移民和用机器,花钱多。在东北每亩需50元,西北每亩需七八十元,而年产量是一二百斤。假如开荒1亿亩,投入50亿元,产量以每亩200斤算,不过200亿斤,收获不大。所以这不是三五年内实现粮食大增产的好办法。至于搞大型水利工程,也不能满足在短期内大增产的要求。因为搞大型水利工程,投资巨大,工期很长,所以它也不能成为三五年内增产粮食的主要措施。合作化后,组织起来的农民自己动手搞水。人还是那些人,但组织起来力量就大得多,积肥、改良农具和种子、改进耕作技术等以前不易办的事,合作化之后都不难了。这就是说,通过实行农业合作化来增产粮食和其他农产品以满足日益增长的人民生活和工业发展的需要,这也是中国选择社会主义的基本因素之一。

此外,当时的国际环境,特别是美国等西方资本主义国家在经济、外交和军事等各个方面严密封锁和遏制新中国,这也是中国选择社会主义的原因之一。总之,中国经济在20世纪50年代的最重要事件就是选择了社会主义。这是十分必要、完全正确的。

四、人民根本利益至上的社会主义改造

中国共产党在过渡时期的总路线,一方面要求把实现社会主义工业化作为全党、全国人民面前的基本任务,另一方面又要求通过对农业、手工业和资本主义工商业的社会主义改造来促进生产力的发展,以利于社会主义工业化的实现。这两个任务是互相关联而不可分离的。

在提出有系统地进行社会主义改造的1953年,新中国即开始进行有计划的社会主义建设。第一个五年计划即"一五"期间,在苏联的援助下,中国着重建设了一大批基础性的重点工程,为国家的工业化奠定了初步的坚实基础。社会主义改造是围绕着社会主义工业化建

设的任务进行的,它成了社会主义建设的直接的推动力量。

农业的社会主义改造方面,土地改革后,一方面,农村的生产迅速发展了,农民的生活也有了明显的改善;另一方面,许多农民尤其是贫农、下中农由于缺少农具、耕畜和资金,生产经营上的困难仍然比较大,而且由于小农经济的不稳定性,农村中的贫富分化也开始了。针对这种情况,中国共产党和人民政府决定,不待农民在土改中激发出来的政治热情冷却,不待农村发生的剧烈的贫富两极分化,就采取积极领导的方针,教育、推动和帮助农民走互助合作的道路。这样,在土改后,互助组很快就在农村中相当普遍地发展起来。

在此基础上,1951 年 12 月,中共中央下发了《关于农业生产互助合作的决议(草案)》。草案指出,中国农民在土改基础上所发扬起来的生产积极性,集中地表现在两种积极性上,即个体经济的积极性和劳动互助的积极性。党不能忽视和粗暴地挫伤农民个体经济的积极性,但是要"按照自愿和互利的原则,发展农民劳动互助的积极性"①。1953 年国家对粮食、棉花、油料作物实行计划收购和计划供应(统购统销),基本取消粮食等主要农产品的自由市场,限制农村的商业投机;大力发展供销合作,削弱城市资本主义和农村小资产阶级自发势力的联系;大力发展信用合作,缩小农村中高利贷活动的地盘。这样,既保证了人民对粮食、棉花、油料等的需要,又为全面推进农业的社会主义改造创造了有利的条件。

1953 年 12 月,中共中央通过《关于发展农业生产合作社的决议》,总结互助合作运动的经验,概括提出引导农民走向社会主义的几种过渡性经济组织形式。第一是互助组,这具有社会主义的萌芽。第二是初级农业生产合作社,在土地及牲畜、大农具私有的基础上土地

① 中共中央文献研究室编:《建国以来重要文献选编》第二册,中央文献出版社 1992 年版,第 511 页。

入股、统一经营,有较多的公共财产,实行土地分红和按劳分配相结合的原则。这具有半社会主义的性质。第三是高级农业生产合作社,将土地及其他主要生产资料归集体所有,统一经营、集体劳动,实行各尽所能、按劳分配的原则。这具有社会主义的性质。采取这种逐步过渡的办法,是中国农业合作化运动中的一项重要的创造。它是中国共产党坚持走人民根本利益至上的社会主义改造道路的集中和有力体现。

在党的上述方针的指引下,农村的互助合作积极、稳步地向前推进。到 1954 年年底,互助组从 1951 年年底的 400 多万个发展到近 1000 万个;初级社从 1951 年年底的 300 多个增加到 1953 年的 1. 4 万个,1954 年秋为 10 万个,1954 年年底猛增到 48 万个。参加互助合作的农户,从 1951 年年底的 2100 万户增加到 1954 年年底的 7000 万户,在全国农户总数中的比重从 19. 2%增加到 60. 3%。当时 80%以上的合作社都做到了增产增收。在 1955 年夏季以后,对农业的社会主义改造要求过急,工作过粗,改变过快,形式也过于简单划一,以致在较长期间遗留了一些问题。尽管如此,农业合作化在总体上是成功的。到 1956 年年底,农业合作化基本完成。加入合作社的农户占全国农户总数的 96. 3%,其中参加高级社的农户达到 87. 8%。

在农业合作化运动期间,从 1953 年到 1956 年,农业生产力不断发展,全国农业总产值平均每年递增 4. 8%。农民安居乐业,生产有所发展,生活有所改善。中国农村在发展稳定的气氛中完成了从几千年的分散个体劳动向集体所有、集体经营的历史性转变,这是中国历史上一次伟大的社会变革、社会进步。至于在土地等生产资料集体所有制的基础上,如何采取更有利于调动农民积极性的经营方式和组织形式,则是需要长期探索才能解决的,并且需要随着农村社会生产力的发展而不断加以完善。

手工业的社会主义改造方面,中国共产党采取的是积极领导、稳步前进的方针。手工业合作化的组织形式,是由手工业生产合作小组、手工业供销合作社到手工业生产合作社，步骤是从供销入手，由小到大、由低到高，逐步实行社会主义改造和生产改造。农业合作化的迅猛发展，也极大地加快了手工业合作化的步伐。1955 年年底，党和国家提出要在两年内基本完成手工业合作化。实际上，由于改变了过去按行业分期、分批、分片改造的办法，而采取手工业全行业一起合作化的办法，到 1956 年年底，参加合作化的手工业人员已占全体手工业人员的 91.7%。手工业的合作化也基本完成了。

对资本主义工商业的社会主义改造方面，就是要把民族资本主义工商业改造成为社会主义性质的企业，并对民族资产阶级实行赎买政策。采取这样的政策，既可以在一定时期利用资本主义工商业的积极作用（如增加产品供应、扩大商品流通、维持工人就业、为国家提供税收等），又有利于争取民族资产阶级及其知识分子，并减少他们接受社会主义改造的阻力。正因如此，中国共产党和人民政府对资本主义工商业采取了利用、限制、改造的政策。毛泽东明确指出："国家资本主义是改造资本主义工商业和逐步完成社会主义过渡的必经之路。"①

国家资本主义经济是在人民政府管理之下的，用各种形式和国营社会主义经济联系着的，并受工人监督的资本主义经济。它有初级形式和高级形式的区别。初级形式的国家资本主义企业仍由资本家经营，它同国营社会主义经济通过订立合同等办法，在企业外部建立这样那样的联系。其形式，在工业中有收购、加工、订货、统购、包销；在商业中有经销、代销、代购代销、公私联营等。高级形式的国家资本主义就是公私合营。实行公私合营以后，原来的资本主义企业同社会主义经济的联系已经不仅限于流通领域，而是深入到了企业内部，深入到了生产领域。社会主义经济在企业中已经具有决定意义的作用了。

经过国家资本主义来改造资本主义工商业，意味着国家对资本家

① 《毛泽东文集》第六卷，人民出版社 1999 年版，第 291 页。

采取和平赎买的政策。中共中央在《关于资本主义工商业改造问题的决议》中指出:"我们对于资产阶级,第一是用赎买和国家资本主义的方法,有偿地而不是无偿地,逐步地而不是突然地改变资产阶级的所有制;第二是在改造他们的同时,给予他们以必要的工作安排;第三是不剥夺资产阶级的选举权,并且对于他们中间积极拥护社会主义改造而在这个改造事业中有所贡献的代表人物给以恰当的政治安排。"①对资产阶级实行赎买,这是马克思、恩格斯提出的设想。十月革命后,列宁打算在俄国对"文明的资本家"采取这种做法,但俄国资产阶级不接受。中国共产党把这种设想付诸实施并取得成功,资产阶级中的绝大多数人公开表示接受这样的方案。按照 1956 年全行业公私合营时核定的私股私额,总数为 24.1864 亿元人民币。在赎买政策的实施过程中,资本家先后共获得人民币 32.5 亿元,超过了其原来所有的资产总额。资本家的所得包括:1949 年至 1955 年的利润 13 亿元,1955 年至 1968 年的定息 11 亿元,高薪 8.5 亿元。

在实行全行业公私合营的时候,国家为资本家安排了工作,许多人担负了一定的领导职务。这既有利于发挥他们在经营管理方面的特长,又可以为使他们成为自食其力的劳动者创造条件。国家还安排他们进行学习和组织他们到各地参观访问,帮助他们了解国内外形势,更好地掌握自己的命运。许多原工商业者提高了觉悟,拥护共产党的领导和社会主义制度,为国家建设事业作出了贡献。邓小平说:"我国资本主义工商业社会主义改造的胜利完成,是我国和世界社会主义历史上最光辉的胜利之一。这个胜利的取得,是由于中国共产党领导全体工人阶级执行了毛泽东同志根据我国情况制定的马克思主义政策,同时,资本家阶级中的进步分子和大多数人在接受改造方面

① 中共中央文献研究室编:《建国以来重要文献选编》第八册,中央文献出版社 1994 年版,第 154 页。

也起了有益的配合作用。”①

到1956年,随着社会主义改造的基本完成,中国建立起了社会主义的基本的经济制度。这是中国进入社会主义社会的最主要的标志。社会主义改造是在生产关系方面由私有制到公有制的一场伟大的变革,它对生产力的发展直接起到了促进作用。在全面进行社会主义改造期间,即从1953年到1956年,全国工业总产值平均每年递增19.6%,农业总产值每年递增4.8%。经济发展比较快,经济效益比较好,重要经济部分之间的比例关系比较协调。市场繁荣,物价稳定,人民生活显著改善。在改造过程中,国家资本主义经济和合作社经济表现了明显的优越性。特别是在农业生产方面,1956年,农业遇到严重的自然灾害,农业总产值还是增长了5%。依靠组织起来的力量,农田水利建设事业大大地发展了。仅1956年一年所兴修的农田水利工程的灌溉面积即达1.5亿亩,当年受益的达1亿亩。这等于中华人民共和国成立前全国所有水利设施的灌溉面积的一半,等于新中国成立后六年中发展的灌溉面积的2倍。当年受灾农田面积达2亿数千万亩,除8000万亩因毁灭性的灾害失收外,其余都依靠集体的力量大大减轻了灾害。这就是1956年为什么在灾害严重的情况下,还能够实现农业显著增产的根本原因。

社会主义改造的胜利,为中国全面进行社会主义建设奠定了基础,开辟了道路。农业和手工业由个体所有制变为社会主义的集体所有制,私营工商业由资本主义所有制变为社会主义所有制,这就使社会生产力从旧的生产关系的束缚中解放出来,从根本上解决了生产的社会化与生产资料私人占有之间的矛盾,从而为生产力的发展开辟了广阔的道路。当然,也增加了人民参与劳动生产的动力,保证了工人、农民、知识分子和一切爱国人士管理国家、社会事务和他们的民主权

① 《邓小平文选》第二卷,人民出版社1994年版,第186页。

利。为在社会主义条件下取得比资本主义更快更好的现代化发展速度铺平了道路。

第三节 让人民群众成为社会主义革命和建设事业的主体

一、建设以人民为中心的马克思主义执政党

新民主主义革命之所以能够取得胜利,归根结底在于人民群众成为革命事业的主体,而人民群众之所以能够成为革命事业的主体,又关键在于中国共产党不断推进党的建设的伟大工程,成为坚持以人民为中心的马克思主义革命党。新中国成立后,中国共产党所领导的一切工作,归结起来就是社会主义革命和建设的全新事业。事实证明,这项事业之所以能够胜利开展,关键就在于中国共产党以革命的精神推进党的建设新的伟大工程,将党建设成为一个坚持以人民为中心的马克思主义执政党,让人民群众真正成为这项全新事业的主体。

在新中国成立初期,进行一系列的整党整风工作成为中国共产党加强执政党建设的重要抓手。在全党范围的整党整风工作开展之前,各地党委根据当地情况,已经进行过许多小规模、有组织的整风活动。

例如 1950 年 1 月 14 日,在全区的解放任务还没有完全结束之前,中南大区即开始了整风工作,要求各省区结合建党工作整顿基层党组织并干部作风。中共中央中南局于当日发出的指示指出,中南区大部分为新解放区,在实际工作中,一方面各级干部对当地情况还不够了解,另一方面工作方式相较革命时期也需要根本转换。因此尤其是一线的党员干部在工作中必须坚持极其谨慎的态度,“边做边学”“边做边改”,以便及时去除损害党群关系的不良做法,并推广正确工作方

式。在整风活动中,各级党委应坚持“以学今后为主,整过去为辅”,“对老干部着重克服经验主义,左右倾思想,居功自傲、自满享乐情绪,端正政策作风,对新干部及本地老干部着重阶级立场教育”,“树立全心全意为人民服务的阶级观念、群众观念和组织观念”。①

在北京,1949 年解放军入城前后,就开展了对入城干部和地下党干部的集中教育,1949 年 7 月,又在工厂、学校中开展了公开建党工作,整顿和加强当地党组织和群众的关系。有鉴于公安部门容易成为干群矛盾的高发领域,且北京解放初期全市 2 万多名工作人员中,仅公安人员就有 1.7 万余人,中共北京市委还特别指示在公安干部队伍中普遍进行了“反对无政府无纪律反对命令主义和贪污腐化的两次检查”,这“对于公安人员工作作风的改善,特别是警察对人民态度的改善,有很大作用”。此外,中共北京市委还以人民代表会议为载体,开展干部作风与纪律检查工作,极大加强和改善了党群干群关系。②

1950 年 5 月 1 日,中共中央正式面向全党发布整风指示。指示指出:我党已取得全国胜利,成为执政全国的政党,党员队伍迅速壮大,“两年多以来党的发展已增加了党员约二百万人”③。但新老党员中皆有一些问题存在。对于新党员,“还没有来得及给以有计划的教育训练”④,一些人的思想作风不纯;而老党员老干部中也有一些人“骄傲自满,发展了严重的命令主义作风,任意违反党与人民政府的政策,采取蛮横态度去完成工作任务,破坏党与人民政府的威信,引起人民不满”⑤。为此,中共中央要求各地方中央局、中央分局、省委、大市委、

---

① 《中南局组织部对农村建党问题的指示(1950 年 1 月 14 日)》,《中南通讯》第 1 期,1950 年 3 月 1 日。

② 《北京市委关于全党整风工作计划向中央的报告(1950 年 7 月)》,《斗争》第 46 期。

③ 中共中央文献研究室编:《建国以来重要文献选编》第一册,中央文献出版社 1992 年版,第 217 页。

④ 同上,第 217 页。

⑤ 同上,第 217 页。

区党委、地委及各大军区党委，按照中共中央统一部署，“领导全党全军，进行一次大规模的整风运动，严格地整顿全党作风，首先是整顿干部作风”①。中共中央整风指示发出后，各地各级党委随即开始逐级传达中央整风指示，并通过党委负责人作专门报告及发布专门指示，面向全体党员并部分党外干部进行广泛思想动员，按照中央所指示反对官僚主义与命令主义，结合当地情况加以对照，指明整风运动必要性。

到1950年冬，中国共产党执政以后进行的这个首次全党范围的整风工作基本结束。事实证明，这次整风学习对于保持与继续发扬党的各项优良作风，对于更加密切党群关系，发挥了极其重要的作用，收到了良好效果。例如中共苏北区委就整风情况给中共中央华东局并中共中央的报告中就说，此次整风前，一些干部对贯彻群众路线、克服命令主义的问题思想不够通，认为完成工作任务与发动群众有矛盾，对根绝命令主义缺乏信心。经过整风，初步达到了既改造思想，又团结同志的目的，原来有疑虑的干部普遍认识到，无论在何种情况下，都绝不可采取强迫命令办法，只有坚决地克服掉命令主义等各种不良作风，党群关系才会进一步密切。中共宁夏省委就本省整风情况给中共中央西北局并中共中央的报告说，经过整风，宁夏党员干部普遍反映有两点重要收获，其一是“使领导上认识了官僚主义的严重性，纠正了重任务轻政策的观点”；其二是纠正了部分干部特别是基层干部中存在的“认为强迫命令、贪污腐化等不算什么错误的认识”，增强了党员干部为人民服务的思想。基层一线党员干部“大都能根据政策调查研究，开民主评议会，走群众路线，强迫命令、冒估冒算的现象大大减少”②。

---

① 中共中央文献研究室编：《建国以来重要文献选编》第一册，中央文献出版社1992年版，第217页。

② 《宁夏省委关于整风运动的报告(1950年9月14日)》，《党内通讯》第57期，1950年10月15日。

抗美援朝战争爆发以后,为了不再给人民群众增加负担,中国共产党领导开展了全国范围的增产节约运动。在此过程中,中国共产党以更加严厉的态度开展了反对贪污腐化、反对官僚主义的工作。特别是在靠近战争前线的东北地区,中共中央东北局取得了开展这项工作的重要经验。在此基础上,1951 年 12 月 1 日,中共中央作出《关于实行精兵简政、增产节约、反对贪污、反对浪费和反对官僚主义的决定》,全国范围内的“三反”斗争开展起来。决定强调:“现在必须向全党提出警告:一切从事国家工作、党务工作和人民团体工作的党员,利用职权实行贪污和实行浪费,都是严重的犯罪行为……一切贪污行为必须揭发,按其情节轻重,给予程度不等的处理,从警告、调职、撤职、开除党籍、判处各种徒刑、直至枪决。典型的贪污犯,必须动员群众进行公审,依法治罪。”①

“三反”运动到 1952 年 10 月基本结束,据统计,全国县级以上党政机关(军队除外)共有 383.6 万人参加进来,过程中总计查出贪污分子与犯贪污错误者 120.3 万人,占到参加“三反”运动总人数的 31.4%。其中,中共党员有 19.6 万人,占到问题人员总数的 16.3%。在“打虎”工作中,对 75.7%的人免予处分,20.7%的人受到行政处分,3.6%的人受到刑事处分,其中 17175 人被判处机关管制,11165 人被判处劳动改造,9942 人被判处有期徒刑,67 人被判处无期徒刑,“经中央和大行政区批准”,42 人判处死刑,9 人被判处死缓。以上处理结果说明,“三反”处理工作基本上贯彻了重教育、处理从宽的精神。对此,“群众的反映是良好的,基本上贯彻了实事求是、不枉不纵的精神”②。

“三反”运动是中国共产党在全国执政条件下,在中共中央领导下

① 中共中央文献研究室编:《建国以来重要文献选编》第二册,中央文献出版社 1992 年版,第 483 页。

② 中共中央文献研究室编:《建国以来重要文献选编》第二册,中央文献出版社 1992 年版,第 384—387 页。

所开展的一次全党范围内的反对贪污、浪费和官僚主义的运动。诚然，这场运动存在着这样或那样的问题，如有的地方走了过场，有的地方却斗争过火了，甚至还有个别地方造成冤假错案。但是总体来看，这场运动收到了良好效果，达到了预期目的。“三反”运动教育了全党，争取了群众，正如薄一波后来所说：“今天人们仍很怀念的50年代那股清新优良的党风和社会风气，之所以能够形成和保持，应该说是同‘三反’斗争的及时开展，全党同志从中受到警醒与教育密切相关的。”①

“三反”运动基本结束以后，在全面的社会主义改造工作特别是农业的互助合作运动更大规模地开展起来的情况下，为了防止农村工作中出现强迫命令等问题和损害农民群众利益，中共中央又领导开展了旨在着重反对官僚主义、命令主义和违法乱纪的“新三反”斗争。1953年1月5日，中共中央发出《关于反对官僚主义、命令主义和违法乱纪》，指出：在“三反”运动中，基本上解决了大区、省、市和专区四级的干部官僚、贪污、浪费的问题，“但对于不了解人民群众的痛苦，不了解离开自己工作机关稍为远一点的下情，不了解县、区、乡三级干部中存在着许多命令主义和违法乱纪的坏人坏事，或者虽然对于这些坏人坏事有一些了解，但是熟视无睹，不引起义愤，不感觉问题的严重，因而不采取积极办法去支持好人，惩治坏人，发扬好事，消灭坏事，这样一方面的官僚主义，则在许多地区、许多方面和许多部门，还是基本上没有解决”②。

在中共中央的领导下，各地“新三反”运动如火如荼地展开。“新三反”运动处理了一批官僚主义、命令主义、违法乱纪者，严明了党纪国法，整顿了党的队伍，获得了群众的信任。中国共产党是执政党，肩

---

① 薄一波：《若干重大决策与事件的回顾》（上），中共中央党校出版社1991年版，第152页。

② 《毛泽东文集》第六卷，人民出版社1999年版，第253—254页。

负着治国安邦的重任。因此,它的党员特别是干部的素质对治国理政起到决定性的影响。中华人民共和国成立初期,特别是在全面推进社会主义改造特别是农业农村的社会主义改造的情况下,党内存在的官僚主义、命令主义、违法乱纪行为不能不影响到党的执政能力、不能不影响到党的形象。而在“新三反”运动中,各级党委毫不留情,处理了一批不合格的干部,既清理了队伍,又教育了一般干部。如截至 1953 年 3 月 1 日,山西揭发出犯有官僚主义错误及违法乱纪的干部千余人,其中情节严重受到处分的有 113 人。河北省通县一个分区就揭发了 1774 个问题。天津市公安局查处从镇反以来积压的群众检举材料 7800 多件,等等。随着“新三反”运动的继续深入,有群众说:“有共产党和人民政府,就不允许坏人作恶。”中共山东诸城县委曾总结说:“目前,干部作风已有显著的转变,强迫命令的行为亦大大减少,打人的现象已经绝迹,农村中的民主风气大大增强,群众的政治积极性大为提高,从而有力地推动了冬季的各项工作。”[①]这些问题的揭发与处理,在当时产生了重大的积极影响,表明了中国共产党同官僚主义作斗争的决心与态度,获得了人民群众的高度赞扬。

在“新三反”工作开展的过程中,党和政府的信访工作和纪检制度也进一步发展和建立健全。

“新三反”运动是从检查处理人民群众来信入手的。中华人民共和国成立后,人民群众的政治热情高涨,根据《共同纲领》的要求,人民群众有向党和政府献言献计、开展批评建议的权利。群众来信,就是人民群众实施这一权利的重要渠道。进入“三反”运动阶段后,人民群众的来信更是急剧增加。但是,在相当多的部门,人民群众的来信长期得不到及时的回复,被拖着不做彻底处理,最后草率归档了事;或互相推诿,把信转来转去,甚至转到被批评检举的机关去处理,以致人民

① 《山东诸城反官僚主义斗争得到很大成绩》,《人民日报》1953 年 4 月 17 日。

来信提出的问题长期得不到解决。早在1951年毛泽东就强调指出处理好人民群众的来信工作的重要性。他说:“必须重视人民的通信,要给人民来信以恰当的处理,满足群众的正当要求,要把这件事看成是共产党和人民政府加强和人民联系的一种方法,不要采取掉以轻心置之不理的官僚主义的态度。”[①]正确处理人民群众来信和来访工作对党和政府工作人员来说,是克服官僚主义、密切联系群众的有效方式;而对人民群众来说,这是表达意愿最现实最直接的方式。

中共中央认为,正确处理人民群众的来信工作,是“共产党和人民政府加强和人民联系的一种方法”。第一,人民群众的来信,实际上形成了对各级党员干部进行监督,有效地防止党的腐败堕落。毛泽东强调,“各级人民政府是人民自己的政府,各级人民政府的工作人员是人民的勤务员。各级人民政府应该密切地联系人民群众,全心全意地为人民服务;并应鼓励人民群众监督自己的政府和工作人员。因此,各级人民政府对于人民的来信或要求见面谈话,均应热情接待,负责处理”[②]。在实际的各种具体工作中,强迫命令、形式主义、压制批评、违法乱纪的种种官僚主义行为还普遍存在,这些行为在很大程度上隔绝了党和群众的联系,阻碍了政策法令的有效贯彻执行,限制了人民群众积极性的发挥,破坏着人民的民主生活和国家的民主制度。据《人民日报》报道,人民群众和干部的来信,揭发了许多惊人事件,如河北省易县台底村村干部牛洛连欺压群众的事件、河北献县对沈东城村群众刘尔岚三次错捕、两次错判的事件,以及天津的杨月辉、山西的张三元等多年未得解决的案件,都在群众来信中被揭发出来,并一一获得了适当处理,使各级领导机关得以及早处理坏人坏事。[③]

---

① 《毛泽东文集》第六卷,人民出版社1999年版,第164页。

② 《建国以来毛泽东文稿》第二册,中央文献出版社1988年版,第322页。

③ 《华北地区各级领导机关加强处理人民来信和接见人民的工作》,《人民日报》1953年1月29日。

第二,通过人民来信这种形式,有利于解决社会存在的矛盾,同时贯彻党的政策,实现社会动员。通过群众的来信,可以知道人民群众所关心的问题,并使社会一些突出的问题得到重视和解决。同时,工作人员可以通过回信的形式和说服解释等方式向人民群众宣传党和政府的政策,实现社会动员的目的。如1953年2月1日《人民日报》的"读者来信"专栏就刊登了《河南省治淮总指挥部积压水泥造成严重浪费》《汤阴县合作社工作不负责任,棉站所存棉子大量发热霉烂》《建议检查处理武城县粮食局霉烂小麦和掩饰错误的行为》《河北省商业厅应即严肃处理定县油脂分公司蚀耗存油事件》四文,集中反映了各地已经存在着的浪费国家资财的现象,积极地提出各种有利于节约的办法和意见。

第三,人民群众来信的形式,是最容易为群众所接受的形式,因此这种形式最便于调动人民群众建设社会主义的积极性,也最便于党吸收民智。以当时中国贫困落后的现实,经济建设的任务繁重,又面临抗美援朝战争的重担,在这种时候,克服前进中的一切大小障碍就越发具有迫切的需要,因此也就更加需要人民群众随时随地对党和政府的工作提出批评和建议。而人民群众进行批评与建议的最便利、最经济而又最直接的方式,也是人民最乐于使用的方式,就是写信的方式。因此我们热切地要求广大人民群众继续发扬高度的政治积极性和责任心,看到什么缺点和错误,就马上写信批评和揭发。看到什么应兴应革的事项,就马上来信提出建议。问题如果得不到答复和解决,就应该进行坚决的斗争,继续写信给更上级的领导机关,直至中央。①

面对各种可能的不良作风的腐蚀,中国共产党在继续加强思想作风的"软"建设的同时,也加强纪检工作这一"硬"建设。1949年11

① 中共中央组织部等编:《中国共产党组织史资料》第九卷,中共党史出版社2000年版,第4页。

月，中共中央做出了《关于成立中央及地方各级党的纪律检查委员会的决定》，并成立了中央纪律检查委员会，由朱德兼任书记。《决定》强调，这是“为了更好地执行党的政治路线及各项具体政策，保守国家与党的机密，加强党的组织性和纪律性，密切地联系群众，克服官僚主义，保证党的一切决议的正确实施”[①]。1950 年 2 月 3 日，中共中央批转《中共中央纪律检查委员会工作细则》，要求各级纪委要经常地检查各级党的组织以及党员有无违反党章、党纪、党的决议，或者违反国家法律、法令及政策，乃至损害群众利益及脱离群众的官僚主义等行为或倾向。细则同时还规定，经常地、认真地在党内进行各种遵守党纪、法纪及密切联系群众的教育也是各级纪委的工作之一。中共领导人将加强纪检工作作为反对官僚主义、密切联系人民群众的有效途径：在思想上，强调加强纪检工作对于密切联系人民群众的重要性；在具体的纪检制度建设中，强调依靠人民群众加强纪检工作的重要性；在纪检工作的任务上，强调重视生产建设这个中心维护好人民的利益。

在设立纪检机构的过程中，还设立了各级人民监察通讯员制度，依靠人民群众加强纪检工作。《共同纲领》第十九条规定：“在县市以上的各级人民政府内，设人民监察机关，以监督各级国家机关和各种公务人员是否履行其职责，并纠举其中之违法失职的机关和人员。人民和人民团体有权向人民监察机关或人民司法机关控告任何国家机关和任何公务人员的违法失职行为。”[②]为了保证这条规定的落实，1951 年 7 月 6 日，政务院决定设立各级人民监察通讯员，并通过了《各级人民政府人民监察委员会设置监察通讯员的试行通则》。其中规定，各级人民政府机关、企业部门、人民团体中的人民监察委员会都应

① 中央纪委纪检监察研究所编：《中国共产党反腐倡廉文献选编》，中央文献出版社 2002 年版，第 15 页。

② 中共中央文献研究室编：《建国以来重要文献选编》第一册，中央文献出版社 1992 年版，第 6 页。

当设立监察通讯员。“各级监察机关必须吸收群众中的积极分子为监察通讯员,并加强其联系与领导。各级人民监察机关应该与工会、农民协会、新民主主义青年团、民主妇女联合会及各民主党派建立密切的联系,号召人民直接地来参加监察工作。对于群众的控告,应认真处理。”①

人民监察通讯员的任务是:(一)调查政府机关、企业部门及其公务人员的违法失职、作风不良、损害国家和人民利益等情况,向监察委员会做通讯报告;(二)征集群众对政府政策、法令、设施之意见,向监察委员会做通讯报告;(三)宣传监察制度之意义及其作用。许多地区的人民监察通讯员小组曾利用各种群众会、座谈会、墙报、广播等方式展开了广泛的宣传动员工作,这对于提高群众的认识,解除某些群众的顾虑,启发群众揭发坏人坏事的积极性,起了很大的作用。

伴随大规模经济建设在全国迅速开展,中共中央强调纪检工作要紧紧围绕生产建设这个中心,切实维护好人民群众的利益就成为必然。中央强调,“党的纪律检查委员会的责任,就是在各级党委领导下配合有关部门维护党的发展生产的政策,保证国家计划的切实执行”②。要履行这项责任,就必须对所有违反党的政策和决议,不忠实执行或是破坏国家的五年计划和年度计划,不忠实报告自己的工作的真实情况而对党隐瞒欺骗,违反国家的法律、法令的行为,并影响或妨碍了生产的发展,造成了党和国家的损失的党组织或党员干部,及时进行了解和检查,报告同级或上级的党委加以纠正;对于其中错误严重,造成重大损失的党的组织或党员干部,还必须给予应有的纪律处分。这就是说,纪律检查委员会要通过这些案件的处理,系统地进行

① 《一九五〇年人民监察工作总结及一九五一年工作任务的报告》,《人民日报》1951 年 8 月 15 日。

② 中共中央文献研究室编:《建国以来重要文献选编》第四册,中央文献出版社 1993 年版,第 550 页。

党纪教育，不允许任何一个党的组织或党员干部违反党的总路线和国家的计划，保证每个党员和每个党的组织都能实现自己所担负的任务，从而使党的发展生产的政策正确地执行，使国家的五年计划和年度计划顺利地实行。

二、建立以人民为中心的社会主义基本制度

要保证广大人民群众成为社会主义革命和建设事业的主体，还必须建立以人民为中心的社会主义各项基本制度特别是政治制度。因而在有系统地推进社会主义改造的同时，人民民主政治建设也在有步骤地向前推进。

1954 年 9 月，中华人民共和国第一届全国人民代表大会第一次会议在北京召开。大会讨论并通过了《中华人民共和国宪法》。人民代表大会制度这一新中国的根本政治制度从此建立，这成为新中国人民民主政治建设发展历程中具有标志性的事件。

《中华人民共和国宪法》规定："中华人民共和国是工人阶级领导的、以工农联盟为基础的人民民主国家。"①

这一规定表明，我们国家实行的是工人阶级领导的、以工农联盟为基础的人民民主制度，即具有中国特点的社会主义性质的民主制度。这种人民民主制度需要有一个不断完善和发展的过程，但它同资本主义国家的民主制度在性质上是完全不同的。在资本主义国家里，无论怎样标榜"民主"，终究只是为维护占人口极少数的资产阶级的统治地位和垄断利益服务的。只有在崭新的人民民主制度下，人民才当家做主，真正成为国家的主人。

宪法规定："中华人民共和国的一切权力属于人民。人民行使权

① 《中华人民共和国宪法》（1954 年 9 月 20 日第一届全国人民代表大会第一次会议通过），人民出版社 1954 年版，第 3 页。

力的机关是全国人民代表大会和地方各级人民代表大会。”①

采用民主集中制的人民代表大会的政治制度，是同新中国的根本性质相联系的。人民代表大会制度所以能够成为适合中国国情的政治制度，就是因为它能够便利人民行使自己的权力，能够便利人民群众经常通过这样的政治组织参加国家的管理，从而得以充分发挥人民群众的积极性和创造性。中国人民就是要用这样的政治制度来保证国家沿着社会主义的道路前进。

大会选举毛泽东为中华人民共和国主席，刘少奇为全国人大常委会委员长，决定周恩来为国务院总理。

这次会议是我国人民从 1949 年新中国成立以来的新胜利和新发展的里程碑，这次会议所制定的宪法将大大地促进我国的社会主义事业。在一届全国人大一次会议召开以后，中国人民政治协商会议不再代行全国人民代表大会的职权。

1954 年 12 月，中国人民政治协商会议第二届全国委员会一次会议在北京举行，会议推举毛泽东为全国政协名誉主席，选举周恩来为政协第二届全国委员会主席。大会通过的《中国人民政治协商会议章程》明确规定，政协“作为团结全国各民族、各民主阶级、各民主党派、各人民团体、国外华侨和其他爱国民主人士的人民民主统一战线的组织，仍然需要存在”②。从此，中国人民政治协商会议既是中国人民爱国统一战线的组织，又是中国共产党领导的多党合作和政治协商的重要机构，是我国政治生活中发扬社会主义民主的重要形式。这对于坚持和完善中国共产党领导的多党合作和政治协商制度，具有重要的意义。

① 《中华人民共和国宪法》(1954 年 9 月 20 日第一届全国人民代表大会第一次会议通过)，人民出版社 1954 年版，第 3 页。

② 中共中央文献研究室编：《建国以来重要文献选编》第五册，中央文献出版社 1993 年版，第 705 页。

中国是一个由56个民族组成的统一的多民族国家。据1953年人口普查时的统计,除汉族以外,各少数民族的总人口为3500余万,占全国总人口的6%,他们分别分布在占全国总面积60%的广大地区。其实,在筹建新中国,制定《共同纲领》的时候,在民族政策方面,一个突出问题就摆在中共领导人面前,需要作出抉择:中华人民共和国是实行"民族自决",还是"民族自治"?列宁和孙中山都提出过"民族自决"的口号,在民主革命时期,中国共产党也曾一度赞同过这个口号,而当形势已经发生根本变化时,中国共产党在民族问题上究竟应当采取什么样的根本政策?在经过慎重考虑之后,中共中央和毛泽东决定以民族自治代替民族自决。抗战胜利后,内蒙古大部分已摆脱了国民党的控制,如何使内蒙古人民行使自己当家做主的权利,中共中央提出了实施民族区域自治的方针。1946年2月18日,中共中央在《关于内蒙古民族问题应取慎重态度的指示电》中强调:"我们对蒙古民族问题应取慎重态度,根据和平建国纲领要求民族平等自治,但不应提出独立自决口号。"[①]根据中共中央的相关指示精神,1947年4月23日,内蒙古人民代表会议召开,宣布成立内蒙古自治政府。这是中国共产党领导建立的第一个省级少数民族自治区,为后来中共中央最终把民族区域自治政策上升到国家制度的高度奠定了基础。

《中国人民政治协商会议共同纲领》以国家根本法的形式明确规定:"各少数民族聚居的地区,应实行民族的区域自治,按照民族聚居的人口多少和区域大小,分别建立各种民族自治机关。凡各民族杂居的地方及民族自治区内,各民族在当地政权机关中均应有相当名额的代表。"并规定:"各少数民族均有发展其语言文字保持或改革其风俗习惯及宗教信仰的自由。人民政府应帮助各少数民族的人民大众发

① 中共中央统战部编:《民族问题文献汇编》,中共中央党校出版社1991年版,第1000页。

展其政治、经济、文化、教育的建设事业。”①民族区域自治制度正式确定下来。历史证明,中国共产党在执政全国之后,作出的民族区域自治制度选择是正确的,经得起历史检验的。1950 年 11 月 24 日,周恩来在政务院第六十三次政务会议讨论少数民族问题时说:“孙中山先生曾在国民党第一次代表大会上,就以‘民族自决’的口号把它肯定了下来。在我们制定《共同纲领》的时候,毛主席曾提出了以民族自治代替民族自决的原则,因为这样做对于加强民族间的团结与合作是有利的。现在,从一年来的少数民族工作中,我们可以看得出毛主席在当时的预见是十分正确的。”②

为了使区域自治有法可依,切实贯彻落实共同纲领的民族政策,在 1951 年 12 月召开的具有全国民族代表会议性质的中央民族事务委员会第二次扩大会议上,总结了各地实行民族区域自治的经验,统一了对于民族区域自治的认识,着重地讨论了实行民族区域自治需要解决的一些重要问题,并提出了一个民族区域自治实施纲要的草案。这个草案提出后,曾经政务院发给各大行政区及有关的省广泛地征求意见,并于 1952 年 2 月 23 日提请政务院第一百二十五次政务会议讨论通过。1952 年 8 月 3 日又经中国人民政治协商会议全国委员会政法组及民族组联合座谈讨论,同年 8 月 8 日中央人民政府委员会第十八次会议批准,《中华人民共和国民族区域自治实施纲要》正式公布。

实施纲要共分为七章四十条。它规定各少数民族聚居的地区,依据当地民族关系、经济发展条件,并参酌历史情况,分别建立下列各种自治区:(一)以一个少数民族聚居区为基础而建立的自治区。(二)以一个大的少数民族聚居区为基础,并包括个别人口很少的其他少数民族聚居区所建立的自治区。包括在此种自治区内的各个人口很少

① 《中国人民政治协商会议共同纲领》,《人民日报》1949 年 9 月 30 日。

② 逄先知、金冲及主编:《毛泽东传(1949—1976)》(上卷),中央文献出版社 2003 年版,第 23—24 页。

的其他少数民族聚居区，均应实行区域自治。（三）以两个或多个少数民族聚居区为基础联合建立的自治区。此种自治区内各少数民族聚居区是否需要单独建立民族自治区，应视具体情况及有关民族的志愿而决定。各民族自治区的行政地位，即相当于乡（村）、区、县、专区或专区以上的行政地位，依其人口多少及区域大小等条件区分之。

实施纲要又规定：民族自治区的自治机关，是与自治区行政地位相当的一级地方政权，其建立和组织应该依据民主集中制和人民代表大会制的基本原则；但其具体形式，可依照实行区域自治的大多数人民及与人民有联系的领袖人物的志愿，使能适合各少数民族当前发展阶段的面貌，成为实行区域自治的民族的人民容易了解和乐于亲近的方式。自治机关主要应由实行区域自治的民族人员组成，同时必须使自治区内其他民族都有适当数量的人员参加。

这个纲要实际上是新中国成立三年来实行民族区域自治政策的总结。截至 1952 年 6 月，全国已经建立的民族自治区有 130 个，其中有相当于专区或相当于县的，也有相当于区或相当于乡的。若干人口很少的少数民族如内蒙古的鄂伦春族、西北的保安族，在其聚居区也实行了区域自治。为了保障各民族杂居区少数民族的平等权利，中央人民政府政务院公布了关于地方民族民主联合政府实施办法的决定。截至 1952 年 6 月，已建立的民族民主联合政府有 200 多个。在推进民族区域自治的同时，大量而普遍地培养了少数民族干部。各地除了在工作中放手使用和大胆提拔少数民族干部外，还普遍开办了各种民族干部训练班和民族干部学校。在北京建立了中央民族学院，并在西北、西南、中南设立了八个中央民族学院分院。民族区域自治政策的推行，切实保障了各民族在政治上的平等权利，加强了各民族间的团结。

在上述工作基础上，继内蒙古自治区（1947 年 5 月）之后，新疆维吾尔自治区（1955 年 10 月）、广西壮族自治区（1958 年 3 月）、宁夏回族自治区(1958 年 10 月)和西藏自治区(1965 年 9 月)先后成立。中华民族实现了空前的团结和统一。这表明,新中国能够用彻底的民主主义和民族平等的精神来解决民族问题,建立各民族之间的真正团结合作。各民族都必须加强和巩固祖国的统一,必须紧密地团结在一起,为建设祖国而共同努力。同时,国家又必须保证各少数民族在聚居的地方行使其自治权,帮助每一个民族走上社会主义道路,使其在经济上、文化上都得到迅速发展。

在逐步推进社会主义改造的过程中,中国的社会主义基本政治制度得到了全面确立和进一步发展,为来自各个社会阶层和各个民族的广大人民群众切实在社会主义革命和建设事业中发挥主体作用打下了坚实的制度基础。

第四节 对社会主义建设前进道路的艰辛探索

一、将群众路线写入党章,开启全面建设社会主义的新征程

1956 年,社会主义基本制度的全面确立,标志着中国开始进入全面建设社会主义的历史阶段。中国已经是一个社会主义国家,但又是一个经济文化落后、人口众多、幅员辽阔、发展极不平衡的国家。坚决走社会主义道路,归根结底是为了不断巩固、实现和发展广大人民群众的利益,也正因这个目的,中国共产党人深刻地认识到,怎样建设社会主义,怎样巩固和发展社会主义,也必须从中国国情出发,在实践中进行艰苦的探索。

探索中国的社会主义建设道路,首先有一个如何把马克思列宁主义基本原理同中国具体实际相结合的问题。1956 年 4 月初,在中共中央书记处会议上,毛泽东提出:最重要的教训是独立自主,调查研究,

摸清本国国情，把马克思列宁主义的基本原理同我国革命和建设的具体实际结合起来，制定我们的路线、方针、政策。现在是社会主义革命和建设时期，我们要进行第二次结合，找出在中国进行社会主义革命和建设的正确道路。“第二次结合”任务的提出，为探索适合中国情况的社会主义建设道路，提供了基本的指导原则。

为准备召开中国共产党第八次全国代表大会，为全党全国人民团结一致建设社会主义中国制定科学的政治路线，毛泽东、刘少奇等领导人进行大规模的调查研究工作，带头践行从群众中来、到群众中去的群众路线。从 1956 年 2 月到 4 月，毛泽东等先后听取了国务院工业、农业、运输业、商业、财政、计划等 35 个部委的工作报告。这是新中国成立以来中共中央领导集体开展的第一次广泛而深入的对经济工作的调查研究。在此基础上，毛泽东逐渐形成《论十大关系》的基本思路，并先后在 4 月 25 日中央政治局扩大会议和 5 月 2 日最高国务会议上作了《论十大关系》的报告。报告中所说的十大关系，围绕一个基本方针，即：“一定要努力把党内党外、国内国外的一切积极的因素，直接的、间接的积极因素，全部调动起来，把我国建设成为一个强大的社会主义国家。”[①]这成为同年 9 月召开的中共八大的指导思想。

报告强调：社会主义是广大人民群众的事业。工人、农民是人民群众的主体，建设社会主义，首先必须依靠工农群众，充分调动工农群众的积极性；同时，必须巩固各民族的团结，帮助少数民族发展经济建设和文化建设；还应当与民主党派“长期共存，互相监督”，加强统一战线工作。报告指出：在把重工业作为国内建设重点的同时，要更多地发展农业、轻工业，并处理好沿海工业与内地工业、经济建设与国防建设的关系，从而对中国工业化道路的问题作出了创造性的论述。他还开始提出体制改革的问题，认为我们不能像苏联那样，把什么都集中

① 《毛泽东文集》第七卷，人民出版社 1999 年版，第 44 页。

到中央,而应当有中央和地方两个积极性,应当使各个生产单位有一个与统一性相联系的独立性。此外,报告在论述中国和外国的关系时,提出“向外国学习”的口号,强调一切民族、一切国家的长处都要学,但不能一切照搬。

同年4月28日,毛泽东在中共中央政治局扩大会议讨论《论十大关系》报告后总结讲话,进一步提出:“艺术问题上的百花齐放,学术问题上的百家争鸣,我看应该成为我们的方针。”[①]百花齐放、百家争鸣方针的提出和确立,充分体现了中国共产党对全面适应广大人民群众物质文化生活需求的坚决意志,有利于充分调动广大知识分子从事社会主义建设的积极性,成为党和国家促进社会主义文化繁荣和科学进步的指导方针,后来也成为处理人民内部矛盾的正确方针。

1956年9月15日至27日,中国共产党第八次全国代表大会在北京举行。毛泽东致开幕词,刘少奇作政治报告,周恩来作关于发展国民经济第二个五年计划建议的报告,邓小平作关于修改党章的报告。中共八大文献的起草,是在毛泽东领导下集体进行的。作为八大纲领性文献的政治报告稿,经毛泽东、刘少奇、周恩来等人反复修改,并经中共中央政治局多次讨论,是中共中央集体智慧的结晶。

中共八大正确分析了社会主义改造完成后中国社会的主要矛盾和主要任务,指出:社会主义制度在我国已经基本上建立起来。国内主要矛盾已经不再是工人阶级和资产阶级的矛盾,而是人民对于经济文化迅速发展的需要同当前经济文化不能满足人民需要的状况之间的矛盾。全国人民的主要任务是集中力量发展社会生产力,实现国家工业化,逐步满足人民日益增长的物质和文化需要;在社会主义条件下,还有阶级斗争,还要加强人民民主专政,但根本任务已经是在新的生产关系下面保护和发展生产力。会议强调:在经济建设上,要坚持

① 《毛泽东文集》第七卷,人民出版社1999年版,第54页。

既反保守又反冒进即在综合平衡中稳步前进的方针;在政治建设上,要扩大社会主义民主、健全社会主义法制,使党和政府的活动做到"有法可依"和"有法必依"。在执政党建设上,要提高全党的马克思列宁主义思想水平,健全党内民主集中制,坚持集体领导制度,反对个人崇拜,发展党内民主和人民民主,加强党和群众的联系。

中共八大对党的群众路线作了系统的总结,并将它写入党章。这是对群众路线地位的进一步确认。应当说,中共八大之所以对群众路线加以着重说明,主要是基于两个方面的考虑:一方面,群众路线是党在组织工作中的根本问题,是党章中的根本问题,是需要在党内反复进行教育的;另一方面,从党的七大到八大已过去 11 年,党的实际斗争的经验,给了群众路线以更深刻更丰富的内容,因而在党章草案中,这一路线也得到了进一步的反映。"党章草案的总纲,着重地指出了党必须不断地发扬党的工作中的群众路线的传统,并且指出了这个任务由于党成了执政的党而有更加重大的意义。"①

中共八大对群众路线的内涵和意义作了进一步的阐释。邓小平在大会上所作的《关于修改党章的报告》指出:群众路线简单来说包括两个方面的含义。一方面,人民群众必须自己解放自己,党的全部任务就是全心全意地为人民服务;党对人民群众的领导作用,就是正确地给人民群众指出斗争的方向,帮助人民群众自己动手,争取和创造自己的幸福生活。另一方面,党的领导工作能否保持正确取决于它能否采取"从群众中来,到群众中去"的方法,即将群众分散的无系统的意见,经过研究集中起来,又到群众中去做宣传解释,化为群众的意见,使群众坚持下去,见之于行动,并在群众中坚持下去。报告强调:中国共产党之所以具有先进性,之所以能够领导人民群众,是因为它

① 中共中央文献研究室编:《建国以来重要文献选编》第九册,中央文献出版社 1994 年版,第 123 页。

是全心全意为人民群众服务的，它反映人民群众的利益和意志，并且努力帮助人民群众组织起来，为自己的利益和意志而斗争。因此，中国共产党在认识方法上坚持“从群众中来，到群众中去”的方法。“只有首先善于做群众的学生的人，才有可能做群众的先生，并且只有继续做学生，才能继续做先生。”[①]中国共产党只有认真地总结群众的经验，集中群众智慧，才能正确领导群众前进的方向。否则，空有全心全意为人民服务的意愿，也会把工作做坏，使群众受到重大的损失。

八大党章规定，党员有“全心全意地为人民群众服务，密切同人民群众的联系，向人民群众学习，虚心地听取并且及时地向党反映人民群众的要求和意见，向人民群众解释党的政策和决议”的义务。为了贯彻群众路线，党的八大关于修改党章的报告中提出了五条措施，这同时也是中国共产党贯彻群众路线的任务。第一，在党的教育系统中，在党员的教育材料和党的报刊中，着重进行党的群众路线的教育，使党的群众路线深入党员大脑。第二，着手改善各级领导机关的工作方法，保证领导工作人员有足够的时间深入群众，使他们善于运用典型调查的方法去研究群众的情况、经验和意见。第三，健全党的和国家的民主生活，使党的和政府的下级组织，有充分的便利和保证，可以及时地无所顾忌地批评上级机关在工作中的错误和缺点，使党和国家的各种会议，特别是各级党的代表大会和人民代表大会，成为充分反映群众意见、开展批评和争论的讲坛。第四，必须加强党和国家的监察工作，及时发现和纠正各种官僚主义现象，对违法乱纪和其他严重损害群众利益的分子及时给予处分。第五，必须加强部门党的组织，必须运用过去整党工作的经验，采取群众性的批评和自我批评的方法，每隔一段时间，对全体党员进行一次工作作风的整顿，特别着重检

① 《邓小平文选》第一卷，人民出版社 1994 年版，第 218 页。

查群众路线的执行情况。[①]

为了更好地贯彻党的群众路线，进一步密切党群关系，党的八大通过的党章特别强调了加强党的基层组织建设，指出“党的基层组织是党联系广大人民群众的基本纽带，经常检查和改进基层组织的工作，是党的领导机关的重要政治任务”。根据党的八大通过的党章的规定，在包括工厂、矿山或者其他企业，乡、镇和民族乡，农业生产合作社，机关、学校和街道，人民解放军中的连队和其他基层单位，凡是有正式党员三人以上的，都应当成立党的基层组织。八大党章规定基层党组织和党的基层组织的一般任务是：（一）在群众中进行宣传和组织工作，实施执行党的主张和上级组织的各种决议。（二）经常注意并且向上级组织反映群众的情绪和要求，关心和尽力改善群众的物质和文化的生活。（三）接收党员，征收党费，审查和鉴定党员，对党员执行党的纪律。（四）组织党员学习马克思列宁主义，学习党的经验和政策，提高党员的思想水平和政治水平。（五）领导群众积极参加国家的政治生活。（六）领导群众发挥积极性和创造性，巩固劳动纪律，保证完成生产计划和工作计划。（七）开展批评和自我批评，揭露和消除工作中的缺点和错误，同一切违法乱纪、贪污浪费和官僚主义的现象进行斗争。（八）在党员和群众中进行提高警惕性的教育，经常注意同阶级敌人的破坏活动进行斗争。由此可见，新党章规定基层党组织的任务的中心环节就是密切联系群众，保障党能够反映人民群众的意愿。

基于使全党坚持和贯彻党的群众路线，进一步密切党群关系，党的八大对党如何加强和改善对农会（农村合作社）、工会、青年团组织和妇女组织等群众组织的领导，推动这些群众组织在党的领导下更好地发挥联系和组织各方面人民群众的作用等，也都作出了明确的规

① 中共中央文献研究室编：《建国以来重要文献选编》第九册，中央文献出版社1994年版，第130—131页。

定。此外,党的八大还强调贯彻群众路线必须要党外人士的参与配合,发挥民主党派的监督作用;贯彻群众路线要有民主程序,走制度化的道路,“以便对于党的组织和党员实行严格的监督”①。凡此都充分体现了中国共产党对全面建设社会主义过程中,为什么和怎么样依靠群众的重要性的深刻认识,是我党始终坚持以人民为中心,将全心全意为人民服务作为党一切工作的出发点和落脚点的人民意志的有力证明。

中共八大制定的党的路线是正确的,提出的许多新的方针和设想是富于创造精神的,但最关键的一点是对我国社会主要矛盾作出了正确的分析与判断。历史证明这些成果对于党的事业的发展有长远的重要意义。②

党的八大闭幕以后,紧接着召开的中共八届一中全会,选举毛泽东为中央委员会主席,刘少奇、周恩来、朱德、陈云为副主席,邓小平为总书记,由他们组成中央政治局常务委员会。中共八大的路线是正确的,它为社会主义事业的发展和党的建设指明了方向。

为了进一步具体和系统地解决全面建设社会主义进程中的问题,特别是在此进程中如何更加妥善和科学地解决党群关系中可能出现的各种问题,1957 年 2 月,毛泽东在扩大的最高国务会议第十一次(扩大)会议上作了《如何处理人民内部的矛盾》的讲话,指出:在社会主义制度下,人民的根本利益是一致的,但还存在着敌我矛盾和人民内部矛盾。必须区分社会主义社会两类不同性质的社会矛盾,把正确处理人民内部矛盾作为国家政治生活的主题。他联系农业合作化问题、工商业者问题、知识分子问题、少数民族问题、少数人闹事问题、与民

---

① 中共中央文献研究室编:《建国以来重要文献选编》第九册,中央文献出版社 1994 年版,第 121 页。

② 中共中央党史研究室:《中国共产党的九十年》,中共党史出版社、党建读物出版社 2016 年版,第 476 页。

主党派关系问题等,系统地阐明了正确处理各种人民内部矛盾的方针和方法。他强调,不能用解决敌我矛盾的方法去解决人民内部矛盾,只能用民主的、说服的、教育的、“团结—批评—团结”的方法去解决。

毛泽东提出正确处理人民内部矛盾的问题,有一个重要的指导思想,这就是:“……团结全国各族人民进行一场新的战争——向自然界开战,发展我们的经济,发展我们的文化,使全体人民比较顺利地走过目前的过渡时期,巩固我们的新制度,建设我们的新国家……”[①]

毛泽东在《关于正确处理人民内部矛盾的问题》[②]中对社会主义社会的基本矛盾作了科学分析。他指出:矛盾是普遍存在的。社会主义社会中也存在着矛盾,正是这些矛盾推动着社会主义社会不断向前发展。在社会主义社会中,基本的矛盾仍然是生产关系和生产力之间的矛盾、上层建筑和经济基础之间的矛盾。这些矛盾,可以通过社会主义制度本身的自我调整和自我完善不断地得到解决,这实际上为进行改革、使社会主义制度得到完善和发展奠定了理论基石。《关于正确处理人民内部矛盾的问题》于 1957 年 6 月 19 日在《人民日报》公开发表,是一篇重要的马克思主义文献。它创造性地阐述了社会主义社会矛盾学说,是对科学社会主义理论的重要发展,对中国社会主义事业具有长远的指导意义。

二、在探索的严重曲折中依然得到人民群众的信任和希望

“文化大革命”给党、国家和民族造成的损失是十分巨大的,它所提供的教训是极为沉痛和深刻的。但是,错误和挫折并没有摧毁中国共产党。它能够从自己所犯的错误中学习,最终还是依靠自身的力量和人民群众的支持、帮助,彻底纠正了这些错误,使党和国家的工作重

---

① 《毛泽东文集》第七卷,人民出版社 1999 年版,第 216 页。

② 同上,第 204—244 页。

新回到正确的轨道。这个事实证明,中国共产党作为一个对人民负责任的马克思主义政党,在政治上具有自我净化、自我发展的能力。

中国共产党在独立探索中国自己的社会主义建设道路过程中发生的严重曲折,原因是多方面的,但是归根结底,并不是由社会主义根本制度本身所造成的,而且依靠社会主义制度的自我完善和发展是完全可以纠正的。毛泽东的错误在于违反了他自己正确的东西,是一个伟大的革命家、伟大的马克思主义者所犯的错误。他在犯严重错误的时候,还多次要求全党认真学习马克思、恩格斯、列宁的著作,还始终认为自己的理论和实践是马克思主义的,是为巩固无产阶级专政所必需的。就毛泽东的一生来说,他的功绩是第一位的。

“文化大革命”为什么发生并持续十年之久?邓小平对法拉奇[①]说:“搞‘文化大革命’,就毛主席本身的愿望来说,是出于避免资本主义复辟的考虑,但对中国本身的实际情况做了错误的估计。”[②]2021年11月11日中国共产党第十九届中央委员会第六次全体会议通过的《中共中央关于党的百年奋斗重大成就和历史经验的决议》(以下简称“第三个历史决议”[③])在回顾总结这段历史时指出:“毛泽东同志对当时我国阶级形势以及党和国家政治状况作出完全错误的估计,发动和领导了‘文化大革命’,林彪、江青两个反革命集团利用毛泽东同志的错误,进行了大量祸国殃民的罪恶活动,酿成十年内乱,使党、国家、

---

① 法拉奇:全名奥莉娅娜·法拉奇(Oriana Fallaci,1929年6月29日—2006年9月14日),意大利记者、作家,前二战游击队员,生于佛罗伦萨。她1950年任《晚邮报》驻外记者,1967年开始任《欧洲人》周刊战地记者,采访过越南战争、印巴战争、中东战争和南非动乱。她两次获得圣·文森特新闻奖,一次获得班卡瑞拉畅销书作者奖。她还获得美国芝加哥哥伦比亚学院名誉文学博士学位。

② 《邓小平文选》第二卷,人民出版社1994年版,第346页。

③ 第三个历史决议:党的十九届六中全会通过的《中共中央关于党的百年奋斗重大成就和历史经验的决议》,是党史上的第三个历史决议,前两个决议分别是1945年党的六届七中全会通过的《关于若干历史问题的决议》和1981年党的十一届六中全会通过的《关于建国以来党的若干历史问题的决议》。

人民遭到新中国成立以来最严重的挫折和损失，教训极其惨痛。一九七六年十月，中央政治局执行党和人民的意志，毅然粉碎了‘四人帮’，结束了‘文化大革命’这场灾难。”

由于中国共产党的历史特点，在社会主义改造基本完成以后，在观察和处理社会主义社会发展进程中出现的政治、经济、文化等方面的新矛盾新问题时，容易把已经不属于阶级斗争的问题仍然看作是阶级斗争，并且面对新条件下的阶级斗争，又习惯于沿用过去熟悉而这时已不能照搬的进行大规模疾风暴雨式群众斗争的旧方法和旧经验，从而导致阶级斗争的严重扩大化。同时，这种脱离现实生活的主观主义的思想和做法，由于把马克思、恩格斯、列宁、斯大林著作中的某些设想和论点加以误解或教条化，反而显得有“理论根据”。这就造成把社会主义国家实行的某些具体制度和具体政策当作社会主义本质来坚持，把阶级斗争扩大化的理论误当成对马克思列宁主义的所谓继承和发展，把党内不同意见的正常争论当作两条路线的斗争，甚至直接说成是阶级斗争。

造成“文化大革命”的情况，还有一个重要原因就是党的民主集中制和集体领导制度遭到了严重破坏，致使党无法依靠制度的和集体的力量及时地发现并纠正错误。国际共产主义运动史上由于没有正确解决领袖和党的关系问题而出现过的一些严重偏差，对中国共产党也产生了消极影响。这种情况的出现还说明，中国是一个封建历史很长的国家，中国共产党对封建主义特别是对封建土地制度和豪绅恶霸进行了最坚决、最彻底的斗争，在反封建斗争中养成了优良的民主传统；但是长期封建专制主义在思想政治方面的遗毒仍然不是很容易肃清的。

然而，对这一时期中国共产党所犯的错误，必须要做具体的、历史的和科学的分析。应当看到，中国共产党在犯严重错误的时候，其作为工人阶级和中华民族先锋队的性质、全心全意为人民服务的宗旨都没有改变,人民群众依然把它看作是自己根本利益的代表者,对它表示信任并寄予希望。就是在“大跃进”造成国民经济严重困难的时期,党和政府依然具有团结人民共渡难关的巨大凝聚力,依然具有认真总结教训、妥善解决问题、把事业推向前进的能力。广大党员、干部和群众在中国共产党的领导下,同心同德,艰苦奋斗,共渡难关。在“文化大革命”的特殊年代里,中国共产党并没有被摧毁而且还能维持统一,中国社会主义制度的根基仍然保存着,社会主义经济建设还在进行,国家仍然保持统一并且在国际上发挥着重要的影响。这既同毛泽东的巨大作用分不开,也是广大党员、干部和人民群众共同努力的结果。

中国共产党能够紧紧依靠广大党员、干部和人民群众,并在广大群众的支持和帮助下,发现错误、抵制错误、纠正错误。中国共产党和广大人民群众在“文化大革命”中同“左”倾错误和林彪、江青反革命集团的斗争是艰难曲折的,并且一直没有停止过。正是由于中国共产党、各级政府和广大工人、农民、解放军指战员、知识分子、知识青年和干部的共同斗争,使“文化大革命”的破坏受到了一定程度的限制。“文化大革命”整个过程的严峻考验表明:党的第八届中央委员会和它所选出的政治局、政治局常委、书记处的成员,绝大多数都站在斗争的正确方面。党的干部,无论是曾被错误地打倒的,还是一直坚持工作和先后恢复工作的,绝大多数是忠于党和人民的,对社会主义、共产主义事业的信念是坚定的。遭到过打击和折磨的知识分子、劳动模范、爱国民主人士、爱国华侨以及各民族各阶层的干部和群众,绝大多数都没有动摇热爱祖国和拥护共产党、拥护社会主义的立场。在“文化大革命”中,尽管遭到林彪、江青两个反革命集团的破坏,但中国共产党团结广大干部群众终于战胜了他们。

即使在中国共产党和毛泽东犯了严重错误的历史时期,社会主义建设的各项事业仍然取得了举世公认的重要成就。中国共产党在中华人民共和国成立以后的历史,总的来说,是我们党在马克思列宁主义、毛泽东思想指导下,领导全国各族人民进行社会主义革命和社会主义建设并取得巨大成就的历史。这是这一时期历史发展的主题和主线。忽视错误、掩盖错误是不允许的,这本身就是错误,而且将导致更多更大的错误。但是,我们取得的成就还是主要的,忽视或否认我们的成就,忽视或否认取得这些成就的成功经验,同样是严重的错误。我们的成就和成功经验是党和人民创造性地运用马克思列宁主义的结果,是社会主义制度优越性的表现,是全党和全国各族人民继续前进的基础。历史一再表明,中国人民是伟大的人民,中国共产党是伟大的党,社会主义制度具有顽强的生命力。

三、全面建设社会主义时期的探索成就

从"一五"时期(即执行发展国民经济的第一个五年计划的时期)开始到1976年的20多年,是中国社会主义现代化事业打基础的重要发展时期。尽管经历了"大跃进"和"文化大革命"的严重挫折,这个时期中国经济的发展速度仍然是比较快的。1952年到1978年,工农业总产值平均年增长率为8.2%,其中工业年均增长11.4%,谷物和主要工业产品(如钢、煤、石油、电力、水泥、化肥、硫酸、化纤、棉布等)产量在世界上的排名明显提前。在这期间,国家经济实力显著增强。按照不变价格计算,1952年国内生产总值679亿元人民币,1976年增加到2965亿元;人均国内生产总值从1952年的119元增加到1976年的319元。这个数字虽然还很低,但在原有基础上的增长仍是很明显的。

这一时期最大的建设成就,是基本建立了独立的、比较完整的工业体系和国民经济体系,从根本上解决了工业化中"从无到有"的问题。中华人民共和国刚刚成立时,由于没有自己独立的工业体系,主要工业产品全部依赖进口。从"一五"计划开始,国家以苏联援助的156项重点工程、694个大中型建设项目为中心,进行了大规模投资,建成了一批门类比较齐全的基础工业项目,涉及冶金、汽车、机械、煤

炭、石油、电力、通信、化学、国防等领域,为国民经济的进一步发展打下了坚实的基础。国家基本建设投资,从“一五”时期起到“四五”时期,累计达 4956.3 亿元。在铁路、交通运输等基础设施建设方面,这个时期同样得到了较快的发展。旧中国在 73 年间仅修筑铁路 2.18 万公里、公路 8.07 万公里;到 1976 年,中国的铁路达到 4.63 万公里,公路达到 82.34 万公里,初步形成了全国的路网骨架。从国防和国家安全的考虑出发,这一时期还开展了大规模的“三线”建设。这不仅极大地增强了国防力量,而且对改善工业布局和城市布局起了重要的促进作用。独立的、比较完整的工业体系和国民经济体系的建立,使中国在赢得政治上的独立之后赢得了经济上的独立,为中国以后的发展奠定了牢固的物质技术基础,而且也为中国同包括西方发达国家在内的世界各国在平等互利的原则下发展对外贸易和经济往来创建了前提。

国家经济社会事业的发展不仅为人民群众过上美好生活奠定了坚实的基础,这些发展的成果还直接惠及中国最广大的人民群众。中国共产党和人民政府始终十分关注人民群众的生活,把满足人民基本生活需要作为发展经济的根本目的。通过兴修水利、开展农田基本建设、培育推广良种、提倡科学种田,较大幅度地提高了粮食生产水平和抵御自然灾害的能力。粮食总产量从 1949 年的 2263.6 亿市斤增加到 1976 年的 5726.1 亿市斤,亩产量从 1949 年的 137 市斤提高到 1976 年的 316 市斤。棉花总产量从 1949 年的 888.8 万担增加到 1976 年的 4110.9 万担,亩产量从 1949 年的 22 市斤增加到 1976 年的 56 市斤。

生产生活条件的不断改善推动了人口的明显增加。全国总人口从 1949 年的 5.4167 亿增长到 1976 年的 9.3717 亿,同期粮食的人均占有量则从 418 市斤增加到 615 市斤。同期增产的粮食不仅多养活了 4 亿人口,而且使全国人均占有的粮食增加近 200 市斤。全国居民的人均消费水平,农民从 1952 年的 62 元增加到 1976 年的 131 元,城市居民同期从 154 元增加到 365 元。在全国人民节衣缩食支援国家工业化基础建设的情况下，尽管人民群众生活逐年改善的增幅不大，但初步满足了占世界 1/4 人口的基本生活需求，这在当时被公认为一个奇迹。

进入全面建设社会主义时期以后，中华人民共和国文化建设的发展成绩更是有目共睹。在这方面建设中，特别需要指出的就是扫除文盲、大力推广普通话，并加大对基础教育和高等教育的投资。从 1949 年到 1976 年，小学校从 34.7 万所发展到 104.4 万所，在校生从 2439 万人发展到 1.5 亿人；中学校从 4045 所发展到 19.2 万所，在校生从 103.9 万人发展到 5836.5 万人；高等学校从 205 所发展到 434 所，在校生从 11.7 万人发展到 67.4 万人。文学艺术工作虽然不断受到"左"的干扰，但在古为今用、洋为中用、百花齐放、推陈出新文艺方针的指引下，仍然取得了重要的成就。戏剧、电影、音乐、舞蹈、小说、散文和诗歌等都涌现出大批优秀作品。医疗事业也得到蓬勃发展。1949 年全国拥有医院 2600 家，到 1976 年发展到 7850 家；医院床位从 1949 年的 8 万张发展到 1976 年的 168.7 万张。全国人口的死亡率从 1949 年的 20‰下降到 1976 年的 7.25‰；人均预期寿命，1949 年仅为 35 岁，1975 年提高到 68.8 岁。此外，中华人民共和国还高度重视发展体育事业，提出了"发展体育运动，增强人民体质"的指导方针。从 1956 年到 1976 年，中国运动员先后有 123 人次打破世界纪录。

全面建设社会主义时期，中华人民共和国在核技术、人造卫星和运载火箭等尖端科学技术领域，取得一系列重要的成就。1964 年 10 月 16 日，中国成功地爆炸了第一颗原子弹；1967 年 6 月，爆炸了第一颗氢弹；1970 年 1 月，第一枚中远程导弹发射成功；同年 4 月，第一颗人造地球卫星发射成功；1975 年，可回收人造地球卫星试验成功。这些成就表明，中国在尖端科技领域的某些方面正接近世界先进水平。邓小平说过："如果六十年代以来中国没有原子弹、氢弹，没有发射卫星，中国就不能叫有重要影响的大国，就没有现在这样的国际地位。这些东西反映一个民族的能力，也是一个民族、一个国家兴旺发达的标志。”①

对于中国这样一个人口众多的大国来说，要维护、实现和不断发展广大人民群众的根本利益，不能没有科技的快速发展。中华人民共和国先后制定了两个科学技术长远发展规划。其中，1956 年制定的第一个十二年发展规划提前实现，1963 年又提前制定了十年发展规划。中华人民共和国还在 1949 年 11 月就成立了中国科学院，一些重要的现代科学分支和新兴应用技术，如生物物理学、分子物理学、地球化学、射电天文学、高能物理以及核技术、喷气技术、计算机技术、半导体技术、自动化技术、无线电技术等，也都在这一时期逐步发展起来。华罗庚、李四光、茅以升、竺可桢、童第周、钱三强、钱学森、邓稼先、郭永怀、袁隆平、陈景润等一批科学家为国家科学技术的发展作出了重大贡献。

中华人民共和国在短短的时间里取得如此巨大的成就，归根结底在于中国共产党始终坚持以人民为中心，让广大人民群众真正成为社会主义革命和建设事业的主体；中国人民真心拥护中国共产党的领导，真心拥护和自觉投入中国共产党领导下的社会主义建设事业。这一时期涌现出的像大庆和大寨那样艰苦创业的英雄集体，涌现出的大量英雄模范人物，如雷锋、王进喜、焦裕禄等，集中反映了当时的社会道德和精神风貌。

中华人民共和国成立后，中国共产党带领全党和全国各族人民，为捍卫民族独立、国家主权和维护世界和平、促进人类进步事业也作出了卓越贡献。1950 年至 1953 年的抗美援朝战争，以及随后召开的日内瓦国际会议和万隆会议，极大地提高了新中国的国际地位。中国

---

① 《邓小平文选》第三卷，人民出版社 1993 年版，第 279 页。

同印度、缅甸等国共同倡导的和平共处五项原则，成为处理国与国关系的公认的国际准则。同中国接壤或邻近的亚洲国家，绝大多数是新兴的民族独立国家。从 1960 年 1 月到 1963 年 3 月，中国先后同缅甸、尼泊尔、蒙古、巴基斯坦、阿富汗等国妥善地解决了边界问题。

从 20 世纪 50 年代到 70 年代中期，中国长期支持越南人民的民族解放战争，先是支持越南人民赢得了抗法战争的胜利，随后又积极支持越南人民的抗美战争。美国深陷于越南战争的泥潭之中，难以自拔。20 世纪 50 年代，亚洲、非洲、拉丁美洲的广大地区出现了民族解放运动的高潮。中国在支持民族解放运动中同广大发展中国家建立了友好关系。这些国家积极争取恢复新中国在联合国的合法席位，并在 1971 年 10 月获得成功。从此，中国在联合国中发挥日益重要的作用，成为维护世界和平、反对霸权主义的一支中坚力量。

新中国长期不懈的外交努力，终于打开了中美关系正常化的大门。1972 年 2 月，美国总统尼克松访华，中美双方在上海发表联合公报。同年 9 月，中日两国发表关于建交的联合声明。随着中美关系开始正常化，1972 年出现了西方国家对华建交热潮，中国外交格局发生重大变化。中国同英国、荷兰、希腊、联邦德国等国先后建立大使级外交关系，同西方国家的关系从此出现重大转机。中苏关系也趋于缓和。这为后来中国逐步实行对外开放政策创造了有利条件。同中国建交的国家，从 1965 年的 49 个增加到 1976 年的 111 个，仅 1970 年以后的新建交国就有 62 个。

全面建设社会主义打好了中国特色社会主义建设的根基，为改革开放创造了良好的基础，而且社会主义让我们更能清楚的认识到中国只能有共产党领导，各方面事业才能够稳步发展，人民群众才能过上美好幸福的生活。

第四章
坚持以人民为中心与开创和发展中国特色社会主义

党的十一届三中全会的胜利召开,标志着粉碎"四人帮"后党和国家工作在徘徊中前进的局面的结束。全会重新确立了马克思主义的思想路线、政治路线、组织路线,实现了中华人民共和国成立以来党的历史上具有深远意义的伟大转折,开启了改革开放和社会主义现代化建设的新时期,开启了中国人民由站起来到富起来的伟大征程。邓小平同志指出:"中国共产党员的含意或任务,如果用概括的语言来说,只有两句话:全心全意为人民服务,一切以人民利益作为每一个党员的最高准绳。"①江泽民同志指出,中国共产党想问题、办事情的出发点和落脚点,始终要考虑人民群众的根本利益。胡锦涛同志强调,群众利益无小事,坚持立党为公,执政为民,必须落实到关心群众生产生活的工作中去,坚持权为民所用、情为民所系、利为民所谋。在 40 多年的改革开放历史进程中,中国共产党人始终坚持党在社会主义初级阶段的基本路线,牢牢把握我国基本国情,始终把为人民谋幸福、为民族谋复兴摆在突出位置。经过 40 多年的奋斗,国民经济和人民群众的生活发生了翻天覆地的变化。

① 《邓小平文选》第一卷,人民出版社 1994 年版,第 257 页。

第一节 人民群众是改革开放和中国特色社会主义建设事业的主体

一、重新确立党的正确思想路线与全面拨乱反正

1976 年 10 月粉碎“四人帮”的胜利,挽救了中国共产党和中国的社会主义事业。在粉碎“四人帮”以后,广大干部和群众强烈要求纠正“文化大革命”的错误理论、方针和政策,彻底扭转十年内乱造成的严重局势,使中国从危难中重新奋起。与此同时,世界经济快速发展,科技进步日新月异。国内外大势要求中国共产党尽快就关系党和国家前途命运的大政方针作出政治决断和战略抉择。但是,“两个凡是”错误方针的提出,使彻底纠正“文化大革命”错误的要求和愿望遇到严重阻碍,党和国家的工作出现了在徘徊中前进的局面。

在全党的要求下,1977 年 7 月召开的中共十届三中全会决定恢复邓小平在 1976 年被撤销的一切职务。1977 年 8 月召开的中国共产党第十一次全国代表大会,宣告“文化大革命”结束,重申 20 世纪内把我国建设成为社会主义现代化强国的根本任务,但仍然肯定了“文化大革命”的错误理论和实践。大会新产生的中央委员会选举华国锋为中共中央主席,叶剑英、邓小平、李先念、汪东兴为副主席。1978 年 3 月,五届全国人大一次会议选举叶剑英为全国人大常委会委员长,决定华国锋为国务院总理;全国政协五届一次会议选举邓小平为政协第五届全国委员会主席。

1978 年 3 月,邓小平指出:“独立自主不是闭关自守,自力更生不是盲目排外。……任何一个民族、一个国家,都需要学习别的民族、别

的国家的长处,学习人家的先进科学技术。"①为了冲破"两个凡是"的严重束缚,清除"左"的指导思想,邓小平提出要完整地、准确地理解毛泽东思想的科学体系,强调毛泽东思想的精髓就是实事求是,旗帜鲜明地提出"两个凡是"不符合马克思主义。邓小平还同叶剑英、陈云、李先念、胡耀邦等支持和领导了从1978年5月开始的关于真理标准问题的大讨论,强调实践是检验真理的唯一标准。这场讨论,是继延安整风之后又一场马克思主义思想解放运动,成为拨乱反正和改革开放的思想先导,为党重新确立实事求是的思想路线,纠正长期以来的"左"倾错误,实现历史性的转折作了思想理论准备。

1978年11月10日至12月15日,中共中央在北京召开工作会议。会议原定是要讨论经济工作,但因陈云等老一辈革命家率先提出解决历史遗留问题,以及在关于真理标准等问题上几次思想交锋,使会议议程发生改变。在与会者的强烈要求下,11月25日,中央政治局作出为天安门事件等重大错案平反的决定。12月13日,邓小平在中央工作会议闭幕会上作了题为《解放思想,实事求是,团结一致向前看》的讲话。这个讲话实际上成为随后召开的中共十一届三中全会的主题报告,它为全会实现具有划时代意义的伟大转折奠定了重要基础。1978年12月18日至22日,中共十一届三中全会在北京召开。全会冲破长期"左"的错误的严重束缚,彻底否定了"两个凡是"的错误方针,高度评价了关于真理标准问题的讨论,并且果断停止使用"以阶级斗争为纲"的口号,作出了把工作重点转移到社会主义现代化建设上来和实行改革开放的战略决策。全会恢复了党的民主集中制的优良传统,审查解决了历史上遗留的一批重大问题和一些重要领导人的功过是非问题。

中共十一届三中全会是中华人民共和国成立以来党的历史上具

① 《邓小平文选》第二卷,人民出版社1994年版,第91页。

有深远意义的伟大转折。全会结束了粉碎“四人帮”后党和国家工作在徘徊中前进的局面，标志着中国共产党重新确立了马克思主义的思想路线、政治路线、组织路线，开始了在思想、政治、组织等领域的全面拨乱反正。这得到了广大人民群众的热烈拥护。会后，党和国家按照实事求是、有错必纠的原则加快了平反冤、假、错案的步伐。1980 年 2 月，中共十一届五中全会决定为刘少奇彻底平反并恢复名誉。此后，又为遭到错误批判、处理的党和国家其他领导人、各族各界的代表人物恢复了名誉，复查和平反了大量冤、假、错案，改正了错划右派分子的案件。同时，还采取措施调整各种社会关系，摘掉地主、富农分子的帽子，为国民党投诚起义人员落实政策，将小商、小贩、小手工业者等劳动者同原工商业者区别开来，支持各民主党派恢复活动，认真落实民族政策和宗教政策，重申侨务政策，等等。这都为有效地调动社会各阶层人员的积极性、实现改革开放和开创现代化建设的新局面，奠定了必不可少的社会基础和群众基础。

在拨乱反正的过程中，广大干部和群众从过去一个时期内盛行的个人崇拜和教条主义的精神枷锁中解脱出来，党内外思想活跃，出现了努力研究新情况和解决新问题的生动景象。但与此同时，出现了一些值得引起注意和警觉的现象。极少数人利用中国共产党进行拨乱反正的时机，打着“解放思想”的幌子，对中华人民共和国成立以来党的错误加以夸大和渲染，企图从根本上否定毛泽东思想、中国共产党的领导、人民民主专政和社会主义道路。在中国共产党内，也有极少数人对这股资产阶级自由化思潮给以支持。这种情况如果任其发展，必将导致迷失政治方向，破坏安定团结，妨碍集中力量进行改革开放和现代化建设。

针对这种情况，1979 年 3 月 30 日，邓小平在党的理论工作务虚会上发表的讲话中指出：坚持社会主义道路，坚持无产阶级专政，坚持共产党的领导，坚持马克思列宁主义、毛泽东思想这四项基本原则，“是实现四个现代化的根本前提”[①]。“如果动摇了这四项基本原则中的任何一项，那就动摇了整个社会主义事业，整个现代化建设事业。”[②]邓小平的讲话不仅在当时，而且在此后的党和国家政治生活中，对排除来自“左”的和右的方面的干扰和影响，保证改革开放和现代化建设事业的顺利进行，提供了可靠的政治基础，指明了正确的方向。

全面拨乱反正，必然要求对中华人民共和国成立以来中国共产党的重大历史问题作出结论，以便统一全党和全国人民的思想，团结一致向前看。正是在此背景下，1981 年 6 月，中共十一届六中全会通过了《关于建国以来党的若干历史问题的决议》（以下简称《决议》）。《决议》指出，中国共产党在中华人民共和国成立以后的历史，总的说来，是我们党在马克思列宁主义、毛泽东思想指导下，领导全国各族人民进行社会主义革命和社会主义建设并取得巨大成就的历史。《决议》从根本上否定了“文化大革命”的理论和实践，对中华人民共和国成立以来的重大历史事件作出了基本结论。《决议》还肯定了中共十一届三中全会以来逐步确立的适合中国情况的建设社会主义现代化强国的道路，进一步指明了中国社会主义事业和党的工作继续前进的方向。

《决议》的起草和通过表明，中国共产党是在政治上、理论上成熟的坚强的马克思主义政党。党能够在“文化大革命”结束后不长的时间里作出这样一个经得起历史检验的决议，体现出以邓小平为核心的中共中央领导集体的成熟和远见，体现出中国共产党在反省错误、纠正错误的过程中总结新经验、探索新道路的能力。《决议》的通过，标志着党和国家在指导思想上拨乱反正的胜利完成。从中共十一届三中全会至此，经过两年多的时间，中国的面貌大为改观。此外，中共十

① 《邓小平文选》第二卷，人民出版社 1994 年版，第 164 页。
② 同上，第 173 页。

一届六中全会还决定同意华国锋辞去中共中央主席、中共中央军事委员会主席的职务，选举胡耀邦为中共中央主席、邓小平为中共中央军事委员会主席。

二、恢复和发扬党的群众路线

应当看到，党的实事求是的思想路线的恢复和发展、全面拨乱反正工作的展开和胜利结束，改革开放伟大事业的开启和推进，无不是人民群众的强烈呼声，无不是代表着人民群众的根本利益，也无不是中国共产党紧密依靠人民群众才取得的这些成绩。正是由于中国共产党在这些工作中恢复、发展和践行着正确的群众路线，才成功开创了社会主义现代化建设的新局面。

"文化大革命"严重违背了实事求是的思想路线，群众性的阶级斗争成为"民主"的代名词，以致出现了"群众运动天然合理"论，群众路线与群众运动被画上了等号，党的群众路线思想被严重扭曲。"文化大革命"结束后人心思定，百废待兴。面对千头万绪的工作局面，以邓小平同志为主要代表的中国共产党人深刻地认识到，必须要解放思想，实事求是，团结一致向前看。而要做到这一点，尤其要注意发扬党的正确群众路线，因为"群众路线和群众观点是我们的传家宝"[①]。

1977 年 7 月 21 日，邓小平在中共十届三中全会上就指出："毛泽东同志倡导的作风，群众路线和实事求是这两条是最根本的东西。当然民主与集中的关系，自由和纪律的关系，都是很重要的。对我们党的现状来说，我个人觉得，群众路线和实事求是特别重要。毛泽东同志是彻底的唯物主义者，他充分信任群众，历来反对不信任群众、不依靠群众。……他善于从群众这样的议论当中，发现问题，提出解决问题的方针和政策。毛泽东同志一向非常注意群众的议论，群众的思

① 《邓小平文选》第二卷，人民出版社 1994 年版，第 368 页。

想,群众的问题。”[①]

与此同时,聂荣臻、陈云等老一辈革命家也发表文章,强调要恢复和发扬党的正确思想路线以推进各项工作,就必须恢复和发扬党的正确群众路线。1977年9月5日,聂荣臻在《人民日报》发表文章就说,要搞好革命,搞好建设,就要有一个好的党风,好的军风,好的学风。归根结底,是要搞好党的作风。实事求是的作风是同群众路线的作风紧密联系的。群众路线,不但是我们力量的源泉,也是我们正确的领导思想的来源。贯彻党的群众路线,就要牢记毛泽东说过的“群众是真正的英雄,而我们自己则往往是幼稚可笑的”[②]这句话,坚决相信人民群众的创造力是无穷无尽的。领导者要放下架子,打掉官气,以平等的态度待人,以普通劳动者的身份在群众中活动。自己向群众交心,群众才会向你交心,才会把你看成自己的同志,自己的朋友,你才能够同群众真正打成一片。[③] 同月28日,陈云在《人民日报》发表文章也说:由于“四人帮”的影响,今天还有这样一些领导机关,这样一些党员干部,在他们中间,主观主义、形式主义的作风,不是少了而是多了,毛主席长期倡导的那种深入群众进行调查研究、根据实际情况解决具体问题的实事求是精神,却不是多了而是少了。这应当引起我们全党的严重警惕。[④]

党的十一届三中全会召开以后,经济建设逐步走上正确的轨道。党自身也面临着党风建设的严峻考验,其中领导干部特殊化、脱离群众的问题尤其引起中央的警惕。在一段时间里,少数“文化大革命”后重新复出的高级干部在强烈的补偿心理的驱使下,过度追求个人和家庭的特殊利益。突出表现为“房子越住越宽敞,越漂亮,越高级。有的

① 《邓小平文选》第二卷,人民出版社1994年版,第45—46页。

② 莫志斌:《邓小平与毛泽东》,人民出版社2014年10月,第81页。

③ 聂荣臻:《恢复和发扬党的优良作风》,《人民日报》1977年9月5日。

④ 陈云:《坚持实事求是的革命作风》,《人民日报》1977年9月28日。

人为了自己的方便,可以做出各种违反制度的事情"[①]。邓小平指出,这已经成为广大群众最为关切的问题之一。在当时那种社会问题成堆的转折时期,这种现象不能不引起人们的强烈反感。邓小平尖锐地指出:"这使我们脱离群众,脱离干部,把风气搞坏了。人们对这些现象很敏感。"[②]"如果不坚决搞好党风,进一步恢复党的实事求是、群众路线和艰苦奋斗的优良传统,就可能出现一些本来可以避免的大大小小的乱子,使我们的现代化建设在刚刚迈出第一步的时候就遇到严重的障碍。"[③]

正是在此背景下,1979 年,中纪委起草了《关于高级干部生活待遇的若干规定》,这个文件从住房、交通工具、服务人员等多方面对限制高级干部搞特权的问题作出了新规定。这个文件被拿到 1979 年年底召开的党政军副部长以上干部会议上讨论,可见党中央对党风建设问题何等重视。在这个会议上,邓小平作了《高级干部要带头发扬党的优良传统》的讲话,他指出:"我们脱离群众,干部特殊化是一个重要的原因。干部搞特殊化必然脱离群众。我们的同志如果对个人的、家庭的利益关心得太多了,就没有多大的心思和精力去关心群众了,顶多只能在形式上搞一些不能不办一办的事情。现在有少数人就是做官当老爷,有些事情实在不像话!脱离群众,脱离干部,上行下效,把社会风气也带坏了。"[④]为了整顿党风,搞好民风,必须从高级干部整起,"必须恢复和发扬党的艰苦朴素、密切联系群众的优良传统"[⑤]。邓小平告诫高级干部说,中国共产党之所以能够度过像抗日战争、解放战争、抗美援朝战争那样的艰苦岁月,"根本的问题是我们的干部、

---

① 《邓小平文选》第二卷,人民出版社 1994 年版,第 217 页。

② 同上,第 217 页。

③ 同上,第 162 页。

④ 同上,第 218 页。

⑤ 中央文献研究室编:《论群众路线:重要论述摘编》,中央文献出版社、党建读物出版社 2013 年版,第 54 页。

党员同人民群众一块儿苦”[①]。

在讲话中，邓小平还特别强调要“切实关心群众生活”，“越是困难的时候，越要关心群众。只要你关心群众，同群众打成一片，不仅不搞特殊化，而且同群众一块儿吃苦，任何问题都容易解决，任何困难都能够克服”。邓小平指出，切实关心群众，体现在事无巨细。比如，“有的学校学生提出生活问题，说厨房没有人管，菠菜就切这么一下，连沙子都煮到锅里面去了。你切细一点，把沙子淘干净，这总可以办到吧，这并不要增加经费。可是，工作不深入，不跟群众接近，不跟下面干部接近，就不能解决这些问题”。所以，“我们的工作一定要跟上，……每个地方、每个单位遇到任何问题，都应该主动向群众宣传和解释，做好工作。要注意听取群众的呼声，同群众商量办事，共同克服困难”。[②]

这次会议过后，邓小平在大会上的讲话于1979年11月13日下发全党。1980年2月，中共十一届五中全会通过的《党内政治生活若干准则》也作出相应的规定，提出必须批判和纠正封建特权思想，不允许有不受党纪国法约束或凌驾于党组织之上的特殊党员，不允许党员利用职权营利谋私。坚决克服领导干部为自己和家属谋求特殊待遇的恶劣倾向，禁止违反财政纪律任意批钱批物，违反规定用公款请客送礼、修建个人住宅，假公济私挥霍国家和集体财物；禁止利用职权为家属亲友在升学、转学、晋级、就业、出国等方面谋求特殊照顾；不准摆官架子，动辄训人、骂人；禁止动用公款请客送礼；防止党的领导干部变成骑在人民头上的老爷；等等。

在当时党和国家结束徘徊中的两年、努力开启社会主义现代化建设新局面的关键历史时期，中国共产党下大力气整治脱离群众的作风，表明党深刻地认识到，无论在过去还是将来，群众路线、群众观点

---

① 中央文献研究室：《论群众路线：重要论述摘编》，中央文献出版社、党建读物出版社2013年版，第54页。

② 参见《邓小平文选》第二卷，人民出版社1994年版，第228、229页。

始终是我们的一笔宝贵财富,必须永远坚持和发扬下去。在此基础上,党的十一届六中全会结合社会主义现代化建设的需要,对党的群众路线做了进一步的阐释。大会通过的《关于建国以来党的若干历史问题的决议》指出:群众路线,就是一切为了群众,一切依靠群众,从群众中来,到群众中去。决议强调:把马克思列宁主义关于人民群众是历史的创造者的原理系统地运用在党的全部活动中,形成党在一切工作中的群众路线,这是我们党长时期在敌我力量悬殊的艰难环境里进行革命活动的无比宝贵的历史经验的总结。毛泽东同志经常强调,只要我们依靠人民,坚决地相信人民的创造力是无穷无尽的,信任人民,和人民打成一片,那就任何困难都有可能克服,任何敌人最终都压不倒我们,而只能被我们所压倒。他还指出,领导群众进行一切实际工作时,要取得正确的领导意见,必须从群众中来,到群众中去,实行领导和群众相结合,一般号召和个别指导相结合。这就是说,把群众的意见集中起来,化为系统的意见,又到群众中坚持下去,在群众的行动中考验这些意见是否正确。如此循环往复,使领导的认识更正确、更生动、更丰富。这样,毛泽东同志就把马克思主义的认识论同党的群众路线统一起来了。党是阶级的先进部队,党是为人民的利益而存在和奋斗的,但是党永远只是人民的一小部分;离开人民,党的一切斗争和理想不但都会落空,而且都要变得毫无意义。我们党要坚持革命,把社会主义事业推向前进,就必须坚持群众路线。①

在“一切为了群众,一切依靠群众,从群众中来,到群众中去”表述的基础上,1982 年,中国共产党第十二次全国代表大会通过的《中国共产党章程》中又加了一句“把党的正确主张变为群众的自觉行动”,

① 中共中央文献研究室编:《关于建国以来党的若干历史问题的决议》(注释本),人民出版社 1985 年版,第 57 页。

形成了中国共产党关于群众路线的完整表述。[①] 在“文化大革命”结束数年后，中国共产党就以《历史决议》这种权威的形式再次阐发了自己的群众路线思想，这既是党对自己优良传统的尊崇和对自己领导中国革命和建设成功经验的正确总结，也表明了自己的理论自新——群众路线思想虽然诞生于革命年代，但在为什么和怎么样开创社会主义现代化建设新局面的伟大进程中，同样会迸发出巨大的能量和发挥根本性、关键性的作用。

三、尊重人民群众在改革开放伟大事业中的首创精神

历史事实雄辩地证明，中国改革开放伟大事业的开启和胜利推进，归根结底源自中国共产党对人民群众首创精神的支持和尊重。在改革开放大幕拉启的最初岁月，邓小平就语重心长地说：“我们搞四个现代化，因为经验不足，会面临多方面的困难。……这些问题，归根到底，只有相信群众，依靠群众，充分走群众路线，才能够得到解决。”[②]面对中国农村出现的家庭联产承包责任制、农村乡镇企业等，邓小平对农民群众的这些创举给予高度评价。他说：“农村搞家庭联产承包，这个发明权是农民的。农村改革中的好多东西，都是基层创造出来，我们把它拿来加工提高作为全国的指导。”[③]可见，如果没有群众的首创精神，没有对这种首创精神的肯定与尊重，就没有改革开放的伟大实践。

在 1978 年 12 月召开的中共中央工作会议上，邓小平提出了让一部分地区一部分人先富起来的设想。他说：“要允许一部分地区、一部分企业、一部分工人农民，由于辛勤努力成绩大而收入先多一些，生活

① 中共中央文献研究室编：《十二大以来重要文献选编》（上册），人民出版社 1986 年版，第 67 页。
② 《邓小平文选》第二卷，人民出版社 1994 年版，第 230 页。
③ 《邓小平文选》第三卷，人民出版社 1993 年版，第 382 页。

先好起来。一部分人生活先好起来，就必然产生极大的示范力量，影响左邻右舍，带动其他地区、其他单位的人们向他们学习。这样，就会使整个国民经济不断地波浪式地向前发展，使全国各族人民都能比较快地富裕起来。”①后来，邓小平又在多个场合强调了这个问题，形成了“先富”与“共同富裕”的理论。从“让一部分人、一部分地区先富起来”到“共同富裕”，这看似只是理论上的逐步完善，实质上是中国共产党群众路线思想的一次大飞跃，一举冲破了过去宣传的那种“宁肯要穷的社会主义，不要富的资本主义”的错误观念，是中国共产党对人民负责、对时代负责的体现。

应当看到，邓小平当时之所以反复强调允许“先富”的问题，主要就是为了打破当时盛行的平均主义“大锅饭”，调动广大人民群众的生产积极性。这为激励和发挥人民群众特别是广大农民群众的首创精神奠定了重要的基础。自 20 世纪 50 年代中后期以来，在“左”的错误思想指导下形成的农村人民公社体制，严重束缚了农村经济的发展，农业生产长期处于徘徊滞后的状态，成为国民经济中的一条“短板”。在“文化大革命”十年动乱期间，全国农业生产又因“农业学大寨”运动的转轨偏向而遭受重创，农业的路子越走越窄，农村经济几乎陷入绝境，农民生活十分困难。“文化大革命”结束后，广大农村极为贫困，有 2.5 亿人口尚未解决温饱问题。有鉴于这个问题，中共十一届三中全会已经作出了重要探索，强调在此后一个较长时间里，全国粮食征购指标要保持稳定，绝对不许购过头粮。为了缩小工农业产品交换的差价，全会建议国务院作出决定，粮食统购价格从 1979 年夏粮上市时即开始上调 20%，而超购部分在此基础上再加价 50%。同时，农业机械、化肥、农药、农用塑料等农用工业品的出厂价格和销售价格，在降低成本的基础上，在 1979 年和 1980 年降低 10%—15%，把降低成本的

① 《邓小平文选》第二卷，人民出版社 1994 年版，第 152 页。

好处给农民。

当然,农民的增产增收,归根结底还是要靠农业生产力的提高。1977—1978 年,已有部分地区开始实行多种形式的生产责任制,如包工到组、包产制、包产到户和包干到户、专业承包联产计酬责任制等,当地党和政府对这些探索都进行了有益的支持和保护。特别是在 1978 年,安徽遭遇了百年不遇的大旱,全省夏粮减产,但是肥西县山南公社在借地种麦的基础上实行包产到户,在大旱之年夺得大丰收。凤阳县梨园公社小岗生产队,也是实行包产到户一年大翻身,人均收入增长 6 倍,粮食总产量是过去 7 年的总和。中共安徽省委领导支持了农民的创举,包产到户在安徽悄然推广。①

但是,安徽的做法却招致了来自各方的批评,原因在于多年来积极宣传的集体经济优越性已经深入人心,而安徽省敢为天下先的做法一时之间自然难以被人们接受。正是在此情况下,邓小平和中共中央对安徽农民的创举表示了坚决的支持,放手让农民去实践、去选择。这样才解除了在这一问题上的禁锢、思想上的束缚。同时,对党内的不同意见也允许存在,允许他们再看一看。在当时,中央推行农村家庭联产承包责任制时并没有下命令说一定要在哪年哪月全面推开,而是由于各地看到承包以后所显示出来的优越性,然后很快自发地推广的。结果,实践证明凡是实行了家庭承包的地方,农业生产状况迅速改观,出现了惊人的增长。在这个事实面前,党内绝大多数同志的思想逐渐统一了起来,家庭联产承包责任制在全国迅速推开,并且在以后的实践中逐步完善,最终形成了以家庭联产承包为主、统分结合的双层经营体制。在短短的几年时间里,农村的经济状况发生了巨大的变化。粮食生产从 1978 年的 3 亿吨一下子升到 1984 年的 4 亿多吨,

① 陈文斌、黄道霞、余展:《邓小平农村改革与发展的理论和实践》,中共党史出版社 1998 年版,第 39 页。

棉花从217万吨上升到626万吨,油料从522万吨上升到1191万吨。家庭联产承包责任制的实行是发生这种变化的根本原因。“这是在中国共产党领导下广大农民对社会主义制度的一项伟大创新。其伟大之处就在于它使生产力最基本的要素——劳动者获得了第二次解放,而这一解放的实质,又在于使农民获得了对土地这一基本生产资料的经营自主权,获得了对自身及其劳动所创造价值(大部分)的自由支配权。”用农民群众的话说,就是“大包干不拐弯,交够国家的,留够集体的,余下都是自己的”。农村的改革使农民群众得到了“自主”“自由”“实惠”。“这是我们农村改革最基本的最实质的东西,也是被农民视做命根子的东西。有了对土地经营的自主权,有了对自己生产产品的(除了国家收购部分)自由处理权,当然也有了自己选择职业的权利,他们从改革当中得到了经济实惠。这是农民改革之所以具有生机与活力的最基本的动力。”①

在改革开放新时期,除了家庭联产承包责任制以外,中国人民群众还有一个伟大的创新,这就是举办乡镇企业。这两项创举并称作“中国农民的两个伟大创造”。和家庭联产承包责任制一样,乡镇企业的举办也是人民群众的自发行动,没有预先的路径设计。中国的乡镇企业源于人民公社时期的社队企业。从1958年开始,一些生产队为了便于农机具修理和农副产品加工,办了一点工业,这种工业实际上很少生产进入市场的商品,长期得不到发展,一直处于无声无息的状态。真正的乡镇企业是在改革开放初期发展起来的,是中国农民自己的创造。

家庭联产承包责任制极大地解放了农村生产力,推动了农村经济的大发展。由于我国人多地少,随着农业的发展,出现大量的农业剩

---

① 田纪云:《改革开放的伟大实践——纪念改革开放三十周年》,新华出版社2009年版,第128—129页。

余劳动力。要为这些剩余劳动力找出路,乡镇企业应运而生。党中央对这个问题高度关注并给予支持。邓小平后来曾总结和评价说:“我国百分之八十的人口是农民。农民没有积极性,国家就发展不起来。八年前我们提出农村搞开放政策,这个政策是很成功的。农民积极性提高,农产品大幅度增加,大量农业劳动力转到新兴的城镇和新兴的中小企业。这恐怕是必由之路。总不能老把农民束缚在小块土地上,那样有什么希望?”①

乡镇企业在起步阶段是非常困难的,他们无法得到办工厂必需的原料、资金、技术、设备。所以,农民办工业只能在已有的条件下起步。而砖瓦业常常是乡镇企业的起点:用手工做砖坯,用土窑烧制,烧出砖瓦用手推车送到城里去卖,然后买回一点简单的机械,投入生产后稍稍扩大一点儿生产规模。在有石灰石资源的地方,农民就烧石灰或者用小窑制水泥,这也是办乡镇企业的一种起点办法。到了 20 世纪 80 年代初期,一些经济较发达地区的农村有了一些资本积累,就开始创办一些更高级的工厂,专门生产一些国家计划外的产品,譬如农民盖房子用的钢材。在改革开放之初,乡镇企业在国民经济总产值中占的比重还微不足道。但到了 20 世纪 90 年代,乡镇企业就占领了中国工业经济的“半壁江山”,其发展势头和竞争活力甚至超过了国有企业。乡镇企业不仅为农村剩余劳动力找到了一条劳动致富的道路,壮大了中国经济,而且在计划经济体制之外创造出了一种与计划经济截然不同的运行机制——市场机制,为中国经济体制改革由外围到核心开辟了道路。同时,乡镇企业的发展在一定程度上缩小了城乡差距,促进了村镇经济的繁荣,为中国的城市化起了支撑作用。

对于中国农民的这一伟大创造,邓小平和中共中央给予了极大的赞赏,充分肯定了人民群众这一创举及其对中国整个改革开放事业的

① 《邓小平文选》第三卷,人民出版社 1993 年版,第 213—214 页。

重大意义。邓小平说:“农村改革中,我们完全没有预料到的最大的收获,就是乡镇企业发展起来了,突然冒出搞多种行业,搞商品经济,搞各种小型企业,异军突起。这不是我们中央的功绩。乡镇企业每年都是百分之二十几的增长率,持续了几年,一直到现在还是这样。乡镇企业的发展,主要是工业,还包括其他行业,解决了占农村剩余劳动力百分之五十的人的出路问题。农民不往城市跑,而是建设大批小型新型乡镇。如果说在这个问题上中央有点功绩的话,就是中央制定的搞活政策是对头的。这个政策取得了这样好的效果,使我们知道我们做了一件非常好的事情。这是我个人没有预料到的,许多同志也没有预料到,是突然冒出这样一个效果。总之,农村改革见效非常快,非常显著。”①

伴随乡镇企业的迅猛发展,越来越多的地方认识到了发展乡镇企业的重大意义,中央和国务院也出台一系列政策,鼓励和保护乡镇企业的发展。例如1992年4月25日,时任国务院副总理的田纪云在中央党校作报告时就说:现在乡镇企业的发展,农民用自己的钱搞工业化建设,在10多年时间里吸收的劳动力相当于城市大工业三十几年里吸收劳动力的总和。现在我们国营企业职工大约1亿多,乡镇企业吸收的劳动力是几十年来城市工业、国营工业吸收劳动力的总和,国家没有投一分钱。有人说,乡镇企业对国家贡献少,税收低等,这都是一面的道理。国家一分钱没给它,它办起了那么多企业,安置了那么多劳动力就业,繁荣了经济,为市场提供了相当比重的商品。出口创汇中,乡镇企业占了约1/3。它一年拿出200多亿元用于以工补农、以工建农,用于公用事业的建设,用于办学校、办卫生、搞福利等。1991年上缴的税收有454亿元。它作了这么大贡献,乡镇企业的意义到底应该怎么看?我们国家办那么多企业拿了多少钱啊!相比而言,国营

① 《邓小平文选》第三卷,人民出版社1993年版,第238页。

企业的效益比乡镇企业差得多。国营企业如果有了乡镇企业这种机制、这种效益,我看企业的改革也就差不多了。乡镇企业的效益好,它不仅为市场提供了丰富的产品,而且实实在在地增加了农民的收入,带动了市场的扩张繁荣,它已成为各级财政收入和外汇收入的重要来源。现在农村中发展程度的差别,主要体现在乡镇企业的发展差别上。沿海地区抓乡镇企业抓得早,决心大,措施得力,都大大受益了。认识迟的,抓得晚的,现在已经看到吃了亏了。所以,要下这个决心,再不能观望,再不能犹豫了。没有乡镇企业的大发展,农民走向小康,实现现代化都是空话。因为,如果占人口 80%的农民不能从工业化、现代化进程中受益,那么整个国家也就无法完成工业化和现代化进程。现在乡镇企业的发展,为我们开创了一条农村社会主义工业化、现代化道路。一旦 9 亿农民加入到这个进程中,这个威力是不可估量的。[①]

历史事实证明,进入 20 世纪 90 年代以后,中央针对农村改革发展问题,着重强调的就是:要坚定不移地稳定以家庭联产承包为主的生产责任制,这是稳定大局,进一步推动农业发展的最基本因素;坚定不移地加强农业社会化服务体系建设,完善双层经营体制,逐步发展集体经济;坚定不移地发展乡镇企业,这是农民奔小康,实现农村工业化、现代化的必由之路。这种清醒深刻的认识和实践,为我国农村经济乃至整个国民经济的稳定和快速发展,为广大农民群众生产生活条件的不断改善,发挥了根本性的重大作用。这都充分体现了中国共产党对人民群众首创精神的肯定、鼓励和支持,有力地证明,建设中国特色社会主义的实践是广大人民群众自己的实践,群众在实践中创造的经验反映了事物发展的客观规律,代表了社会进步的方向,对思想认

① 田纪云:《改革开放的伟大实践——纪念改革开放三十周年》,新华出版社 2009 年版,第 133—134 页。

识、社会生活和实际工作有深刻的示范作用。如果不尊重和重视安徽省凤阳小岗村18位农民在土地承包责任书上按下的鲜红手印,就不会有土地家庭联产承包责任制在全国的铺开;如果不尊重和重视广大个体私营创业者的创业热情,就不会有非公有制经济的蓬勃发展。正如邓小平所说的:“改革是大家的主意,人民的要求。”①

农村经济改革的率先起步和重大发展,也为党指导城市经济改革提供了信心和方法论的支撑,这就是要毫不动摇地坚持以人民为中心,激发和调动人民群众在各项经济改革事业中的积极性和创造力。1987年5月,在承包经营责任制试点的基础上,国务院决定在全国普遍推广承包经营责任制。经过推广,到1987年年底,在11402户国有大中型企业中,实行承包经营责任制的达8843户,占企业总数的77.6%。在总结经验的基础上,1988年以后承包经营责任制得到进一步推广,并获得了较好的经济效益。截至1988年年底对全国9937个骨干国有大中型企业的调查统计显示,其中90.8%的企业已实行各种形式的承包经营责任制。这些企业的工业产值比上年增长12.5%,比全部大中型工业企业增幅高出0.5%,实现利税比上年增长20.8%,增幅也高出2个百分点。与此同时,根据一些地方的实践经验,国家从1985年起还开始了对少数大中型企业的股份制试点工作。到1991年年底,全国共有3220家企业进行了各种类型的股份制试点。这一典型试验工作表明,实行股份制的企业组织形式,有利于根本转变企业经营机制,使企业成为自主经营、自负盈亏的市场主体,有利于增强企业活力,有利于国有资产的保值和增值,有利于筹集资金,有利于促进经济结构的调整。在此基础上,1992年5月15日,国家有关部门发布了《股份制企业试点办法》。以使股份制企业和股票市场的组织、运

① 《邓小平文选》第三卷,人民出版社1993年版,第118页。

作,以及政府对它们的监管实现规范化和法制化。[①]

上述事实充分证明,启动和推进改革开放伟大事业是为了广大人民群众,更要依靠广大人民群众。坚持人民主体地位、尊重群众首创精神,这是改革开放的一条成功经验。正因此,邓小平强调指出:“在党内和人民群众中,肯动脑筋、肯想问题的人愈多,对我们的事业就愈有利。干革命、搞建设,都要有一批勇于思考、勇于探索、勇于创新的闯将。没有这样一大批闯将,我们就无法摆脱贫穷落后的状况,就无法赶上更谈不到超过国际先进水平。我们希望各级党委和每个党支部,都来鼓励、支持党员和群众勇于思考、勇于探索、勇于创新,都来做促进群众解放思想、开动脑筋的工作。”[②]

四、中国特色社会主义伟大道路的成功开辟

认真总结中国改革开放几十年来的成就,集中到一点,就是开创了中国特色社会主义伟大事业。而这当中的首要环节,就是中国共产党依靠坚持和发展正确的思想路线和群众路线,打开了中国社会主义现代化建设的新局面,成功开辟了中国特色社会主义伟大道路。

在总结改革开放大幕开启后头几年经验的基础上,1982 年 9 月 1 日至 11 日,中国共产党第十二次全国代表大会在北京召开。邓小平在大会开幕词中明确提出:“把马克思主义的普遍真理同我国的具体实际结合起来,走自己的道路,建设有中国特色的社会主义。”[③]这是党中央总结党的长期历史经验得出的基本结论,成为新时期指引全党和全国人民前进的基本口号。

党的十二大提出,中国共产党在新的历史时期的总任务是:团结全国各族人民,自力更生、艰苦奋斗,逐步实现工业、农业、国防和科学

① 赵曜:《中国特色社会主义史论研究》,中共中央党校出版社 2012 年版,第 132—134 页。

② 《邓小平文选》第二卷,人民出版社 1994 年版,第 143—144 页。

③ 《邓小平文选》第三卷,人民出版社 1993 年版,第 3 页。

技术现代化,把我国建设成为高度文明、高度民主的社会主义国家。大会根据邓小平的设想,提出了国内工农业总产值在 20 世纪末翻两番的奋斗目标,即由 1980 年的 7100 亿元增加到 2000 年的 2. 8 万亿元左右,人民生活达到小康水平。

大会提出要努力建设高度的社会主义精神文明和高度的社会主义民主,强调社会主义精神文明是社会主义的重要特征,是社会主义制度优越性的重要表现。建设社会主义的物质文明和精神文明,都要靠发展社会主义民主来保证;社会主义民主建设必须同社会主义法制建设紧密地结合起来,使社会主义民主制度化、法律化。大会还制定并通过了新的党章。

党的十二大召开以后,1982 年 11 月至 12 月召开的五届全国人大五次会议,审议关于宪法修改草案的报告,通过《中华人民共和国宪法》。这部新宪法,继承和发展了 1954 年宪法确立的人民民主和社会主义的原则,彻底纠正了 1975 年四届全国人大一次会议通过的宪法和 1978 年五届全国人大一次会议通过的宪法中存在的问题,充分体现了十一届三中全会以来党和国家在社会主义现代化建设和社会主义民主法制建设方面的新思想、新举措和新要求。

中共十二大后,在经济体制改革全面展开的同时,我国的对外开放也进一步扩大。1983 年 4 月,中共中央和国务院决定对海南岛实行经济特区的某些政策,给予较多的自主权,以加速海南岛的开发,并于 1988 年 4 月建立海南省,将全海南岛辟为经济特区。1984 年年初,邓小平视察深圳、珠海、厦门等地,对经济特区的发展给予充分肯定。同年 5 月,中共中央决定进一步开放天津、上海、大连等 14 个沿海港口城市。1985 年 2 月,中央决定把长江三角洲、珠江三角洲、闽南厦(门)漳(州)泉(州)三角地区开辟为沿海经济开放区。这样,就逐步形成了“经济特区—沿海开放城市—沿海经济开放区—内地”这样一个多层次、有重点、点面结合的对外开放格局。

此外,党和国家还加快了其他领域的体制改革步伐。1985年3月和5月,中共中央先后作出了《关于科学技术体制改革的决定》和《关于教育体制改革的决定》,开始推进科技和教育体制的改革,以更好地满足人民群众日益增长的物质文化生活需要。

1987年10月25日至11月1日,中国共产党第十三次全国代表大会在北京举行。大会比较系统地阐述了关于社会主义初级阶段的理论,完整地概括了中国共产党在社会主义初级阶段"一个中心、两个基本点"的基本路线,制定了下一步经济体制改革和政治体制改革的基本任务和奋斗目标。

大会指出,我国正处于社会主义的初级阶段。这个论断,包括两层含义。第一,我国社会已经是社会主义社会。我们必须坚持而不能离开社会主义。第二,我国的社会主义社会还处在初级阶段。我们必须从这个实际出发,而不能超越这个阶段。中国共产党在社会主义初级阶段的基本路线是:领导和团结全国各族人民,以经济建设为中心,坚持四项基本原则,坚持改革开放,自力更生,艰苦创业,为把我国建设成为富强、民主、文明的社会主义现代化国家而奋斗。

大会还提出了经济体制改革和政治体制改革的任务和目标,强调经济体制改革和政治体制改革的目的,都是为了在中国共产党的领导下和社会主义制度下,更好地依靠人民群众,发展社会生产力,充分发挥社会主义的优越性。

党的一切奋斗都依靠人民群众,更是为了人民群众。在党的十三大上,正式制定了社会主义现代化建设"三步走"的战略部署:第一步,实现国民生产总值比1980年翻一番,解决人民的温饱问题,这个任务已经基本实现;第二步,到20世纪末,使国民生产总值再增长一倍,人民生活达到小康水平;第三步,到21世纪中叶,人均国民生产总值达到中等发达国家水平,人民生活比较富裕,基本实现现代化。"三步走"发展战略及相关政策的制定,进一步解决了中国现代化建设的目标、步骤等关系全局的重大问题,对中国未来几十年的发展具有深远的影响。中共十一届三中全会以来的实践历程,正是"三步走"的现代化建设宏伟蓝图逐步变为现实的过程。

中国共产党深刻地认识到,为了使我们的社会主义事业更好地依靠和服务于中国最广大人民群众,不仅需要稳步推进经济和社会事业体制改革,也需要稳步和审慎地推进政治体制改革。1980 年 8 月,邓小平在中共中央政治局扩大会议上发表《党和国家领导制度的改革》的讲话,分析了党和国家领导体制中存在的问题和弊端,提出了政治体制改革的基本任务。1986 年,他又在多次讲话中阐明了政治体制改革的基本思路。同年 9 月,中共十二届六中全会把坚定不移地进行政治体制改革,确定为社会主义现代化建设的总体布局的重要内容之一。1987 年 10 月,中共十二届七中全会讨论并原则同意《政治体制改革总体设想》,决定将其主要内容写入中共中央委员会向党的十三大的报告。这有力指导了党和国家领导制度等政治体制改革的稳步和扎实推进。

第二节 中国特色社会主义事业的跨世纪发展与新的历史起点推进

一、依靠人民群众取得改革开放新的历史性突破

20 世纪 80 年代末 90 年代初,国际上风云变幻,波谲云诡。随着东欧剧变、苏联解体,国际共产主义运动遭受巨大打击,陷入低谷。在国内,我们也面临着严峻考验。党的十二大召开以后的几年间,我国经济建设在改革开放中取得了重大成就,但也出现了明显的通货膨胀和物价大幅度上涨的问题。1988 年夏季,又不适当地决定全面推进物

价改革,实行“闯关”,结果诱发了全国性的抢购风潮,使经济秩序陷入混乱局面。为改变严峻的经济形势,1988 年 9 月召开的中共十三届三中全会,提出把此后两年改革和建设的重点放到治理经济环境、整顿经济秩序上来,压缩社会总需求,抑制通货膨胀,整顿经济生活中特别是流通领域的各种混乱现象。

与此同时,中央还决定以更多的精力直接投入到进一步密切党群关系的工作中来。1989 年春夏之交的政治风波发生以后,邓小平在接见人民解放军戒严部队军以上干部时说:“这场风波迟早要来。这是国际的大气候和中国自己的小气候所决定了的,是一定要来的,是不以人们的意志为转移的,只不过是迟早的问题,大小的问题。”[①]邓小平强调,中国的改革开放事业一定要坚持进行下去,中国特色社会主义道路一定要坚持走下去,同时“失误的要纠正,不足的要加点劲”[②]。在此次谈话前后,邓小平反复强调:“新的中央领导机构要使人民感到面貌一新,感到是一个实行改革的有希望的领导班子。……要扎扎实实做几件事情,体现出我们是真正反对腐败,不是假的。……第三代的领导要取信于民,要得到人民对这个集体的信任。”[③]

1989 年 6 月 23 日—24 日,中共十三届四中全会在北京召开,选举江泽民为中共中央总书记,形成了以江泽民为核心的第三代中共中央领导集体。此次会议闭幕不久,中共中央即作出《关于近期做几件群众关心的事的决定》。决定要求,要做好惩治腐败和带头廉洁奉公、艰苦奋斗等工作,涉及对领导干部的要求,首先从党中央和国务院的领导同志做起。具体为:(一)进一步清理整顿公司。要把清理整顿公司作为惩治腐败、解决分配不公问题的一项重要工作,切实做出成效来。(二)坚决制止高干子女经商。首先从中央政治局、书记处成员和

① 《邓小平文选》第三卷,人民出版社 1994 年版,第 302 页。
② 同上,第 307—308 页。
③ 同上,第 296—297、299 页。

国务院常务会议组成人员做起,实行回避政策。领导同志不得利用职权为亲友经商提供任何方便条件。(三)取消对领导同志少量食品的“特供”。(四)严格按规定配车,禁止进口小轿车(除执行政府间已签订的长期贸易协定和国家批准的技术贸易合同外)。(五)严格禁止请客送礼。中央政治局、书记处成员和国务院常务会议组成人员,不准用公款宴请内客;到下级单位和基层,吃饭一律为工作餐,并规定工作餐的标准,严格执行;不得接受馈赠的土特产品和其他物品。(六)严格控制领导干部出国。严格执行关于出国的各项规定。(七)严肃认真地查处贪污、受贿、投机倒把等犯罪案件,特别要抓紧查处大案要案。必须坚持公民在法律面前一律平等的原则,凡依法该受惩罚的,不管是谁,一律受惩罚。①

为了进一步密切同人民群众的联系,赢得人民群众的信任,1990年,中共中央又接连发出《关于组织党政机关干部下基层的通知》和《中共中央关于加强党同人民群众联系的决定》等两个文件。通知是在总结一些地方干部下基层的经验的基础上制定的。通知指出:“要继续保持全国局势的稳定,完成各项任务,根本的是必须发扬党的群众路线的优良传统,切实加强同人民群众的联系,改善党群关系和干群关系,充分调动和发挥群众的积极性、创造性。只有这样,我们才能顶住风浪,克服困难,坚定不移地发展有中国特色的社会主义事业。人民群众是我们的力量源泉和胜利之本。脱离了群众,就会一事无成,以至招致危难。这个历史现实反复证明的真理,全党同志和所有干部要时刻牢记。”而要加强同人民群众的联系,改善党群关系和干群关系,最好的办法就是到基层去、到工厂去、到农村去、到学校去、到街道去,了解民情、广交朋友、多做实事。这是发扬党的密切联系群众的

① 中共中央文献研究室编:《十三大以来重要文献选编》(中),人民出版社1991年版,第555—557页。

优良传统,克服严重存在的官僚主义习气,转变干部作风,改进领导工作的基本环节。

通知中还明确规定了党政干部下基层的三项任务,即诚心诚意地倾听群众的意见、建议和批评,实事求是地回答群众关心的问题和疑难问题,耐心细致地进行思想政治工作;宣传党和政府的方针政策,进行国际国内形势教育,说明保持国家和社会长期稳定的重要性,动员群众努力维护安定团结,积极完成今年的各项任务;同基层干部和群众一起商量,出主意、想办法,解决生产、工作和生活中的实际困难。"下去的干部,一定要深入群众,轻车简从,不迎送,不陪同,一扫过去那种车水马龙、前呼后拥的不良风气。一般也不宣传报道。要踏踏实实工作,认认真真解决问题,不能蜻蜓点水,作表面文章。所有下基层的党政机关干部,都必须严格遵守党政纪律。要放下架子,打掉官气,真正同工人、农民、知识分子、学生、市民交朋友,做他们的知心人。要参加一些力所能及的生产劳动。不管是谁,如果违反纪律,大吃大喝,以权谋私,一经发现,应从严查处。对于干部下基层的工作表现和做群众工作的能力,组织、人事部门要及时了解,并作为考察和任用干部的一项重要依据。"①

《中共中央关于加强党同人民群众联系的决定》是在中共十三届六中全会上通过的。以党的文件的形式对党群关系问题作出专门决定,这在党的历史上是第一次,由此可见,党中央对进一步密切和改善党群、干群关系的高度重视。决定一开头就指出:"人民群众是我们党的力量源泉和胜利之本。能否始终保持和发展同人民群众的血肉联系,直接关系到党和国家的盛衰兴亡。……我们必须坚决克服各种脱离群众的弊病,大力加强党风建设,进一步密切党同群众的联系,增强

① 中共中央文献研究室编:《十三大以来重要文献选编》(中),人民出版社1991年版,第877—880页。

党的凝聚力和战斗力，团结一切可以团结的力量共同奋斗，这对于实现党所肩负的历史任务，具有重大而深远的意义。”①

决定从七个方面对加强党群关系作出了决定，强调：党要密切同人民群众联系，领导人民群众胜利前进，首要的问题是必须保证决策和决策的执行符合人民的利益；各级领导干部必须经常深入基层，深入群众，扎扎实实工作，把党的路线、方针、政策落到实处；从中央到地方，各级党委都要在深化政治体制改革中，推进社会主义民主和法制建设，积极疏通和拓宽党同人民群众联系的渠道；坚定不移地加强廉政建设，继续发扬艰苦奋斗精神，克服党内存在的消极腐败现象。这是改善党群关系，保证我们事业立于不败之地的战略措施；对各级领导机关和领导干部必须加强监督。要建立和完善党内监督与党外监督，自上而下的监督与自下而上的监督的制度；党的基层组织和广大党员，都要联系群众、宣传群众、组织群众，充分发挥战斗堡垒作用和先锋模范作用；在党内普遍深入地进行马克思主义群众观点和党的群众路线的再教育。

在中国的改革开放和社会主义现代化建设事业面临严峻的国内外形势的情况下，党中央接连发布关于加强党同人民群众联系的指示，这深刻教育了全党，使全体党员干部进一步认识到，党的一切工作都要为了群众，更要依靠群众，全心全意为人民服务是党所有工作任务的根本宗旨和归宿。中央的一系列指示发出后，各地各级党委在各项工作中更加注重贯彻和践行党的群众路线，赢得了广大人民群众的赞扬和拥护。广大人民群众以更加高昂的热情投身到社会主义现代化建设的各项事业中。到 1991 年年初，国民经济治理整顿任务已告胜利结束。更为重要的是，广大工人、农民和各条战线的工作者，继续

① 中共中央文献研究室编：《十三大以来重要文献选编》（中），人民出版社 1991 年版，第 928—929 页。

发扬改革开放的首创精神,推动改革开放和中国特色社会主义事业取得新的历史性突破。

广大人民群众的奉献和探索,为党中央领导中国特色社会主义事业继续胜利前进提供了重要的实践经验和坚实的群众基础。正是在此背景下,1992年1月至2月间,邓小平先后视察武昌、深圳、珠海、上海等地,并发表重要谈话。[①] 邓小平在谈话中强调,革命是解放生产力,改革也是解放生产力。不坚持社会主义,不改革开放,不发展经济,不改善人民生活,只能是死路一条。他指出,改革开放胆子要大一些,敢于试验。看准了的,就大胆地试,大胆地闯。判断的标准,应该主要看是否有利于发展社会主义社会的生产力,是否有利于增强社会主义国家的综合国力,是否有利于提高人民的生活水平。邓小平指出,计划多一点还是市场多一点,不是社会主义与资本主义的本质区别。计划经济不等于社会主义,资本主义也有计划;市场经济不等于资本主义,社会主义也有市场。计划和市场都是经济手段。社会主义的本质,是解放生产力,发展生产力,消灭剥削,消除两极分化,最终达到共同富裕。邓小平还指出,中国要出问题,还是出在共产党内部。对这个问题要清醒,要坚持两手抓,一手抓改革开放,一手抓打击各种犯罪活动,这两只手都要硬。在整个改革开放过程中都要反对腐败。

邓小平的南方谈话,在重大历史关头科学地总结了党的十一届三中全会以来党团结带领全国各族人民取得的基本实践和基本经验,明确回答了长期困扰和束缚人们思想的许多重大认识问题,对整个社会主义现代化建设事业产生了重大而深远的影响。

1992年10月12日至18日,中国共产党第十四次全国代表大会在北京召开。大会确立了邓小平建设有中国特色社会主义理论在全党的指导地位,概括了建设有中国特色社会主义理论的主要内容,指

---

① 参见《邓小平文选》第三卷,人民出版社1993年版,第370—383页。

出这个理论第一次比较系统地初步回答了中国这样的经济文化比较落后的国家如何建设、巩固与发展社会主义的一系列根本性问题，是马克思列宁主义基本原理同当代中国实际和时代特征相结合的产物，是毛泽东思想的继承和发展，是全党和全国人民集体智慧的结晶，是中国共产党和中国人民最可宝贵的精神财富。

大会明确提出，我国经济体制改革的目标是建立社会主义市场经济体制。社会主义市场经济，是同社会主义基本制度结合在一起的，就是要使市场在社会主义国家宏观调控下对资源配置起基础性作用。大会要求，围绕社会主义市场经济体制的建立，抓紧制定总体规划，有计划、有步骤地进行相应的体制改革和政策调整。大会还要求全党抓住机遇，加快发展，集中精力把经济建设搞上去。

以邓小平南方谈话和中共十四大为标志，改革开放和现代化建设事业进入从计划经济体制向社会主义市场经济体制转变的新阶段，由此打开了中国经济、政治、文化发展的崭新局面。在全党和全国各族人民的共同努力下，到1995年，我们已经顺利实现了“三步走”战略的第二步目标。与此同时，党中央坚持“两手抓、两手都要硬”的方针，采取一系列措施和办法，不断加强社会主义精神文明建设，进一步改善和提高广大人民群众的物质文化生活水平，增强人民的生活幸福感。

二、党的事业“总是代表着中国最广大人民的根本利益”

党的十四大召开以后，以江泽民为核心的党中央领导集体始终牢记党全心全意为人民服务的根本宗旨，稳步推进党领导的各方面事业蓬勃开展。与此同时，以江泽民为核心的党中央领导集体还反复直接地教育全党深刻认识密切党群关系的重要性。例如，1995年12月5日，江泽民在中央经济工作会议上发表《统一思想，齐心协力，奋发进取，讲求实效，做好明年经济工作》[①]的讲话时就强调："中央衷心希望各级领导干部都要真正把主要精力用到经济建设上来，用到改革开放上来，用到抓精神文明建设和党的建设上来。希望大家都要脚踏实地，真抓实干，深入实际，深入群众，调查研究，及时发现和解决问题。一些地方群众反映，现在交通、通信发达了，但干部离群众却远了。这是一种尖锐的批评。"他说："这里我要再一次强调党的群众观点、群众路线问题。群众观点是我们党的基本的政治观点，群众路线是我们党的根本工作路线。这是由我们党的全心全意为人民服务的宗旨所决定的。我们所做的一切工作和事业，目的都是为了人民群众的利益，都必须真心实意地依靠群众才能做好。"他还说："真正掌握和实践了群众观点、群众路线，也就能真正掌握和实践历史唯物主义和党的实事求是的思想路线，也就从根本上懂得了政治。同群众保持密切联系，真正同群众打成一片，想群众之所想，急群众之所急，就会一身正气，什么歪风邪气也刮不倒。相反，如果脱离了群众，脑子里没有群众观念、群众利益，就会成为歪风邪气的俘虏。"

江泽民强调，必须要狠抓领导干部群众观点、群众路线的教育，这个教育抓好了，实事求是之风，艰苦创业之风，勤俭节约之风，诚心诚意为人民谋利益之风，才能大兴起来，而形式主义、官僚主义、奢侈浪费、以权谋私等歪风才能扫除掉。这充分体现了以江泽民为核心的党中央领导集体对群众路线重要性的深刻认识，以领导中国改革开放和党的建设的实践证明，坚持以人民为中心是党和民族事业不断兴旺发达的根本保证。

1997 年 2 月 19 日，中国社会主义改革开放和现代化建设的总设计师邓小平逝世。邓小平逝世后，中国能否继续沿着邓小平开辟的建设有中国特色社会主义道路走下去，举世关注。面对各种杂音异响，

---

① 江泽民：《论党的建设》，中央文献出版社 2001 年版，第 192—194 页。

以江泽民为核心的党中央领导集体清醒地认识到，中国共产党领导的改革开放和中国特色社会主义伟大事业，是为广大人民群众的利益才开创的，更是紧紧依靠广大人民群众才开创的。这反映了广大人民群众的根本利益和殷切希望，凝聚了全党和全国各族人民不懈奋斗的心血和智慧。为了广大人民群众，必须要坚定不移地朝着这条道路走下去。

正是在此背景下，1997 年 9 月 12 日至 18 日，中国共产党第十五次全国代表大会在北京召开。大会的主题是：高举邓小平理论伟大旗帜，把建设有中国特色社会主义事业全面推向 21 世纪。大会把邓小平理论同马克思列宁主义、毛泽东思想一道确立为中国共产党的指导思想，并写入修改后的《中国共产党章程》。大会指出：作为毛泽东思想的继承和发展的邓小平理论，是当代中国的马克思主义，是马克思主义在中国发展的新阶段。

大会阐明了建设有中国特色社会主义的经济、政治和文化的基本目标和基本政策，提出了党在社会主义初级阶段的基本纲领。这是党的基本路线在经济、政治、文化等方面的展开。大会明确了中国跨世纪发展的战略部署，并就社会主义初级阶段的所有制结构和公有制实现形式，推进政治体制改革、依法治国、建设社会主义法治国家等问题提出了新的论断。大会指出：公有制为主体、多种所有制经济共同发展，是中国特色社会主义初级阶段的一项基本经济制度。公有制的实现形式可以而且应当多样化。依法治国，是党领导人民治理国家的基本方略。

党的十五大在世纪之交的关键时刻，继承邓小平遗志，承前启后、继往开来，明确回答了中国的改革开放和现代化建设继续向前发展的一系列重大理论问题和实践问题，从思想上、政治上、组织上为中国特色社会主义事业的跨世纪发展提供了根本保证。

1997 年爆发的亚洲金融危机，对中国经济产生了严重冲击；1998

年，长江、嫩江和松花江等领域发生了历史上罕见的洪涝灾害；1999年，又接连发生以美国为首的北约袭击中国驻南斯拉夫使馆、李登辉抛出“两国论”及“法轮功”邪教组织策划非法聚众闹事等事件。面对这些风险和考验，中共中央、国务院冷静分析，正确把握，果断决策，采取一系列措施，取得了一个又一个胜利，保证了改革开放和现代化建设的航船沿着正确的方向破浪前进。从1997年到2002年的五年间，我们在农业和农村工作、国有企业改革工作、西部大开发工作、城乡社会事业工作、国家法治建设工作、祖国统一大业的推进工作，以及加入世界贸易组织工作和外交工作等各方面工作中，都取得了跨世纪的重大进展。

以江泽民为核心的党中央领导集体认为，上述一系列工作成绩的取得，归根结底都是源自我们党继续坚持和发扬党的群众路线，全党同志自觉地将这个路线贯彻到各条工作战线中，依靠始终坚持以人民为中心，胜利推动了中国特色社会主义伟大事业的跨世纪发展。为了走好以后的路，关键就在于坚持以人民为中心，将全心全意为人民服务作为我们一切工作的出发点和落脚点。

正因此，以江泽民为核心的党中央领导集体始终以群众路线教育为核心内容，将加强党的建设新的伟大工程放在突出位置。1995年11月，江泽民在视察北京工作时提出了“讲学习，讲政治，讲正气”的重要任务，强调全心全意为人民服务就是“全党同志首先是各级领导干部，必须坚持树立和发扬的最大的正气”①。特别是1998—2000年集中开展的“三讲”教育活动，走出了一条既充分发动和依靠群众、又不搞群众运动，在党组织领导下群众积极有效参与的新路子。这次为期三年的教育活动，使领导干部普遍受到了一次群众观点、群众路线

---

① 中共中央文献研究室编：《十四大以来重要文献选编》（中），人民出版社1997年版，第1562页。

的再教育，强化了坚持和实践党的根本宗旨的意识，促进了作风的转变和拒腐防变自觉性的提高。

“三讲”教育之初，一些领导干部对开展整风心存疑虑，担心现在矛盾多，人们意见也多，群众发动起来后，自己“下不了台”“过不了关”。经过真心诚意的发动群众，征求意见，人们过去不想讲、不敢讲的意见，这次讲出来了；领导干部过去听不到、不愿听的意见，这次听到了。许多人深切感受到，群众的眼睛是雪亮的，对干部功过是非的评价是公正的。不少领导干部反思自己在实践党的根本宗旨上存在的问题，检查了“官大脾气大”和工作中搞形式主义、虚报浮夸等不良作风以及执行廉洁自律规定不够认真，对配偶、子女、身边工作人员要求不严等问题，从全局的高度认识了危害，从世界观上分析了原因。许多地方和部门，还对群众反映强烈的一些问题，采取坚决措施予以纠正。全国绝大多数县（市）领导干部和一批省、地级领导干部，深入农村、企业、学校，把开门听意见发展成出门搞“三讲”，收获特别明显。有的自带行李，到贫困落后、矛盾较突出、群众意见较多的乡村，驻村入户，与群众同吃同住同劳动，体察民情，了解群众疾苦，倾听群众呼声，亲身感受到了劳动人民的艰辛、勤劳、淳朴、善良，加深了同人民群众的感情，增强了为民用权的意识。许多干部想群众之所虑，急群众之所难，谋群众之所求，帮助群众克服实际困难，使一些长期未能解决的热点、难点问题程度不同地得到了解决。有些农民说，原以为“三讲”只是说说，没想到办了这么多实事、好事。

面对世纪之交更加复杂多变的世情、国情和党情，以江泽民为核心的党中央领导集体越来越深刻地认识到以改革创新的精神推动党的建设的重要性。正是在这样的大背景下，以江泽民同志为主要代表的中国共产党人，以马克思主义的巨大勇气进行理论创新，逐步形成了“三个代表”重要思想这一系统的科学理论。江泽民说：“我提出这个问题，是经过了长时期思考的。在实行改革开放和发展社会主义市场经济的条件下,建设什么样的党、怎样建设党,是一个重大现实问题,直接关系到我们党和国家的前途命运。"①

2000年春节后不久,江泽民来到广东省高州市参加当地领导干部的"三讲"教育活动。2月19日,江泽民听取了高州市委、市政府关于党的建设与领导干部"三讲"教育准备情况的汇报后,发表了重要讲话,指出:"我们要使党始终保持工人阶级先锋队性质,始终领导全国各族人民促进社会生产力的发展,始终坚强有力地发挥好领导核心作用,必须结合新的历史条件进一步从思想上、组织上和作风上把党建设好。"②同月24日,江泽民在广州召开的党建工作会上指出:"总结我们党七十多年的历史,可以得出一个重要结论,这就是:我们党所以赢得人民的拥护,是因为我们党在革命、建设、改革的各个历史时期,总是代表着中国先进生产力的发展要求,代表着中国先进文化的前进方向,代表着中国最广大人民的根本利益,并通过制定正确的路线方针政策,为实现国家和人民的根本利益而不懈奋斗。"③在这次讲话中,江泽民完整地提出了"三个代表"重要思想。2001年,在庆祝中国共产党成立80周年大会的讲话中,江泽民对"三个代表"重要思想进行了更为深入和详细的总结和论述。在回顾中国共产党历史的基础上,江泽民指出:总结80年的奋斗历程和基本经验,展望新世纪的艰巨任务和光明前途,我们党要继续站在时代前列,带领人民胜利前进,归结起来,就是必须始终代表中国先进生产力的发展要求,代表中国先进文化的前进方向,代表中国最广大人民的根本利益。

毫无疑问,在"三个代表"重要思想中,居于核心地位的,同时也是最能说明我们党一切奋斗的宗旨和归宿的,就是始终代表中国最广大

① 《江泽民文选》第三卷,人民出版社2006年版,第44页。

② 《江泽民出席茂名高州市领导干部"三讲"教育会议发表重要讲话进行动员》,《人民日报》2000年2月21日。

③ 《江泽民文选》第三卷,人民出版社2006年版,第2页。

人民的根本利益。对此，江泽民指出："我们党要始终代表中国最广大人民的根本利益，就是党的理论、路线、纲领、方针、政策和各项工作，必须坚持把人民的根本利益作为出发点和归宿，充分发挥人民群众的积极性、主动性、创造性，在社会不断发展进步的基础上，使人民群众不断获得切实的经济、政治、文化利益。……在新的历史时期，党要求全党同志必须经得起改革开放和执政的考验，带领人民群众为实现社会主义现代化而勤奋工作。所有这些，都是为了不断实现好、维护好和发展好最广大人民的利益，始终保持党同人民群众的血肉联系。"①

"三个代表"重要思想特别是始终代表中国最广大人民根本利益重要论断的作出，是中国共产党对自己领导中国革命和建设经验的更加深刻总结，是中国共产党对于将中国特色社会主义事业成功推向21世纪进程中，建设什么样的党、怎样建设党这一重大命题所作出的科学回答，是中国共产党坚持以人民为中心的思想与实践发展历程中的重要里程碑。这个思想一经提出，即在国内外引起强烈反响，全党和全国上下兴起了学习贯彻"三个代表"重要思想的高潮，有力地推动了改革开放和现代化建设的跨世纪发展，也为中共十六大的召开奠定了思想基础。

三、"人民群众是推动科学发展的主体"

2002年11月8日至14日，中国共产党第十六次全国代表大会在北京召开。大会高度评价"三个代表"重要思想的历史地位和重要作用，把"三个代表"重要思想同马克思列宁主义、毛泽东思想、邓小平理论一道确立为中国共产党必须长期坚持的指导思想，并写入党章，实现了党的指导思想的又一次与时俱进。大会明确了全面建设小康社

---

① 中共中央文献研究室编：《江泽民思想年编》（一九八九—二〇〇八），中央文献出版社2010年版，第538页。

会的奋斗目标。提出要在本世纪头二十年,紧紧抓住这一重要战略机遇期,集中力量,全面建设惠及十几亿人口的更高水平的小康社会,使经济更加发展、民主更加健全、科教更加进步、文化更加繁荣、社会更加和谐、人民生活更加殷实。这是实现现代化建设第三步战略目标必经的承上启下的发展阶段,也是完善社会主义市场经济体制和扩大对外开放的关键阶段。

党的十六大召开后,面对在新的历史起点上继续推进中国特色社会主义事业的历史使命,以胡锦涛为总书记的党中央领导集体反复强调:“相信谁、依靠谁、为了谁,是否始终站在最广大人民的立场上,是区分唯物史观和唯心史观的分水岭,也是判断马克思主义政党的试金石。”[①]继续推进改革开放伟大事业,全面建设小康社会,关键在于“始终站在最广大人民的立场上”[②]。

2002 年 12 月,在全党上下认真学习贯彻党的十六大精神的热潮中,胡锦涛来到革命圣地河北省平山县西柏坡学习考察,回顾党带领人民进行伟大革命斗争的光辉历史,重温毛泽东在中共七届二中全会上的重要讲话,特别是其中关于“两个务必”的重要论述,号召全党同志特别是领导干部大力发扬艰苦奋斗的作风。胡锦涛在考察中指出:“艰苦奋斗,是我们党作为马克思主义政党的本色,也是我们党坚持执政为民、始终成为中国特色社会主义事业领导核心的必然要求。只有坚持艰苦奋斗,心中装着人民群众,始终同人民群众同呼吸、共命运、心连心,才能保持我们党同人民群众的血肉联系,才能增强抵御腐朽思想侵蚀的能力,才能不断与时俱进、开拓创新。如果丢掉了艰苦奋斗的作风,贪图享乐,不愿意再做艰苦的工作,对群众的疾苦漠然置之,对群众的呼声充耳不闻,就必然会脱离群众。牢记党的宗旨,坚持

① 中共中央文献研究室编:《十六大以来重要文献选编》(上),中央文献出版社 2005 年版,第 369 页。

② 胡锦涛:《在党的十六届三中全会第二次全体会议上的讲话》,2003 年 10 月 14 日。

艰苦奋斗,这两者之间有着十分紧密的联系。只有牢记全心全意为人民服务的宗旨,才能保持艰苦奋斗的革命意志和革命品格;只有坚持艰苦奋斗,才能更好地履行全心全意为人民服务的宗旨。坚持艰苦奋斗,根本目的就是要为最广大人民的根本利益而不懈努力,不断把人民群众的利益维护好、实现好、发展好。"①

2006 年 6 月 30 日,胡锦涛在庆祝中国共产党成立 85 周年暨总结保持共产党员先进性教育活动大会上的讲话中进一步指出:"民心向背,是检验一个政党是否具有先进性的试金石。一个政党,如果不能保持同人民群众的血肉联系,如果得不到人民群众的支持和拥护,就会失去生命力,更谈不上先进性。我们党的根基在人民、血脉在人民、力量在人民。保持党同人民群众的血肉联系,是我们党无往而不胜的法宝,也是我们党始终保持先进性的法宝。"②

2010 年 10 月 18 日,胡锦涛在中共十七届五中全会第二次全体会议上的讲话中再次告诫全党:"与过去相比,现在,我们拥有的经济实力和财力大大提高了,我们掌握的各方面资源大大增加了,我们可以运用的科技手段大大丰富了,但我们必须牢记,世界上没有任何力量可以代替人民的力量,任何时候任何情况下群众观点都不能丢、不能忘。"③

党的十六大召开以后,以胡锦涛同志为主要代表的中国共产党人,在各项实际工作中坚持以人民为中心,践行以人民为中心,提出坚持以人为本、全面协调可持续的科学发展观,为党的群众路线在新的历史条件下的坚持和发展作出了重大贡献。

---

① 中共中央文献研究室编:《十六大以来重要文献选编》(上),中央文献出版社 2005 年版,第 83—84 页。

② 中共中央文献研究室编:《十六大以来重要文献选编》(下),中央文献出版社 2008 年版,第 535 页。

③ 中共中央文献研究室编:《十七大以来重要文献选编》(中),中央文献出版社 2011 年版,第 1012—1013 页。

2003年上半年,我国经受了一场抗击非典疫情的严峻考验。同年7月,胡锦涛在全国防治非典工作会议上,阐述了加强经济社会协调发展、统筹城乡经济社会发展的要求。同年10月,中共十六届三中全会正式提出了坚持以人为本、全面协调可持续的科学发展观。2004年3月,胡锦涛在中央人口资源环境工作座谈会上,进一步阐明了科学发展观。

科学发展观的核心是以人为本。坚持以人为本,就是要把人民的利益作为一切工作的出发点和落脚点,不断满足人们的多方面需求和促进人的全面发展。具体来说,就是在经济发展的基础上,不断提高人民群众物质文化生活水平和健康水平;就是要尊重和保障人权,包括公民的政治、经济、文化权利;就是要不断提高人们的思想道德素质、科学文化素质和健康素质;就是要创造人们平等发展、充分发挥聪明才智的社会环境。

坚持以人为本,还要求扎实做好关心群众生产生活工作,特别是要落实到以民生为本上。民生连着民心,民心凝聚民力。各级领导干部要从文山会海中解脱出来,从迎来送往中摆脱出来,集中时间和精力,深入基层、深入群众,到城乡困难群众的家中去,看一看他们的穿着、揭一揭他们的锅盖、问一问他们的难处,认真解决他们的实际困难,给他们带去党和政府的关怀。要着力解决关系人民群众切身利益的突出问题。要进一步做好增加就业的工作。就业是民生之本,扩大就业是改善人民生活的基本途径,必须摆在经济社会发展的突出位置。要加强社会保障工作,加快完善社会保障体系,积极帮助城乡特殊困难群众解决生产生活问题。使党的各方面工作围绕让广大人民群众在学有所教、劳有所得、病有所医、老有所养、住有所居上持续取得新进展,努力让人民群众过上更好的生活。

应当注意的是,坚持以人为本,不仅是指科学发展为了人民,也指科学发展必须依靠人民。为此,就要求全体党员干部特别是各级领导干部必须牢固树立“权为民所用、情为民所系、利为民所谋”的思想，正确看待和运用手中的权力，始终以党和人民的事业为重，为人民掌好权、用好权，用人民赋予的权力服务于人民。“高度重视群众工作，坚持人民主体地位，发挥人民首创精神”①，始终认识到“群众是真正的英雄，是我们党的力量源泉和胜利之本。党和人民事业能不能顺利发展，关键在我们党能不能始终保持同人民群众的血肉联系，能不能充分调动人民群众的积极性、主动性、创造性”②。领导干部要拓宽社情民意表达渠道，及时了解群众心声和实际需求。2005 年 11 月 29 日，胡锦涛在中央经济工作会议上讲话指出：“各级领导干部要坚持深入基层，深入群众，深入第一线，围绕改革发展稳定的一些重要问题，开展系统的调查研究，了解真实情况，掌握工作主动权。”调查研究要讲究方式方法，要做到人对人、面对面、手拉手、心连心做群众工作，既要听会上的也要听会下的，既要听干部的也要听群众的，既要看工作搞得好的地方也要看问题和困难比较多的地方。要善于透过现象看本质，善于总结实践经验，从中把握规律性的东西，找准解决问题的关键。

依靠人民群众推动科学发展，还要善于化解人民内部矛盾，为推动科学发展凝心聚力。“越是矛盾突出，越是问题复杂，越要耐心细致地做好宣传群众、教育群众的工作，引导群众正确分析形势，正确理解党和国家的方针政策，正确处理个人利益和集体利益、局部利益和整体利益、当前利益和长远利益的关系，正确认识自己的根本利益和实现自身利益的途径，自觉为改革发展稳定贡献力量。”③正是在这样的任务要求的背景下，2004 年 9 月，中共十六届四中全会提出了构建社

① 《胡锦涛文选》第三卷，人民出版社 2016 年版，第 442 页。

② 中共中央文献研究室编：《十七大以来重要文献选编》（中），中央文献出版社 2011 年版，第 1010 页。

③ 中共中央文献研究室编：《十六大以来重要文献选编》（中），中央文献出版社 2006 年版，第 317 页。

会主义和谐社会的战略任务。2005 年 2 月,胡锦涛在中央党校省部级主要领导干部专题研讨班上,对构建社会主义和谐社会的重大战略思想作了全面论述。这个重大战略思想的提出,使中国特色社会主义事业的总体布局由经济建设、政治建设、文化建设“三位一体”发展为经济建设、政治建设、文化建设、社会建设“四位一体”,丰富和发展了马克思主义关于社会主义社会建设的理论。

2006 年 10 月,中共十六届六中全会审议通过了《中共中央关于构建社会主义和谐社会若干重大问题的决定》。决定指出:社会和谐是中国特色社会主义的本质属性。构建社会主义和谐社会是一个不断化解社会矛盾的持续过程。我们要构建的社会主义和谐社会,是在中国特色社会主义道路上,中国共产党领导全体人民共同建设、共同享有的和谐社会。决定首次将“和谐”列入现代化建设的奋斗目标,号召全国各族人民“为把我国建设成为富强民主文明和谐的社会主义现代化国家而奋斗”。

在科学发展的理论和实践不断发展的基础上,2007 年 10 月 15 日至 21 日召开的中国共产党第十七次全国代表大会明确提出:要高举中国特色社会主义伟大旗帜,以邓小平理论和“三个代表”重要思想为指导,深入贯彻落实科学发展观,继续解放思想,坚持改革开放,推动科学发展,促进社会和谐,为夺取全面建设小康社会新胜利而奋斗。大会通过了关于《中国共产党章程(修正案)》的决议。大会一致同意将科学发展观写入党章。

党的十七大以后,为进一步推动科学发展观的贯彻落实,从 2008 年 9 月开始,中共中央决定,用一年半左右的时间,在全党开展深入学习实践科学发展观活动。这次活动紧密围绕党员干部受教育、科学发展上水平、人民群众得实惠,着力改变不适应科学发展要求的思想观念,着力解决影响和制约科学发展的突出问题,着力构建有利于科学发展的体制机制。

党的十六大和十七大以来，全党深入贯彻落实科学发展观的过程，就是牢固树立人民群众在科学发展中的主体地位的过程。在全党和全国各族人民的共同努力下，党和国家各项事业全面推向前进，取得了丰硕成果。新农村的扎实推进，使农村经济和农村面貌发生新的深刻变化。创新型国家建设战略的正式启动，推动国家科学技术事业取得重大进展。有关深化行政管理体制和机构改革、全面推进依法行政、加强中国共产党领导的多党合作和政治协商制度建设、加强全国人大制度建设，以及推进基层民主建设等相关工作的文件的制定和实施，推动我国社会主义民主法制建设取得长足发展。2011 年 10 月，中共十七届六中全会通过《中共中央关于深化文化体制改革推动社会主义文化大发展大繁荣若干重大问题的决定》，标志着我国文化改革发展进入一个新阶段。

党的十六大和十七大以来，自 2002 年到 2012 年的十年间，我国经济总量从世界第六位跃升到第二位，社会生产力、经济实力、科技实力迈上一个大台阶，人民生活水平、居民收入水平、社会保障水平迈上一个大台阶，综合国力、国际竞争力、国际影响力迈上一个大台阶，国家面貌发生新的历史性变化。2008 年，“5・12”四川汶川特大地震抗震救灾斗争取得重大胜利；8 月至 9 月，在北京举办的第 29 届奥林匹克运动会和第 13 届残疾人奥林匹克运动会取得圆满成功；9 月，神舟七号载人飞船航天任务顺利完成；应对国际金融危机取得积极成效。与此同时，我国在走和平发展道路、全方位开展对外交往等工作方面也取得显著成绩，为全面建设小康社会争取和平良好的国际环境和周边环境作出重要贡献。

四、改革开放和现代化建设的巨大成就

党的十一届三中全会以来，正是由于中国共产党始终坚持以人民为中心，坚持和发展党的群众路线，将党的群众路线深入贯彻到党和

国家各项事业中，我们的改革开放和现代化建设事业取得了巨大成就：

从1978年到2012年，中国国内生产总值从3645亿元增长到51.9万亿元，中国经济总量上升到世界第二位，中国依靠自己的力量稳定解决了13亿人口的吃饭问题。国家先后启动了东部地区率先发展战略、西部大开发战略、东北等老工业基地振兴战略和中部地区崛起战略，激发了各大经济区域的发展活力。通过积极推进城镇化，2007年至2012年共转移农村人口8436万人，城镇化率由45.9%提高到52.6%。人民生活总体上实现了由温饱到小康的历史性跨越。从1978年到2012年，城镇居民人均可支配收入由343元增加到24565元，农村居民人均纯收入由134元增加到7917元。到2012年年底，全国共有2142.5万城市居民、5340.9万农村居民得到政府提供的最低生活保障，545.9万人纳入农村五保供养。人民的总体健康水平已超过中等收入国家的平均水平，处于发展中国家前列。2010年，中国人口平均预期寿命达到74.83岁。

社会主义市场经济体制初步建立并日益完善，更具活力、更加开放的经济体系正在形成。确立了公有制为主体、多种所有制经济共同发展这一社会主义初级阶段的基本经济制度，实行按劳分配为主体、多种分配方式并存的基本分配制度。财税、金融、流通、住房、医疗、教育等改革不断深化，国有企业改革稳步推进。

人民代表大会制度、中国共产党领导的多党合作和政治协商制度，进一步健全和完善。更好地发挥全国人大作为国家最高权力机关的作用，促进政治协商进一步制度化、规范化，促使广泛的爱国统一战线继续得到巩固和发展。以农村村民委员会、城市居民委员会和企业职工代表大会为主要内容的基层民主自治体系开始形成。社会主义法制建设取得显著成就，以宪法为基础的中国特色社会主义法律体系在逐步完备，社会治安综合治理取得新成效。

坚持用马克思主义中国化的最新成果武装全党、教育人民，大力推进马克思主义理论研究和建设工程，努力繁荣和发展哲学社会科学。全国城乡广泛开展爱国主义、集体主义、社会主义教育。建设中国特色社会主义的共同理想形成广泛共识。教育、科学、文化等各项事业取得长足的进步。文化体制改革不断深化，文化事业和文化产业繁荣发展，国家对文化事业的投入加大。促进公共文化服务体系建设，推进全国文化信息资源共享工程，提高农村广播电视“村村通”水平，加强文化基础设施建设。

认真坚持实行民族区域自治制度，积极支持各少数民族参与管理国家事务，充分行使宪法和法律赋予的各项自治权利，自主管理本地区、本民族的内部事务，形成了中华各族人民团结奋斗、共同繁荣发展的良好局面。在中央政府大力支持下，民族自治地方经济迅速发展。尊重和保护各民族宗教信仰自由，积极引导宗教与社会主义社会相适应。

人民解放军坚持以新时期军事战略方针为统揽，以推进中国特色军事变革为主线，以军事斗争准备为龙头，按照建设信息化军队、打赢信息化战争的战略目标，全面推进国防和现代化建设。20 世纪 80 年代中期以来，已经完成三次大规模裁军，共裁减军队员额 170 万。军队、武警和民兵在保卫和建设祖国中、在抢险救灾中，发挥了重要作用。

1997 年和 1999 年香港、澳门相继回归祖国，祖国统一大业进入新的发展阶段。中央政府严格实行“一国两制”、“港人治港”、“澳人治澳”、高度自治的方针，保持了香港和澳门特别行政区的繁荣与稳定。祖国大陆同台湾的经济文化交流和人员往来不断发展。通过长期不懈的努力，两岸直接双向通邮、通航与通商全面实现，开创了两岸关系和平发展新局面。

面对深刻变化的国际形势，中国政府坚持高举和平、发展、合作的旗帜,坚持独立自主的和平外交政策,坚定不移地走和平发展的道路,致力于建设一个持久和平、共同繁荣的和谐世界,全方位地开展对外工作。中国的国际影响日益扩大,国际地位显著提高,在国际社会发挥着重要的作用。截至2011年7月,中国已同172个国家建立了外交关系。在睦邻、安邻、富邻政策的指导下,同周边国家的睦邻友好关系日益加强。中国还积极参与应对国际金融危机、气候变化等全球性问题的国际合作,积极开展公共外交。

第五章

坚持以人民为中心与中国特色社会主义进入新时代

不忘初心、牢记使命,永远把人民对美好生活的向往作为奋斗目标,是一代代共产党人的执着追求。党的十八大的召开,标志着中国特色社会主义进入新时代,以习近平同志为核心的党中央秉持为中国人民谋幸福、为中华民族谋复兴的初心和使命,提出坚持以人民为中心的发展思想,科学把握新时代我国社会主要矛盾的新变化,坚持人民至上的价值理念,确立和巩固人民群众在新时代的主体地位,推动中国经济高质量发展,人民物质生活、精神生活、社会生活水平不断提高,全过程人民民主不断完善发展,生态环境显著改善,人民安全得到切实保障。新的历史方位下,党和国家各项事业取得历史性成就,发生历史性变革。

今天,中国特色社会主义进入新时代,国内外环境正在发生深刻变化,但中国共产党人立身的根基没有变,为中国人民谋幸福、为中华民族谋复兴的初心和使命也没有变。不忘初心再出发,只要我们始终坚持以人民为中心的发展思想,始终把人民放在心中最高位置,永远与人民同呼吸、共命运、心连心,就一定能带领人民战胜各种风浪和挑战,夺取新时代中国特色社会主义伟大胜利。

第一节 坚持以人民为中心的发展思想

以人民为中心的发展思想是以习近平同志为核心的党中央依据新时代世情国情党情的深刻变化,在统筹推进“五位一体”总体布局和“四个全面”战略布局的伟大实践中形成和发展起来的,是习近平新时代中国特色社会主义思想的核心内容,是中国共产党人在新时代历史方位下践行为人民谋幸福的初心和担当、为民族谋复兴使命的时代要求,是坚持我们党为人民服务根本宗旨的本质体现,是中国共产党人实践追求的始终,思想极为深刻,内涵十分丰富,是新时代党的各项工作的方向和灵魂。

一、坚持以人民为中心的发展思想

中国特色社会主义进入新时代,在中华人民共和国发展史上、中华民族发展史上具有重大意义,在世界社会主义发展史上、人类社会发展史上也具有重大意义。新时代我国社会的主要矛盾已经转化为人民日益增长的美好生活需要和不平衡不充分的发展之间的矛盾。人民的需要就是我们的奋斗目标。为此,习近平总书记在党的十九大报告中提出:“必须坚持以人民为中心的发展思想,不断促进人的全面发展、全体人民共同富裕。”①

坚持以人民为中心,是习近平新时代中国特色社会主义思想的核心内容,是马克思主义唯物史观的历史传承和创新发展,是中国共产

① 习近平:《决胜全面建成小康社会　夺取新时代中国特色社会主义伟大胜利——在中国共产党第十九次全国代表大会上的报告》,人民出版社 2017 年版,第 19 页。

党领导革命、建设和改革发展实践的经验总结，是中国共产党人不忘初心和使命的时代要求。

坚持以人民为中心，是习近平总书记反复强调的发展思想，也是贯穿党的十八大以来党中央治国理政新理念新思想新战略的一条主线。党的十八届五中全会提出了“坚持以人民为中心的发展思想”并将“共享发展”纳入新发展理念。党的十九大报告将“坚持以人民为中心”概括为新时代坚持和发展中国特色社会主义的一条基本方略。习近平总书记指出：“明确新时代我国社会主要矛盾是人民日益增长的美好生活需要和不平衡不充分的发展之间的矛盾，必须坚持以人民为中心的发展思想，不断促进人的全面发展、全体人民共同富裕”，“使人民获得感、幸福感、安全感更加充实、更有保障、更可持续。”[①]鲜明回答了新时代“为了谁”“依靠谁”的马克思主义基本问题，彰显了我们党一以贯之、始终坚守的为民情怀，体现了我们党不忘初心、砥砺奋进的时代要求，为党在新时代发展中国特色社会主义进一步明确了目标指向和行动遵循。

以人民为中心的发展思想继承和发扬了马克思主义理论品质，遵循了坚持人民主体论的唯物史观，彰显了马克思主义的根本立场，反映了共产党执政规律、社会主义建设规律、人类社会发展规律的客观要求，是对党的科学发展思想的继承和发展，其基本内涵就是坚持人民至上，它至少包含三层意蕴：根本取向是坚持发展为了人民，核心思路是坚持发展依靠人民，根本目的是坚持发展成果由人民共享。

以人民为中心的发展思想，是坚持我们党的性质和根本宗旨的本质体现，体现了我们党以人为本、执政为民、造福人民的执政理念和价值追求。党的性质和根本宗旨决定了我们党必须始终坚持以人民为

---

① 习近平：《决胜全面建成小康社会　夺取新时代中国特色社会主义伟大胜利——在中国共产党第十九次全国代表大会上的报告》，人民出版社2017年版，第19、45页。

中心,任何时候都必须把人民利益放在第一位;把人民对美好生活的向往作为奋斗目标,把全心全意为人民服务作为党一切行动的根本出发点和最终目标。

以人民为中心的发展思想,是习近平总书记反复强调的核心价值取向;以人民为中心是人民事业与国家发展的有机统一,是发展为了人民、发展依靠人民与发展成果由人民共享的有机统一。它构成了新发展理念的价值核心,明确了协调推进"四个全面"战略布局的工作重心,充分体现了治国理政新思想新实践的价值导向。

以人民为中心的思想贯彻于马克思主义理论发展和中国共产党人实践追求的始终,党的每一代领导核心都将以人民为中心的理念作为执政的根本指导,以人民为中心是党的事业长盛不衰的关键。坚持以人民为中心是马克思主义政党最为本质的先进性要求,是新时代中国共产党人的责任担当,是实现中华民族伟大复兴中国梦的必然要求。

习近平总书记指出:"着力践行以人民为中心的发展思想。""以人民为中心的发展思想,不是一个抽象的、玄奥的概念,不能只停留在口头上、止步于思想环节,而要体现在经济社会发展各个环节。"①以人民为中心的发展思想是在落实党的全心全意为人民服务这一宗旨、解决人心向背这一根本问题时唯一正确的工作指针,是党的各项工作的方向和灵魂。

"中国共产党执政的唯一选择就是为人民群众做好事,为人民群众幸福生活拼搏、奉献、服务。"②习近平总书记的话语坚定有力、温暖人心。

坚持以人民为中心,就是坚持发展为了人民、为人民谋幸福的初

---

① 《习近平谈治国理政》第二卷,外文出版社2017年版,第213—214页。

② 齐中熙、申铖、胡璐、刘夏村、周圆:《人民对美好生活的向往,就是我们的奋斗目标》,《人民日报》2022年2月16日,第2版。

心始终如一。湘江之畔、广西桂林毛竹山村,当年红军战斗过的地方,如今靠着发展葡萄产业富了一方百姓。2021 年春天,习近平总书记来到村民王德利家做客。“总书记,您平时这么忙,还来看我们,真的感谢您。”“我忙就是忙这些事,‘国之大者’就是人民的幸福生活。”①一段朴实的对话,饱含着“以人民为中心”的深刻哲理、真挚情怀。“小康不小康,关键看老乡”“扎实推进乡村振兴,让群众生活更上一层楼”……总书记眼中的“幸福生活”,不仅要看经济总量,更要看百姓生活质量;不仅要看平均数,更要看大多数。

坚持以人民为中心,体现在一个个令人振奋的数字。2021 年,我国经济总量突破 114 万亿元,比上年增长 8.1%;居民收入增长与经济增长基本同步;城镇新增就业 1269 万人……综合国力、社会生产力、人民生活水平进一步提升,发展基础更牢、条件更优、动力更足。

坚持以人民为中心,就是坚持生命至上、人民至上的价值追求。新冠肺炎疫情来袭,“把人民群众生命安全和身体健康放在第一位”②,从出生 30 个小时的婴儿到 108 岁的老人,不遗漏每一个感染者,不放弃每一个生命。

坚持以人民为中心,就是坚持发展依靠人民,积极发展全过程人民民主。2021 年年底,在上海长宁区虹桥街道基层立法联系点内,召开了一场由基层体育工作者、运动员、高校教师参加的座谈会,就体育法修订草案积极发表意见。一场座谈会下来,近 50 条建议被详细记录,并原汁原味地反馈到国家最高立法机关。“‘开门立法’的生动实践,正是全过程人民民主真实的写照。”③虹桥街道党工委书记胡煜昂说,群众的建议通过这些渠道转化为上到国家立法、下至社区治理的

① 张晓松、朱基钗、胡浩、施雨岑、丁小溪:《继续奋斗,走好新时代赶考路》,《人民日报》2021 年 11 月 8 日,第 1 版。

② 《把人民群众生命安全和身体健康放在第一位》,《人民日报》2020 年 1 月 28 日,第 1 版。

③ 《社会主义民主的生动实践》,《新华每日电讯》2021 年 12 月 15 日,第 5 版。

“金点子”。截至2021年10月，十三届全国人大常委会法工委基层立法联系点先后就126部法律草案、年度立法计划等征求基层群众意见建议7800余条，其中2200余条意见建议被不同程度采纳吸收。

坚持以人民为中心，就是坚持发展成果由人民共享，在“致广大而尽精微”中落地见效。推进北方地区冬季清洁取暖，推行垃圾分类，推进畜禽养殖废弃物处理和资源化，提高养老院服务质量，规范住房租赁市场和抑制房地产泡沫，加强食品安全监管……2016年年底，事关百姓民生的“小事”“身边事”成为中央财经领导小组第十四次会议的议题。“推进北方地区冬季清洁取暖等6个问题，都是大事，关系广大人民群众生活，是重大的民生工程、民心工程。”①

党的十八大以来，从兜住兜牢民生底线的各项部署，到在教育、医疗、养老、住房等人民群众最关心的领域精准提供基本公共服务的明确要求，再到做好粮油肉蛋奶果蔬等保供稳价工作，无不指向“让老百姓过上好日子”。

道虽迩，不行不至；事虽小，不为不成。人均GDP超过1.2万美元，形成世界最大规模中等收入群体；义务教育入学率接近100%；基本医疗保险覆盖超过13.5亿人，基本养老保险覆盖超过10亿人……一幅人民幸福生活的画卷，正在新时代中国徐徐铺展。

历史是人民书写的，一切成就归功于人民。坚持以人民为中心，坚持人民主体地位，坚持“立党为公，执政为民”。只要我们深深扎根人民、紧紧依靠人民，始终和人民群众一块苦、一块过、一块干，我们就能获得无穷的力量，风雨无阻，奋勇向前，就能把握现在，开辟未来，行稳致远，不断把为人民造福事业推向前进，力争早日实现中华民族伟大复兴的中国梦。

---

① 温红彦、钱一彬、李建广：《坚定不移沿着这条光明大道走下去》，《人民日报》2022年2月28日，第1版。

二、江山就是人民，人民就是江山

“江山就是人民、人民就是江山，打江山、守江山，守的是人民的心。”[①]2021年7月1日，在庆祝中国共产党成立100周年大会上，习近平总书记饱含深情、意蕴深远的重要讲话，彰显了我们党全心全意为人民服务的根本宗旨，展现了新时代共产党人不忘初心、牢记使命的坚定决心。党的十九届六中全会通过的《中共中央关于党的百年奋斗重大成就和历史经验的决议》，深刻把握江山与人民的关系，从党百年奋斗重大成就的总结到百年奋斗历史意义、历史经验的提炼，再到对新时代的中国共产党提出要求，都突出以人民为中心，系统回答了“过去我们为什么能够成功、未来我们怎样才能继续成功”这一重大命题，为新时代中国共产党坚持和发展“江山就是人民、人民就是江山”提供了经验启示和行动指南。

《中共中央关于党的百年奋斗重大成就和历史经验的决议》在回顾总结党的百年奋斗历程时，有一条主线非常鲜明，就是践行初心使命，为中国人民谋幸福、为中华民族谋复兴而不懈奋斗，这实际上也是党关于江山与人民关系的认识和实践的整个脉络的重要体现。党的十八大以来，习近平总书记立足新的历史方位和实践要求，创造性提出一系列新论断新观点，创造性地解决了一系列新问题，为我们党发展完善关于江山与人民的科学体系作出了新的重大贡献。

进一步发展并丰富了人民立场的内涵。习近平总书记要求全党始终牢记和践行为中国人民谋幸福、为中华民族谋复兴的初心使命，强调“人民立场是中国共产党的根本政治立场”，指出“走得再远、走到再光辉的未来，也不能忘记走过的过去，不能忘记为什么出发”[②]。习近平总书记把“坚持以人民为中心”贯穿于治国理政的全部活动，并

---

① 习近平：《在庆祝中国共产党成立100周年大会上的讲话》，《人民日报》，2021年7月2日，第2版。

② 《习近平谈治国理政》第二卷，外文出版社2017年版，第32—33页。

将其明确为新时代坚持和发展中国特色社会主义的基本方略。这些重要论断和实践，深刻回答了在新时代如何牢记和践行中国共产党是谁、为了谁的宗旨使命问题。

进一步丰富发展了人民主体地位的内涵。习近平总书记指出："中国梦归根到底是人民的梦"，提出"发展全过程人民民主"的重大论断，从推进国家治理体系和治理能力现代化的高度，加快健全完善人民当家作主制度体系，充分调动人民投身国家建设的积极性、主动性、创造性；深刻把握历史活动的规律，指出"时代是出卷人，我们是答卷人，人民是阅卷人"①，要求把人民作为党的工作的最高裁决者和最终评判者，把对党负责与对人民负责有机统一起来。这些重要论断和要求，深刻回答了在新时代中国共产党如何发动群众、组织群众、依靠群众创造历史的问题。

进一步丰富发展了党与人民保持血肉联系的内涵。习近平总书记指出"民心是最大的政治"，强调"始终同人民群众同呼吸、共命运、心连心"②"党的作风是党的形象，是观察党群干群关系、人心向背的晴雨表"③，部署出台中央八项规定等，从小事小节抓起，坚持不懈反"四风"，党心民心进一步凝聚。针对群众最痛恨的腐败现象，习近平总书记指出："这些现象对党同人民群众的血肉联系最具杀伤力。……我们必须下最大气力解决好消极腐败问题，确保党始终同人民心连心、同呼吸、共命运。"④要以"壮士断腕、刮骨疗毒"的决心和勇气惩治腐败，夯实制度体系，一体推进不敢腐、不能腐、不想腐，把权力关进制度的笼子，明确反腐败永远在路上。这些重要论断和经验，深刻回答了在新时代中国共产党如何保持同人民群众的血肉联系的问题。

---

① 《习近平谈治国理政》第三卷，外文出版社 2020 年版，第 70 页。
② 同上，第 1 页。
③ 《习近平谈治国理政》第二卷，外文出版社 2017 年版，第 44 页。
④ 《习近平关于全面从严治党论述摘编》，中央文献出版社 2016 年版，第 178 页。

习近平总书记深刻指出:“赢得人民信任,得到人民支持,党就能够克服任何困难,就能够无往而不胜。”[①]党的根基在人民、血脉在人民、力量在人民。奋进的征程上,永远保持同人民群众的血肉联系,始终同人民群众想在一起、干在一起、风雨同舟、同甘共苦,我们就一定能战胜一切艰难险阻,党和人民的事业就会无往而不胜。

三、坚持发展社会主义民主

坚持和贯彻党的群众路线。党的二十大报告强调“全党要坚持全心全意为人民服务的根本宗旨,树牢群众观点,贯彻群众路线。”[②]党的最大优势是密切联系群众,党的根本立场是人民立场,党的群众路线贯彻好坏会直接影响党的事业的发展,可见,党的群众路线的政治追求就是以人民为中心。一方面,党的群众路线回答了党的一切活动“为什么人”的这一基本问题,通过坚持党的群众路线,党的政治建设体现出了党全心全意为人民服务这一根本宗旨,凸显出了无产阶级政党独特的政治优势。“坚持一切为了人民、一切依靠人民,从群众中来、到群众中去,始终保持同人民群众的血肉联系”[③],习近平总书记这一重要论述深刻揭示了人民群众的立场就是党的根本政治立场,站稳人民立场贯穿于党的政治建设的始终。中国共产党自成立起就是人民群众的党,始终代表着最广大人民的根本利益,引领和帮助人民群众创造美好生活始终是我们党的奋斗目标。另一方面,加强党的政治建设的根本途径就是坚持和贯彻党的群众路线。唯物史观理论强调,人民是历史的创造者,这一基本观点肯定了人民在人类发展史上的主

① 《学党史悟思想办实事开新局　以优异成绩迎接建党一百周年》,《人民日报》2021年2月21日,第1版。

② 习近平:《高举中国特色社会主义伟大旗帜为全面建设社会主义现代化国家而团结奋斗》,《人民日报》2022年10月26日,第1版。

③ 习近平:《高举中国特色社会主义伟大旗帜为全面建设社会主义现代化国家而团结奋斗》,《人民日报》2022年10月26日,第1版。

体地位。党的力量和智慧来源于人民群众,如果脱离群众、忽略人民,中国共产党就会失去生命力

发展全过程人民民主。全过程人民民主在中国特色社会主义建设中扮演着关键角色,其影响力和效果体现在三个主要方面。首先,它深刻体现了民主与物质基础之间的紧密联系。在这一制度下,人民不仅是政策的接受者,更是发展的推动者。他们的参与感和创造力被充分激发,为经济发展提供了坚实的物质基础。民主在此过程中不再是抽象的概念,而是转化为推动生产力发展的实际力量,进而促进社会整体的繁荣。其次,全过程人民民主在中国社会和国家发展中具有不可替代的战略作用。这一民主模式不单单关注决策过程本身,而是将民主实践转化为国家发展的强大推动力。通过有效整合和运用人民的智慧与努力,推动了社会的全面和谐发展。最后,全过程人民民主在保障利益分配的公正性和公平性方面发挥着至关重要的作用。这种民主形式通过结合选举民主和协商民主的优势,确保了人民对利益分配的全程参与和有效监督。这不仅体现了民主的真正精神,而且确保了社会发展的成果能够公平地惠及每一位公民。这种做法有效避免了传统西方民主中常见的利益集团操控和不公平现象,确保了全体人民能够共享国家发展的红利。

总的来说,社会主义民主不仅深刻影响了中国的经济和社会发展,而且在确保公平和公正的利益分配方面发挥了重要作用,体现了中国特色社会主义政治建设的独特优势和实践智慧。

四、推动全体人民共同富裕取得实质性进展

共同富裕在中国特色社会主义发展中占有重要位置,正如习近平

总书记所强调的，“我们追求的是全体人民共同富裕”[①]，这一目标明确指向了包括所有人民在内的广泛富裕。重要的是，共同富裕不仅关注富裕的普及性，还强调整体与个体的协调发展，确保没有任何人群在发展过程中被遗落。例如，习近平总书记在2017年10月25日的在十九届中共中央政治局常委同中外记者见面会上明确表示，“在全面建成小康社会的过程中，一个人也不能少；在迈向共同富裕的道路上，一个人也不能掉队”[②]，从而强调了以人民为中心的发展理念，旨在不断推动全体人民朝共同富裕前进。这些论断均表明中国特色社会主义追求的共同富裕目标是涵盖全国所有社会成员的。中国作为一个拥有超过14亿人口的大国，共同富裕的实现意味着不仅是少数人或某一部分人群的生活水平提高，而是整个国家的人民都达到富裕标准。如果大多数人生活富裕，而少数人仍未达到这一标准，虽然可以说是基本实现了共同富裕，但仍未达到全体人民共同富裕的理想状态。真正的共同富裕是当全体国民都达到富裕标准时，整个国家才能被认为完全实现了共同富裕。这意味着，每个群体都应共享改革和发展的成果，共同享受富裕、幸福和美好的生活。这样的全民共同富裕，才是真正意义上的共同富裕。

共同富裕的真谛在于实现物质生活和精神生活的和谐统一。常规理解下，共同富裕似乎仅关注于经济增长和物质财富的积累。虽然这一理解在某种程度上是合理的——毕竟“富裕”在传统意义上确实与物质基础的坚实相关，但这种观点仍需深化和拓展。自党的十八大以来，中国社会主要矛盾已经转变，人民对于美好生活的需求与不平衡不充分的发展之间的矛盾成为了新的挑战。这一转变意味着，在追求物质富足的同时，人民对精神文化生活的渴求也在不断上升。在中

① 中共中央文献研究室编：《习近平关于社会主义社会建设论述摘编》，中央文献出版社2017年版，第35页。

② 《习近平谈治国理政》第三卷，外文出版社2020年版，第66页。

国特色社会主义新发展阶段,我们所建设的社会追求的不仅是物质层面的丰富,还包括精神层面的充实。共同富裕的理念不应仅局限于财富的多少,这对于社会整体要求或每一个国民的全面发展而言,都是不充分的。共同富裕的本质在于满足人民日益增长的美好生活需求,这包含了经济上的宽裕和精神上的富足。邓小平同志曾明确指出,"贫穷不是社会主义"①,这不仅指物质贫困,也包括精神贫乏。真正的社会主义既需要发达的物质生产力,也需要充沛的精神文明。在中国特色社会主义的新征程中,实现物质生活和精神生活的协调发展,是共同富裕的关键所在。仅有物质生活的富裕而缺乏精神生活的充实,显然并不符合现代文明的标准。因此,我们追求的共同富裕应该是一种全面发展,既重视物质层面的提升,也关注人的精神丰富和全面发展,以实现全民群众在物质和精神层面的全面富裕。

共同富裕的本质在于全体社会成员的共同努力和参与。实现全体人民共同富裕不单是提出目标的过程,更关键的是如何实现这一目标。首先,共同富裕的实现依赖于明确的方向引导和坚实的政策支持。中国共产党在实现中国特色社会主义的道路上扮演着核心领导角色,制定并推动了实现共同富裕的政策和措施,以及完善相关的基础设施条件。正如习近平总书记在党的二十大所强调的,"我们坚持把实现人民对美好生活的向往作为现代化建设的出发点和落脚点,着力维护和促进社会公平正义,着力促进全体人民共同富裕,坚决防止两极分化。"②这意味着,实现共同富裕需要国家制定和完善相关制度安排,提供制度保障,鼓励全体人民通过勤劳创新致富。例如,通过为底层人口提供向上流动的机会,保证社会成员公平享受发展机遇,为社会成员提供展示才华的平台,提升人民创造财富的能力等。其次,

① 《邓小平文选》第三卷,人民出版社 1993 年版,第 142 页。

② 习近平:《高举中国特色社会主义伟大旗帜为全面建设社会主义现代化国家而团结奋斗》,《人民日报》2022 年 10 月 26 日,第 1 版。

实现全体人民共同富裕还需全体社会成员的共同参与和合作。共同富裕的目标不仅依赖于党和国家的引导和政策支持,更需要社会成员个体的积极参与。2021 年,国家发布的《关于支持浙江高质量发展建设共同富裕示范区的意见》将共同富裕定义为"通过全民的辛勤劳动和相互帮助,普遍达到生活富裕"的状态①。这表明,实现全体人民共同富裕不是单一团体或社会体系能独立完成的,而是依赖于全体社会成员的共同努力、相互协作和集体推进。全体人民在共同劳动和建设的过程中享受社会进步的成果,最终实现全体人民的共同富裕。

五、人民对美好生活的向往就是我们的奋斗目标

党的十九大报告指出:"永远把人民对美好生活的向往作为奋斗目标。"②这一庄严承诺,既是我们党全心全意为人民服务根本宗旨一脉相承、一以贯之的体现,也突出反映了我们党对民生问题的高度重视。党的十九届六中全会审议通过的《中共中央关于党的百年奋斗重大成就和历史经验的决议》③(以下简称《决议》)在总结党的百年奋斗的历史意义时指出,党的百年奋斗使"中国人民对美好生活的向往不断变为现实",同时号召全党必须"不断实现好、维护好、发展好最广大人民根本利益,团结带领全国各族人民不断为美好生活而奋斗"。站在实现第二个百年奋斗目标新的赶考路上,我们党再次强调要不懈努力实现"人民对美好生活的向往",体现出我们党始终牢牢把人民对美好生活的向往作为奋斗目标。

党的十八大以来,我们党始终坚持以人民为中心的发展思想,始

---

① 《中共中央国务院关于支持浙江高质量发展建设共同富裕示范区的意见》,《中华人民共和国国务院公报》2021 年第 18 期,第 4—10 页。

② 习近平:《决胜全面建成小康社会　夺取新时代中国特色社会主义伟大胜利——在中国共产党第十九次全国代表大会上的报告》,人民出版社 2017 年版,第 1 页。

③ 《中共中央关于党的百年奋斗重大成就和历史经验的决议》,《人民日报》2021 年 11 月 17 日,第 1 版。

终坚持发展的最终目的是为了人民、一切发展都是为了人民、发展是为了让人民过上更好的生活。

带领人民创造幸福生活,是我们党始终不渝的奋斗目标。党的十八大以来,习近平总书记提出以人民为中心的发展思想,就保障和改善民生作出一系列重要论述。在阐述中华民族伟大复兴的中国梦时,强调"中国梦归根到底是人民的梦,必须紧紧依靠人民来实现,必须不断为人民造福"[①];在论述全面建成小康社会时,强调"小康不小康,关键看老乡";在阐述全面深化改革时,强调要"把改革方案的含金量充分展示出来,让人民群众有更多获得感"[②];在论述全面依法治国时,强调要"努力让人民群众在每一个司法案件中都能感受到公平正义"[③];在论述全面从严治党时,强调"不反腐败确实要亡党,真反腐败不仅不会亡党,而且能增强党自我净化、自我完善、自我革新、自我提高能力,保持党同人民群众的血肉联系,使我们党更加坚强、更有力量"[④]。近年来,经济下行压力下各项民生指标逆势上扬,改革发展成果更多惠及全体人民,使人民群众的获得感、幸福感不断增强。这充分印证着保障和改善民生"没有终点站,只有连续不断的新起点"的执政理念,兑现了"在经济社会不断发展的基础上,朝着共同富裕方向稳步前进"的坚定承诺,彰显着"让老百姓过上好日子是我们一切工作的出发点和落脚点"的价值追求。

党的十八大以来我们党团结带领人民所取得的一项项实在成就,折射着经济社会发展的速度,也体现了人民至上的温度,充分彰显了中国共产党为中国人民谋幸福、为中华民族谋复兴的初心使命担当。

社会建设,关乎民生,关乎国家长治久安,是中国特色社会主义

① 《习近平谈治国理政》,外文出版社 2014 年版,第 40 页。
② 《习近平谈治国理政》第二卷,外文出版社 2017 年版,第 102 页。
③ 《习近平谈治国理政》第三卷,外文出版社 2020 年版,第 30 页。
④ 《习近平关于党风廉政建设和反腐败斗争论述摘编》,中央文献出版社 2015 年版,第 22 页。

“五位一体”总体布局的重要组成部分。党的十九届六中全会审议通过的《中共中央关于党的百年奋斗重大成就和历史经验的决议》，从13个方面总结新时代中国特色社会主义的伟大成就，社会建设是其中一个重要方面。改革开放以后，我国人民生活显著改善，社会治理明显改进。同时，随着时代发展和社会进步，人民对美好生活的向往更加强烈，对民主、法治、公平、正义、安全、环境等方面的要求日益增长。党的十八大以来，以习近平同志为核心的党中央高度重视社会建设，以保障和改善民生为重点加强社会建设，尽力而为、量力而行，一件事情接着一件事情办，一年接着一年干，在幼有所育、学有所教、劳有所得、病有所医、老有所养、住有所居、弱有所扶上持续用力，加强和创新社会治理，使人民获得感、幸福感、安全感更加充实、更有保障、更可持续。

增进民生福祉是我们坚持立党为公、执政为民的本质要求，让老百姓过上好日子是我们一切工作的出发点和落脚点，补齐民生保障短板、解决好人民群众急难愁盼问题是社会建设的紧迫任务。“始终要把人民放在心中最高的位置，始终全心全意为人民服务，始终为人民利益和幸福而努力工作”①，彰显大党大国领袖的人民情怀；“只有坚持以人民为中心的发展思想，坚持发展为了人民、发展依靠人民、发展成果由人民共享，才会有正确的发展观、现代化观”②，把以人民为中心的发展思想贯穿到治国理政各方面；“保障和改善民生是一项长期工作，没有终点站，只有连续不断的新起点，要实现经济发展和民生改善良性循环”③，驰而不息抓好民生改善……党的十八大以来，习近平总书记从党和国家事业发展全局的高度出发，对社会建设作出一系列重

① 《习近平谈治国理政》第三卷，外文出版社2020年版，第139页。

② 习近平：《把握新发展阶段，贯彻新发展理念，构建新发展格局》，《求是》2021年第9期，第11页。

③ 《稳中求进推动经济发展　持续努力保障改善民生》，《人民日报》2013年5月16日，第1版。

要论述和重大部署,为经济社会发展提供了价值指向、擦亮了民生底色,让人民对美好生活的向往不断变为现实。

2020 年,面对突如其来的新冠肺炎疫情,党中央果断决策、沉着应对,坚持人民至上、生命至上,开展抗击疫情人民战争、总体战、阻击战,举全国之力实施规模空前的生命大救援,最大限度保护了人民生命安全和身体健康。党的十八大以来,党中央坚持精准扶贫,动员全党全国全社会力量,上下同心、尽锐出战,攻克坚中之坚、解决难中之难,组织实施人类历史上规模最大、力度最强的脱贫攻坚战,历史性地解决了绝对贫困问题,创造了人类减贫史上的奇迹。在大战大考中,更能彰显"为人民谋幸福"的初心之坚;在风雨来袭时,更能考验"全心全意为人民服务"的宗旨之诚。

"万物得其本者生,百事得其道者成。"推进社会建设不断发展,既顺应时代要求,也满足民心所盼。为了保障和改善民生,以习近平同志为核心的党中央按照坚守底线、突出重点、完善制度、引导预期的思路,在收入分配、就业、教育、社会保障、医疗卫生、住房保障等方面推出一系列重大举措,注重加强普惠性、基础性、兜底性民生建设,推进基本公共服务均等化,同时着眼于国家长治久安、人民安居乐业,建设更高水平的平安中国,完善社会治理体系。今天,我国社会建设全面加强,人民生活全方位改善,社会治理社会化、法治化、智能化、专业化水平大幅度提升,发展了人民安居乐业、社会安定有序的良好局面,续写了社会长期稳定奇迹。翻开社会建设答卷,一项项实在的成就,折射着经济社会发展的速度,也体现了人民至上的温度,充分彰显了中国共产党为中国人民谋幸福、为中华民族谋复兴的初心使命。

新时代,新起点,新的奋斗目标。踏上全面建设社会主义现代化国家新征程,中国共产党人一定不忘初心,继续前进,永远保持对人民的赤子之心,始终把人民安居乐业、安危冷暖放在心上,提高社会建设水平,在推动高质量发展过程中增进民生福祉,不断增强人民群众获得感、幸福感、安全感。

六、绿水青山就是金山银山

党的十八大以来，习近平总书记从战略高度更加重视生态文明建设。2013年9月7日，习近平总书记在哈萨克斯坦纳扎尔巴耶夫大学发表题为《弘扬人民友谊　共创美好未来》[①]的重要演讲并回答关于环境保护的学生提问时指出："我们既要绿水青山，也要金山银山。宁要绿水青山，不要金山银山，而且绿水青山就是金山银山。"科学阐明了"绿水青山"与"金山银山"的辩证关系，深化人们对"绿水青山就是金山银山"理念的认识程度。

首先，在绿水青山与金山银山不发生冲突的时候，我们既要绿水青山，也要金山银山。马克思认为，人靠自然界生活。人类在同自然的互动中生产、生活、发展。习近平总书记指出："自然是生命之母，人与自然是生命共同体，人类必须敬畏自然、尊重自然、顺应自然、保护自然。"[②]"绿水青山"与"金山银山"是辩证统一的关系，既相互联系，又相互区别。没有绿水青山，也不会有金山银山；有了金山银山，可以更好地保护绿水青山。绿水青山侧重人与自然的关系，要求更注重保护；而金山银山侧重人与社会的关系，更多地要求进行开发。

从价值层面上看，相对于人类主体而言，绿水青山和金山银山都具有价值，都是主体存在必不可少的条件。绿水青山是人存在的自然条件，金山银山是人存在的社会条件。没有了绿水青山，人就失去了生存的依赖；没有了金山银山，人就只能过着最原始的生活，终日为满足基本物质生活而奔忙，失去了继续发展的动力。在绿水青山和金山银山之间没有矛盾冲突的时候，在我们现有的技术水平能保证对绿水

---

① 习近平：《弘扬人民友谊　共创美好未来》，《人民日报》2013年9月8日，第3版。

② 习近平：《在纪念马克思诞辰200周年大会上的讲话》，人民出版社2018年版，第21页。

青山的开发不造成破坏的前提下，我们既需要绿水青山，也需要金山银山。

习近平总书记指出："我们追求人与自然的和谐，经济与社会的和谐，通俗地讲，就是既要绿水青山，又要金山银山。"①人们对绿水青山的需要要求我们崇尚自然、保护自然、回归自然。人们对金山银山的需要要求我们尊重自然、利用自然、开发自然。既要绿水青山又要金山银山，需要我们在保护与开发中把握住度，在保护绿水青山的同时，采取切实有效的开发方法，把绿水青山变成金山银山，既满足人们对美好生态环境的要求，实现人与自然的和谐，又满足人们对不断提高生活质量的要求，实现人与社会的和谐。

其次，在绿水青山与金山银山发生冲突的时候，我们宁要绿水青山，不要金山银山。习近平总书记 2020 年在浙江考察时强调，"实践证明，经济发展不能以破坏生态为代价，生态本身就是经济，保护生态就是发展生产力"②。人与自然是生命共同体，人类对大自然的伤害最终会伤及人类自身，这是无法抗拒的规律。

2017 年 1 月，习近平主席在联合国发表主旨演讲时提出："绿水青山就是金山银山。我们应该遵循天人合一、道法自然的理念，寻求永续发展之路。"③把绿水青山和金山银山统一起来，对生态环境的价值进行了重新界定，从根本上改变了生态环境无价或低价的传统认识。从价值角度看，绿水青山既是自然财富、生态财富，又是社会财富、经济财富，良好生态本身蕴含着无穷的经济价值，能够源源不断创造综合效益，实现经济社会可持续发展。

2015 年 3 月 24 日，"绿水青山就是金山银山"被正式写进《中共中央、国务院关于加快生态文明建设的意见》，成为中国推进生态文明

① 习近平：《之江新语》，浙江人民出版社 2007 年版，第 153 页。

② 曹立、郭兆辉：《讲述生态文明的中国故事》，人民出版社 2020 年版，第 3 页。

③ 《习近平谈治国理政》第二卷，外文出版社 2017 年版，第 544 页。

建设的指导思想。党的十九大把“两山”理念写入《中国共产党章程》,成为生态文明建设的行动指南。2021 年 11 月,党的十九届六中全会通过的《中共中央关于党的百年奋斗重大成就和历史经验的决议》再次重申“必须坚持绿水青山就是金山银山的理念,坚持山水林田湖草沙一体化保护和系统治理,像保护眼睛一样保护生态环境,像对待生命一样对待生态环境,更加自觉地推进绿色发展、循环发展、低碳发展,坚持走生产发展、生活富裕、生态良好的文明发展道路。”①

近年来,习近平总书记从在重庆、武汉考察长江经济带绿色发展,到在甘肃听取祁连山生态修复情况报告、在云南察看滇池保护状况,再到在甘肃兰州和河南郑州考察黄河流域生态保护和高质量发展,以及 2020 年先后到浙江安吉、陕西秦岭、山西汾河、宁夏银川考察,释放出坚定不移地加强生态文明建设的信号。

中国特色社会主义进入新时代,社会主要矛盾转化为人民日益增长的美好生活需要和不平衡不充分的发展之间的矛盾。人民对美好生活的需要包含对良好生态环境的祈望。改变发展不平衡的现状需要转变发展理念,由传统的发展理念转变为绿色发展理念。建设生态文明,走绿色发展道路,能够实现人类社会的可持续发展。我们要大力建设生态文明,努力践行“绿水青山就是金山银山”的发展理念。

七、坚持以人民为中心的创作导向

党的十八大以来,以习近平同志为核心的党中央高度重视文艺事业,围绕做好新时代文艺工作作出一系列重要讲话,为社会主义文艺在新时代的繁荣发展指明了前进方向。

2014 年 10 月 15 日,习近平总书记在全国文艺工作座谈会上发表

① 《中共中央关于党的百年奋斗重大成就和历史经验的决议》,人民出版社 2021 年版,第 51 页。

重要讲话指出，实现中华民族伟大复兴需要中华文化繁荣兴盛，中国精神是社会主义文艺的灵魂，要创作无愧于时代的优秀作品，要坚持以人民为中心的创作导向，加强和改进党对文艺工作的领导。[①] 2016年11月，习近平总书记出席中国文联十大、中国作协九大开幕式并发表重要讲话，号召广大文艺工作者努力筑就中华民族伟大复兴时代的文艺高峰，为文艺界吹响了新的进军号角。2020年9月27日习近平总书记出席第三次新疆工作座谈会并发表重要讲话，讲话强调：要以铸牢中华民族共同体意识为主线，要加强中华民族共同体历史、中华民族多元一体格局的研究，将中华民族共同体意识教育纳入新疆干部教育、青少年教育、社会教育，教育引导各族干部群众树立正确的国家观、历史观、民族观、文化观、宗教观，让中华民族共同体意识根植心灵深处。2020年10月26日中国共产党第十九届中央委员会第五次全体会议召开，全会提出，繁荣发展文化事业和文化产业，提高国家文化软实力；坚持马克思主义在意识形态领域的指导地位，坚定文化自信，坚持以社会主义核心价值观引领文化建设，加强社会主义精神文明建设，围绕举旗帜、聚民心、育新人、兴文化、展形象的使命任务，促进满足人民文化需求和增强人民精神力量相统一，推进社会主义文化强国建设。2021年12月14日，习近平总书记出席中国文联十一大、中国作协十大开幕式并发表重要讲话，提出：广大文艺工作者要增强文化自觉、坚定文化自信，以强烈的历史主动精神，积极投身社会主义文化强国建设，坚持为人民服务、为社会主义服务方向，坚持百花齐放、百家争鸣方针，坚持创造性转化、创新性发展，聚焦举旗帜、聚民心、育新人、兴文化、展形象的使命任务，在培根铸魂上展现新担当，在守正创新上实现新作为，在明德修身上焕发新风貌，用自强不息、厚德载物的文化创造，展示中国文艺新气象，铸就中华文化新辉煌，为实现第二个

---

① 本书编写组：《改革开放简史》，人民出版社、中国社会科学出版社2021年版，第292页。

百年奋斗目标、实现中华民族伟大复兴的中国梦提供强大的价值引导力、文化凝聚力、精神推动力。[①]

从习近平总书记发表的一系列针对新时代文艺工作的重要论述中可以看出,广大文艺工作者要坚持以人民为中心的创作导向,坚持为人民服务、为社会主义服务,坚持百花齐放、百家争鸣,坚持创造性转化、创新性发展,高擎民族精神火炬,吹响时代前进号角,把艺术理想融入党和人民事业之中,做到胸中有大义、心里有人民、肩头有责任、笔下有乾坤,推出更多反映时代呼声、展现人民奋斗、振奋民族精神、陶冶高尚情操的优秀作品,努力筑就中华民族伟大复兴时代的文艺高峰。这是当前文艺创作的现实需求,是针对文艺面临的新问题、新挑战,提出的新要求,是对马克思主义文艺理论根植中国的丰富和发展,是繁荣、发展新时代中国特色社会主义文艺理论的纲领性论述和行动指南,它所产生的思想及理论能量,极大地改变着中国社会主义文艺的格局和面貌;它所呈现的精神魅力,将把当代中国马克思主义文艺理论推向一个生机勃勃的发展新阶段。

党的十八大以来,中国文联组织优秀文艺工作者积极参加"到人民中去""送欢乐下基层""文艺进万家,健康你我他"等志愿服务活动,组建350余支文艺志愿者服务队,深入400多个地市、区县,累计培训基层文艺骨干20余万人;招募选派600多名文艺志愿者赴832个国家级贫困县,为200多万名中小学生提供艺术指导和美育教育。中国作协已连续4年在井冈山、韶山、临沂、嘉兴开展"到人民中去"职业道德教育培训与文学社会服务实践活动。同时,持续举行"文学照亮生活"全民公益大讲堂,组建"红色文学轻骑兵"小分队。文艺工作者坚持以人民为中心的创作导向,讴歌党、讴歌祖国、讴歌人民、讴歌

---

① 习近平:《在中国文联十一大、中国作协十大开幕式上的讲话》,人民出版社2021年版,第4—5页。

英雄。

党的十八大以来,文艺工作者努力创作无愧于时代的优秀作品,弘扬中国精神、凝聚中国力量。中国文联组织“中国精神·中国梦”主题文艺创作工程、“影像见证 40 年”摄影大展、“小康之歌”音乐会、“我和我的祖国”征文活动、建党 100 周年电影研讨会等,实施庆祝中国共产党成立 100 周年大型美术创作工程和中国共产党历史展览馆重大主题雕塑工程等。中国文联聚焦决战脱贫攻坚、决胜全面建成小康社会,举办中国农民电影节、舞台艺术优秀剧目展演、“希望的田野”摄影展、“大道康庄”文艺扶贫晚会、新时代曲艺星火扶贫工程、扶贫书法大展、脱贫攻坚主题电影展,展示各族人民在以习近平同志为核心的党中央坚强领导下攻坚克难、圆梦小康的精神面貌和生动实践,推进实施中华文明历史题材美术创作工程、中国民间文学大系出版工程、中国民间工艺传承传播工程、“一带一路”中国民间文化探源工程等,有力弘扬中华优秀传统文化。运用曲艺等多种艺术形式创作道德模范人物故事,开展全国巡演 168 场,广泛动员和鼓舞全国文艺工作者创作推出一大批优秀抗疫主题文艺作品,创作音乐影视作品《坚信爱会赢》、歌曲《大爱苍生》、电影《没有一个春天不会来临》等,组建摄影小分队为 4.2 万余名援鄂医务人员拍摄肖像,出色完成“为天使造像”重要任务,起到了强信心、聚民心、暖人心、筑同心的独特作用。中国作协“脱贫攻坚题材报告文学创作工程”推出 20 多部作品,10 多部与海外出版社签约。2017 年到 2021 年,中国作协共扶持重点选题 410 项。茅盾文学奖、鲁迅文学奖、全国少数民族文学创作骏马奖、全国优秀儿童文学奖等,推出了一批具有标志意义和广泛社会影响的文学作品。

党的十八大以来,中国文联、中国作协不断创新,推动主题实践常态化和文艺志愿服务常态化,为文艺工作者的创作提供体制机制保障。中国文联在文艺界广泛开展增强“脚力、眼力、脑力、笔力”教育实践，持续完善“深入生活、扎根人民”主题实践常态化工作机制。在资金保障上，中国文学艺术基金 5 年投入资金 9.22 亿元，扶持项目 1200 余个，资助 800 多部文艺作品；实施“讴歌新时代共筑中国梦”主题创作工程和青年文艺创作扶持计划等，扶持项目 330 个；推进重点现实题材电视剧剧本创作扶持计划，资助《县委书记谷文昌》《我的父亲焦裕禄》等影视类作品 70 余部。中国作协持续开展“深入生活、扎根人民”主题实践活动，积极开拓思路，创新方法，通过定点深入生活、作家挂职、建立创作基地等措施，为作家深入生活提供坚实保障。同时，中国作协大力宣传深入生活的作家典型，结集出版优秀作品，在社会各界和读者间增强作家作品的影响力辐射力。5 年来，中国作协定点深入生活项目共扶持作品 462 部，涵盖经济、文化、社会、生态等多个领域。

第二节　新时代的一切发展都是为了人民的美好生活

党的十八大以来，以人民为中心的发展思想作为新时代坚持和发展中国特色社会主义的基本方略之一，强调“必须坚持人民主体地位，坚持立党为公、执政为民，践行全心全意为人民服务的根本宗旨，把党的群众路线贯彻到治国理政全部活动之中，把人民对美好生活的向往作为奋斗目标，依靠人民创造历史伟业”。这一重要论断鲜明体现了我们党治国理政的价值遵循，激荡起亿万干部群众不忘初心、牢记使命，开拓创新、奋发向前，夺取新时代中国特色社会主义伟大胜利、实现中华民族伟大复兴的豪情壮志。

一、让经济发展成果更好惠及民生

中国特色社会主义进入新时代以来,全面坚持和巩固人民群众主体地位,极大推动了广大人民群众以更加积极和自觉的姿态投身国家的经济社会建设,我国经济发展取得巨大成就。几年来,我国经济保持中高速增长,在世界主要国家中名列前茅,国内生产总值从 54 万亿元增长到 121 万亿元,稳居世界第二,年均增长 5.3%。城镇新增就业 1206 万人以上,14 亿多人口的大国实现了比较充分就业。供给侧结构性改革深入推进,经济结构不断优化。2022 年全年最终消费支出拉动国内生产总值增长 1.0 个百分点,资本形成总额拉动国内生产总值增长 1.5 个百分点,货物和服务净出口拉动国内生产总值增长 0.5 个百分点。高技术制造业年均增长 11.9%。农业现代化稳步推进,粮食生产能力达到 68653 万吨。城镇化率从 52.6%提高到 65.22%。区域发展协调性增强,"一带一路"建设、京津冀协同发展、长江经济带发展成效显著。创新驱动发展战略大力实施,创新型国家建设成果丰硕。全社会研发投入年均增长 11.9%。2022 年全年成功完成 62 次宇航发射。问天实验舱、梦天实验舱发射成功,神舟十四号、十五号等任务相继实施,中国空间站全面建成。嫦娥五号发现月球新矿物"嫦娥石"。句芒号陆地生态系统碳监测卫星、大气环境监测卫星成功发射运行。长征八号运载火箭实现一箭 22 星发射。第三艘航空母舰福建舰下水。国产 C919 大型客机获得型号合格证并交付首架。投入商业运行的华龙一号自主三代核电机组保持安全稳定运行。新能源汽车、太阳能电池、电子商务等新产业新业态新模式较快成长,2022 年全年新登记市场主体 2908 万户,日均新登记企业 2.4 万户,年末市场主体总数近 1.7 亿户。快速崛起的新动能,正在重塑经济增长格局、深刻改变生产生活方式,成为中国创新发展的新标志。与此同时,国家积极推进南海岛礁建设,开放型经济新体制逐步健全,对外贸易、对外投资、外汇储备稳居世界前列。①

“我们的人民热爱生活,期盼有更好的教育、更稳定的工作、更满意的收入、更可靠的社会保障、更高水平的医疗卫生服务、更舒适的居住条件、更优美的环境,期盼孩子们能成长得更好、工作得更好、生活得更好。人民对美好生活的向往,就是我们的奋斗目标。”②党的十八大和十九大以来,经济的快速健康发展,为全面改善民生奠定了坚实的物质基础,中国共产党深入贯彻以人民为中心的思想,一大批惠民举措落地实施,人民获得感显著增强。

坚持以人民为中心,不断改善民生,就必须从人民最关心最直接最现实的问题出发,紧紧围绕学有所教、劳有所得、病有所医、老有所养、住有所居,攻坚克难,不断开拓民生改善新局面。从就业到教育,从住房到养老,从医疗到社会保障,改善民生是一项长期工作,没有终点站,只有连续不断的新起点。几年来,“从努力办好人民满意的教育”出发,出台了一系列教育改革措施,力争“让每个孩子都能成才”。2016年6月,国务院办公厅印发《关于加快中西部教育发展的指导意见》,第一次全口径对中西部教育发展做出顶层设计。2016年7月,国务院出台《关于统筹推进县域内城乡义务教育一体化改革发展的若干意见》,推动消除义务教育城乡二元结构壁垒。2016年12月,教育部等六部门又联合印发《教育脱贫攻坚“十三五”规划》,启动实施“职业教育东西协作行动计划”。这是国家首个教育脱贫的五年规划,也是“十三五”时期教育脱贫工作的行动纲领。“财政性教育经费占国内生产总值比例每年都保持在4%以上,学生人均经费投入大幅增加。持续加强农村义务教育薄弱环节建设,基本消除城镇大班额,推动解

① 国家统计局:《中华人民共和国2022年国民经济和社会发展统计公报》,《人民日报》2023年3月1日,第9版。

② 中共中央文献研究室编:《十八大以来重要文献选编》(上),中央文献出版社2014年版,第70页。

决进城务工人员子女入学问题，义务教育巩固率由 93.8%提高到 95.5%。坚持义务教育由国家统一实施，引导规范民办教育发展。减轻义务教育阶段学生负担”[①]。截至 2022 年，我国 2895 个县全部实现县域义务教育基本均衡发展[②]；2012 年—2021 年，全国小学净入学率从 99.85%提高到 99.9%以上，初中阶段毛入学率始终保持在 100%以上[③]；农村和贫困地区学生上重点高校规模和比例不断提高。[④] 贫困地区办学条件持续改善，优质教育资源覆盖面不断扩大，城乡、区域、校际办学差距也不断缩小。

到 2022 年，研究生教育招生 124.2 万人，在学研究生 365.4 万人，毕业生 86.2 万人。普通、职业本专科招生 1014.5 万人，在校生 3659.4 万人，毕业生 967.3 万人。中等职业教育招生 650.7 万人，在校生 1784.7 万人，毕业生 519.2 万人。普通高中招生 947.5 万人，在校生 2713.9 万人，毕业生 824.1 万人。初中招生 1731.4 万人，在校生 5120.6 万人，毕业生 1623.9 万人。普通小学招生 1701.4 万人，在校生 10732.0 万人，毕业生 1740.6 万人。特殊教育招生 14.6 万人，在校生 91.9 万人，毕业生 15.9 万人。学前教育在园幼儿 4627.5 万人。九年义务教育巩固率为 95.5%，高中阶段毛入学率为 91.6%。[⑤]

几年来，国家坚持就业优先战略，扎实做好重点人群、重点地区就业工作，推动全体人民共享发展成果。中央先后印发了《“十四五”就业促进规划》（2021 年 8 月）、《关于在重点工程项目中大力实施以工

---

① 李克强：《政府工作报告——2023 年 3 月 5 日在第十四届全国人民代表大会第一次会议上》，《中华人民共和国国务院公报》2023 年第 8 期，第 5—19 页。

② 《全国县域义务教育基本均衡发展国家督导评估认定收官》，http://www.moe.gov.cn/jyb_xwfb/gzdt_gzdt/s5987/202205/t20220505_624731.html，访问日期：2023 年 5 月 5 日。

③ 《教育部：全国小学净入学率提高到 99.9%以上》，http://www.moe.gov.cn/fbh/live/2022/54598/mtbd/202206/t20220621_639420.html，访问日期：2023 年 9 月 1 日。

④ 《两会哪些话题热度高》，《人民日报》2017 年 3 月 3 日。

⑤ 国家统计局：《中华人民共和国 2022 年国民经济和社会发展统计公报》，《人民日报》2023 年 3 月 1 日，第 9 版。

代赈促进当地群众就业增收的工作方案》(2022 年 7 月),2022 年年末全国就业人员 73351 万人,其中城镇就业人员 45931 万人,占全国就业人员比重为 62.6%。全年城镇新增就业 1206 万人,比上年少增 63 万人。全年全国城镇调查失业率平均值为 5.6%。2022 年年末全国城镇调查失业率为 5.5%。全国农民工总量 29562 万人,比上年增长 1.1%。其中,外出农民工 17190 万人,增长 0.1%;本地农民工 12372 万人,增长 2.4%。①

几年来,国家按照保基本、强基层、建机制的要求,坚持公立医院公益性的基本定位,进一步深化医疗保障、医疗服务、公共卫生、药品供应、监管体制综合改革。2015 年 4 月,中央全面深化改革领导小组第十一次会议审议通过《关于城市公立医院综合改革试点的指导意见》;此后,又出台《"健康中国 2030"规划纲要》(2016 年 10 月)、《"十三五"深化医药卫生体制改革规划》(2017 年 1 月)、《国务院办公厅关于改革完善医疗卫生行业综合监管制度的指导意见》(2018 年 8 月)《国务院办公厅关于推动公立医院高质量发展的意见》(2021 年 5 月)、《"十四五"国民健康规划》(2022 年 4 月)等制度性文件。同时,不断整合城乡居民基本医保制度,增加基本公共卫生服务经费实现大病保险全覆盖。逐年提高财政收入,力度不断加大。2023 年中央财政医疗救助补助资金预算约 34.17 亿元,加上提前下达的 262.34 亿元,预算合计约 296.51 亿元。补助资金列入直达资金管理,直达资金标识贯穿资金分配、拨付、使用等整个环节。财政部对直达资金实行动态监控。按照通知,各地在分配补助资金时,应切实加大对乡村振兴重点帮扶县的倾斜支持力度。② 城乡居民健康差异进一步缩小,医疗

① 国家统计局:《中华人民共和国 2022 年国民经济和社会发展统计公报》,《人民日报》2023 年 3 月 1 日,第 9 版。

② 田琪永:《中央财政下达 2023 年医疗救助补助资金预算约 296.51 亿元》,http://www.mof.gov.cn/caizhengshipin/czsy/202307/t20230715_3896576.htm,访问日期:2023 年 7 月 30 日。

卫生服务可及性、服务质量、服务效率和群众满意度显著提高。

几年来,国家大力实施全民参保计划,建立健全城镇职工基本养老、城乡居民基本养老、城镇基本医疗、失业、工伤、生育等保险制度,覆盖城乡的社会保障体系基本建立。2022 年年末全国参加城镇职工基本养老保险人数 50349 万人,比上年末增加 2275 万人。参加城乡居民基本养老保险人数 54952 万人,增加 155 万人。参加基本医疗保险人数 134570 万人,其中参加职工基本医疗保险人数 36242 万人,参加城乡居民基本医疗保险人数 98328 万人。参加失业保险人数 23807 万人,增加 849 万人。2022 年年末全国领取失业保险金人数 297 万人。参加工伤保险人数 29111 万人,增加 825 万人,其中参加工伤保险的农民工 9127 万人,增加 41 万人。参加生育保险人数 24608 万人,增加 856 万人。2022 年年末全国共有 683 万人享受城市最低生活保障,3349 万人享受农村最低生活保障,435 万人享受农村特困人员救助供养,全年临时救助 1083 万人次。全年领取国家定期抚恤金、定期生活补助金的退役军人和其他优抚对象 827 万人。[①]

与此同时,中央坚持“房子是用来住的,不是用来炒的”的定位,加快推进住房保障和供应体系建设,着力构建以政府为主提供基本保障、以市场为主满足多层次需求的住房供应体系,努力为住房困难群众提供基本住房。2022 年全国各类棚户区改造开工 134 万套,基本建成 181 万套;全国保障性租赁住房开工建设和筹集 265 万套(间)。2022 年全国新开工改造城镇老旧小区 5.25 万个,涉及居民 876 万户。[②] 2016 年 11 月,国际社会保障协会(ISSA)在第 32 届全球大会期间,将“社会保障杰出成就奖”(2014—2016)授予中国政府,以表彰我

① 国家统计局:《中华人民共和国 2022 年国民经济和社会发展统计公报》,《人民日报》2023 年 3 月 1 日,第 9 版。

② 国家统计局:《中华人民共和国 2022 年国民经济和社会发展统计公报》,《人民日报》2023 年 3 月 1 日,第 9 版。

国近年来在扩大社会保障覆盖面工作中取得的卓越成就。

几年来,中央把脱贫攻坚纳入"五位一体"总体布局和"四个全面"战略布局,出台一系列政策措施,层层压实扶贫脱贫责任,实施精准扶贫、精准脱贫。脱贫攻坚战取得决定性进展,截至 2017 年年底,贫困人口已减少 6800 多万,易地扶贫 830 万人,贫困发生率由 2012 年的 10.2%下降到 2017 年的 3.1%。[①]

2015 年 11 月,在中央扶贫开发工作会议上,中西部 22 个省区市党政主要负责同志向中央签署了脱贫攻坚责任书。2016 年 10 月,中共中央办公厅、国务院办公厅正式印发《脱贫攻坚责任制实施办法》,要求"脱贫攻坚按照中央统筹、省负总责、市县抓落实的工作机制,构建起责任清晰、各负其责、合力攻坚的责任体系"[②]。各省层层压实责任,让各级各部门以更强的担当、更有力的举措确保各项部署落到实处。脱贫攻坚责任体系的建立,为全面推进脱贫攻坚各项工作提供了根本保证。

扶贫必须精准,脱贫必须精准。2015 年 6 月,习近平总书记在贵州考察时,提出了扶贫开发工作"六个精准"的基本要求,即扶持对象要精准、项目安排要精准、资金使用要精准、措施到位要精准、因村派人要精准、脱贫成效要精准,这为脱贫攻坚指明了方向、确定了路线。2014 年,全国扶贫系统组织了 80 万人进村入户,共识别贫困村 12.8 万个、贫困人口 8926 万人,并录入扶贫业务管理系统。为做到扶持对象精准,2015 年 8 月至 2016 年 6 月,全国动员组织近 200 万人开展扶贫对象建档立卡"回头看",剔除识别不准人口 929 万人,补录贫困人口 807 万人,建档立卡指标体系逐步完善,数据精准度不断提高。2016 年,中央和省级财政专项扶贫资金首次突破 1000 亿元,其中中央

---

① 同上。

② 《中办国办印发〈责任制实施办法〉》,《人民日报》2016 年 10 月 18 日。

为667亿元,同比增长43.4%;省级为493.5亿元,同比增长56.1%。[①]

几年来,我们在脱贫攻坚工作中取得巨大成绩的同时,也向全球减贫治理提供了"中国方案"。2017年2月21日,习近平总书记在主持中共中央政治局第三十九次集体学习时指出,脱贫攻坚实践中,"我们形成了不少有益经验,概括起来主要是加强领导是根本、把握精准是要义、增加投入是保障、各方参与是合力、群众参与是基础"[②]。这"五条经验",实质上就是一整套经过实践检验的减贫治理体系,为全球有效进行减贫治理提供了"中国方案"。

2021年2月25日,全国脱贫攻坚总结表彰大会在北京举行,习近平总书记庄严宣告,我国脱贫攻坚取得了全面胜利。中国共产党带领中国人民走出了饥寒交迫的状态,解决了温饱问题,实现了全面小康,走向美好生活。这一伟大历程中,经济发展与民生改善构成一条主线,经济发展是基础,民生是目标,两者相伴而行。在不同发展阶段,经济发展与民生的关系也各不相同,表现各具特色,这凸显了中国共产党在经济发展与民生改善方面的超强能力。

二、不断提升人民精神境界和文化生活选择

文化是民族的血脉,是人民的精神家园。党的十八大以来,中央始终高度重视社会主义文化强国建设,旗帜鲜明地强调必须走中国特色社会主义文化发展道路,坚持为人民服务、为社会主义服务的方向,坚持百花齐放、百家争鸣的方针,坚持贴近实际、贴近生活、贴近群众的原则,推动社会主义精神文明和物质文明全面发展,建设面向现代化、面向世界、面向未来的,民族的科学的大众的社会主义文化。在具

① 刘永富:《不忘初心,坚决打赢脱贫攻坚战——党的十八大以来脱贫攻坚的成就与经验》,《求是》2017年第11期。

② 《庄严的承诺　历史的跨越(砥砺奋进的五年)——党的十八大以来以习近平同志为核心的党中央引领脱贫攻坚纪实》,《人民日报》2017年5月22日。

体的文化建设实践中，中央牢牢抓住增强全民族文化创造活力这个关键，不断深化文化体制改革，持续解放和发展文化生产力，发扬学术民主、艺术民主，为人民提供更加广阔的文化舞台。全民族文化创造活力持续迸发，社会文化生活更加丰富多彩、人民基本文化权益得到更好保障、人民思想道德素质和科学文化素质进一步提高，中华文化国际影响力不断增强。

倡导富强、民主、文明、和谐，倡导自由、平等、公正、法治，倡导爱国、敬业、诚信、友善。党的十八大报告提出的“三个倡导”，明确了社会主义核心价值观的基本内容。明确基本内容，对于推进社会主义核心价值体系建设，用社会主义核心价值体系引领社会思潮、凝聚社会共识，具有重要的理论意义和实践意义。2013 年 12 月，中共中央办公厅印发《关于培育和践行社会主义核心价值观的意见》(简称为《意见》)，明确提出：以“三个倡导”为基本内容的社会主义核心价值观是我们党凝聚全党全社会价值共识作出的重要论断，为培育和践行社会主义核心价值观提供了基本遵循。《意见》全面阐述了培育和践行社会主义核心价值观的意义、原则、途径和方法，对这一“铸魂工程”作出了新的战略部署。

几年来，党中央紧紧抓住价值观自信这个关乎民族精神独立性的大问题，以传统文化涵养社会主义核心价值观，抵御错误思潮侵袭。一方面，党中央反复强调“培土夯基”，稳固传统文化的根基，以中华优秀传统文化涵养社会主义核心价值观。2015 年除夕来临之际，习近平总书记在春节团拜会上专门指出：不论时代发生多大变化，不论生活格局发生多大变化，我们都要重视家庭建设，注重家庭、注重家教、注重家风，紧密结合培育和弘扬社会主义核心价值观，发扬光大中华民族传统家庭美德。家教家风成为推进社会主义核心价值观落地生根的重要抓手。2016 年 1 月 1 日实施的《中国共产党廉洁自律准则》中，“廉洁齐家，自觉带头树立良好家风”上升为党员领导干部的基本要求。乡贤文化是中国君子文化的典型代表，它根植乡土，蕴含着见贤思齐、崇德向善的力量。党的十八大以来，各地既重“古贤”又重“今贤”，重构乡村本土文化，敦厚民心民风，激励向上向善，有力促进了社会主义核心价值观在乡村扎根。党的十八大以来，由中宣部、中央文明办主办的“我们的节日”主题活动秉承“长中国人的根、聚中国人的心、铸中国人的魂”宗旨，以民族传统节日为契机弘扬中华优秀传统美德，让传统节日成为爱国节、文化节、道德节、情感节、仁爱节、文明节，彰显了节日文化内涵，树立了节日新风。对继承和发扬传统节日中丰富的优秀文化传统有着促进作用，增强人们的民族认同感、民族意志。

另一方面，党中央反复强调抵御错误思潮侵袭，划清了社会主义核心价值观与西方所谓“普世价值”的鲜明界限。社会主义核心价值观的每个关键词，既根源于中华优秀传统文化，又充分吸取了现代人类文明的优秀思想，“实际上回答了我们要建设什么样的国家、建设什么样的社会、培育什么样的公民的重大问题”，与西方价值标准有着清晰分野——“富强、民主、文明、和谐”的国家价值目标，与“五位一体”总体布局紧密联系，彰显了中国特色社会主义的广阔前景；“自由、平等、公正、法治”的社会价值取向，与国家、公民两个层面上下衔接，是推进社会治理创新的根本遵循；“爱国、敬业、诚信、友善”的公民价值准则，外化为道德建设与行为准则，体现了社会文明水准与国家精神风貌。作为社会主义和谐社会的精神实质和思想精髓，社会主义核心价值观不仅是社会主义和谐社会的重要组成部分，而且也是中国特色社会主义发展方向的影响因素，与西方的普世价值有着根本不同。

几年来，党中央全面推动社会主义核心价值观培育工作中的落细、落小、落实，使社会主义核心价值观的弘扬与践行更重顶层设计，更富内在驱动，渗透到治国理政各个环节，浸润于社会生活方方面面。一方面，抓好重点人群，稳固社会主义核心价值观的根与魂。“打铁还需自身硬”，领导干部这个“关键少数”必须成为践行社会主义核心价值观的先行者、好样本。党的十八大以来，党中央作出八项规定、群众路线教育实践活动、“三严三实”专题教育、“打虎拍蝇”等一系列重大举措，净化了政治生态，党员领导干部带头走正路、干正事、扬正气，有效激发了全社会崇德向善的正能量；“人生的扣子从一开始就要扣好”，社会主义核心价值观培育从少年儿童和青年学生抓起，融入国民教育全过程，为未来整个的价值取向打下坚实基础。另一方面，注重全面覆盖，放大凡人善举、平凡英雄的光与热。党的十八大以来，全国更为注重开展全国道德模范评选、时代楷模发布、感动中国人物表彰、“身边好人”、“寻找最美”等各种形式的道德模范评选活动，进一步扩大道德模范的强大示范效应，与文明城市、文明村镇、文明单位、文明家庭、文明校园等创建活动相得益彰、同频共振。

几年来，党中央更为注重从世界多彩文明中汲取丰富营养，为人类共同价值贡献东方智慧。2015 年 9 月 28 日，习近平主席出席第七十届联合国大会一般性辩论并发表重要讲话，明确提出：和平、发展、公平、正义、民主、自由，是全人类的共同价值。目标远未完成，需要世界各国共同努力。“全人类共同价值”，是对“人类命运共同体”在思想理念层面的深度挖掘，是对世界各国自觉奉行的价值准则的高度概括。它反映着世界最广大民众的价值理想、价值愿望和价值追求，是人类处理各类关系的共同准则。它不是折射某些西方国家强权霸道的所谓“普世价值”，而是强调各个国家和民族的平等和自主，强调要看到每个国家的历史文化、发展阶段不一样，在追求共同价值的过程中有先有后，要正视这种差异。党中央通过领导全国各族人民群众共同培育和践行社会主义核心价值观的丰富实践深刻证明，社会主义核心价值观与全人类的共同价值内在相通，中国文明的发展不是站在人类现代文明之外的发展，而是主动融入、引领世界潮流的发展。社会主义核心价值观，既植根于 5000 多年中华文明的丰厚土壤，也汲取着全人类共同文明成果和共同价值的丰富营养,它是全人类共同的文明成果和共同价值的升华和具体体现。中国特色社会主义建设取得的巨大成就,早已确证中国道路对世界和平发展的重要启示意义,彰显中国道路向前延展的价值理念支撑,也因此成为“人类共同价值”宝贵的智慧资源,不断为世界各国尤其是发展中国家提供极富价值的参考。[①]

文艺是时代前进的号角,最能代表一个时代的风貌,最能引领一个时代的风气。实现“两个一百年”奋斗目标、实现中华民族伟大复兴的中国梦,文艺的作用不可替代,文艺工作者大有可为。党的十八大和十九大以来,以习近平同志为核心的党中央从民族复兴的战略高度,深刻阐释文化的地位作用,为社会主义文艺的繁荣发展指明前进方向,对广大文艺工作者寄予殷切期望。2014 年 10 月 15 日,习近平总书记在北京主持召开文艺工作座谈会并发表重要讲话,明确指出:广大文艺工作者要正确认识文艺的重要地位和作用,正确认识自己所担负的历史使命和责任,坚持以人民为中心的创作导向,努力创作更多无愧于时代的优秀作品,弘扬中国精神,凝聚中国力量,鼓舞全国各族人民朝气蓬勃迈向未来。[②]

改革开放以来,我国文艺创作迎来了新的春天,产生了大量脍炙人口的优秀作品。同时,也不能否认,在文艺创作方面,也存在着有数量缺质量、有“高原”缺“高峰”的现象,存在着抄袭模仿、千篇一律的问题,存在着机械化生产、快餐式消费的问题。对此,习近平总书记指出:“文艺不能在市场经济大潮中迷失方向,不能在为什么人的问题上发生偏差,否则文艺就没有生命力。”[③]社会主义文艺,从本质上讲,就

---

① 习近平:《携手构建合作共赢新伙伴,同心打造人类命运共同体——在第七十届联合国大会上一般性辩论时的讲话》,《人民日报》2015 年 9 月 29 日。

② 习近平:《在文艺工作座谈会上的讲话》,《人民日报》2015 年 10 月 15 日。

③ 同上。

是人民的文艺。文艺要反映好人民心声,就要坚持为人民服务、为社会主义服务这个根本方向。这是党对文艺战线提出的一项基本要求,也是决定我国文艺事业前途命运的关键。要把满足人民精神文化需求作为文艺和文艺工作的出发点和落脚点,把人民作为文艺表现的主体,把人民作为文艺审美的鉴赏家和评判者,把为人民服务作为文艺工作者的天职。低俗不是通俗,欲望不代表希望,单纯感官娱乐不等于精神快乐。精品之所以"精",就在于其思想精深、艺术精湛、制作精良。文艺工作者要志存高远,随着时代生活创新,以自己的艺术个性进行创新。要坚持百花齐放、百家争鸣的方针,发扬学术民主、艺术民主,营造积极健康、宽松和谐的氛围,提倡不同观点和学派充分讨论,提倡体裁、题材、形式、手段充分发展,推动观念、内容、风格、流派切磋互鉴。

2015 年 10 月,中共中央发出《关于繁荣发展社会主义文艺的意见》。意见从"做好文艺工作的重大意义和指导思想""坚持以人民为中心的创作导向""让中国精神成为社会主义文艺的灵魂""创作无愧于时代的优秀作品""建设德艺双馨的文艺队伍"和"加强和改进党对文艺工作的领导"等几个方面,详细阐述了为什么和怎么样繁荣我们的社会主义文艺工作,为我们进一步做好相关工作作出了全面的部署。[①]

在中国文学艺术界联合会和中国作家协会的带领下,广大文艺工作者坚实价值理想,牢记使命担当,争做"时代风气的先觉者、先行者、先倡者"。围绕社会主义核心价值观的 24 字内容,中国音乐家协会组织音乐家创作《富强之路》《民主之风》《文明之花》等一组 13 首歌曲,让广大人民群众在故事中、在诗歌中、在音乐中,将 24 字内化于心、外

① 《中共中央关于繁荣发展社会主义文艺的意见》,《人民日报》2015 年 10 月 20 日,第 2 版。

化于行。以“时代领跑者”为主题,中国美术家协会组织老中青三代画家收集整理大量劳模资料,为劳模造像、为时代记忆、为人民放歌。关注“一带一路”建设发展,中国曲艺家协会组织100多位曲艺工作者体验丝绸之路沿线人民群众的生活,在为当地群众送去欢乐的同时,创作了一批反映“一带一路”生产生活实际的优秀作品。聚焦中国梦的奋斗历程,中国摄影家协会引导广大摄影人用镜头记录历史和沸腾的现实生活,以独特的视野发现、挖掘现实生活中的真善美。“好山好水好人好事”摄影展两个月收到近7万件来稿。广大影视戏剧工作者创作出电影《百团大战》《战狼》、电视剧《平凡的世界》《海棠依旧》《太行山上》《北平无战事》、现代京剧《西安事变》、豫剧《焦裕禄》、评剧《母亲》《红高粱》、湘剧《月亮粑粑》和话剧《麻醉师》等一批弘扬社会主义核心价值观的优秀作品,引导人们求真、崇善、向美,让主旋律更响亮,正能量更强劲。

几年来,广大文艺工作者牢记习近平总书记的要求,深入人民群众,书写伟大梦想。2015年开始,中国文联持续开展“到人民中去”“文艺进万家”等文艺采风系列活动。仅当年,就有近7万名文艺工作者、志愿者参与2000多场次的主题实践活动,直接服务300多万基层群众,中国文联招募选派395名文艺志愿者在贫困区县近100所乡镇中小学开展文艺支教活动,组织选派160位文艺家在全国14个省区开展了戏剧、音乐、舞蹈、美术、曲艺、摄影、书法、民间文艺等8类文艺培训项目,为基层留下一支带不走的文艺工作者队伍。几年来,从黑龙江边防哨所到海南三沙群岛,从南水北调工程建设工地到地震洪水灾区板房,广大文艺工作者和志愿者风雨无阻、奉献人民,带去了党中央对人民群众文化生活的关心关怀,也带回了心灵的感动和创作的滋养。

把握时代脉搏,繁荣文艺创作。2015年9月,改编自网络小说的古装电视连续剧《琅琊榜》刮起一场收视风暴,短短一个月网播量就超过60亿次。该剧的出品方、山东影视传媒集团总经理晋亮说，在影视剧创作中，我们坚决反对唯票房、唯收视率、唯发行量、唯点击率，不被市场牵着鼻子走；坚持立人格、讲品位、重艺德，努力以高尚的职业操守、良好的社会形象、文质兼美的优秀作品赢得人民的喜爱和欢迎。几年来，广大文艺工作者和广大人民群众都普遍感到，习近平总书记召开文艺工作座谈会和中共中央发出《关于繁荣发展社会主义文艺的意见》后，中央和地方密集出台繁荣文艺发展、促进创作生产的高含金量政策，为繁荣发展中国文艺鼓舞士气、谋定全局。例如，2015年11月，文化建设作为“五位一体”建设中重要一环在“十三五”规划建议中着墨颇多。“扶持优秀文化产品创作生产”“加强文化人才培养”“繁荣发展文学艺术”成为未来五年经济社会发展的重要内容。为了促进古老艺术薪火相传，国办印发关于支持戏曲传承发展的若干政策，提出实施戏曲剧本孵化计划，为优秀剧本创作提供专项资金，被誉为“振兴戏曲艺术的及时雨”；针对评奖过多过滥、公信力不强的问题，中办、国办出台《关于全国性文艺评奖制度改革的意见》，文艺评奖快速“瘦身”，奖项含金量、美誉度显著提升；等等。在上述一系列顶层设计的推动下，几年来文化市场顶住经济下行压力，呈现出一派暖意融融的景象。如在2015年，全国各种戏剧戏曲演出达65万多场次，比2014年增长近两成；而在2016年，全年电影票房超过380亿元，比2015年同期净增20多亿元，观影人次超过11.2亿人次。

几年来，在广大文艺工作者的共同努力下，文艺阵线创作产出的民族性、主体性进一步增强。广大文艺工作者牢记总书记嘱托，依靠文艺创作增强文化自信、彰显中国精神。中国文艺在世界舞台留下越来越多的惊叹与喝彩，展示中国文化独树一帜的风格气派：京剧名家张火丁走进纽约林肯中心，成功演出全本京剧《白蛇传》《锁麟囊》；上海昆剧团将汤显祖的“临川四梦”首次完整搬上舞台并开启世界巡演，所到之处盛况空前；“国际安徒生奖获得者”曹文轩的50余种作品被国外译成多种语种出版，刘慈欣等中国作家问鼎国际文学奖；中英联合摄制的大型纪录片《孔子》被认为是“向世界讲好中国故事”的积极探索。从《中华好诗词》《唐诗风云会》到《中国汉字听写大会》《中国成语大会》，再到圈粉无数的《中国诗词大会》，一大批火爆荧屏的原创文化类节目被网友点赞“有文化有格调有内涵”；芗剧《保婴记》、秦腔《花儿声声》、黄梅戏《小乔初嫁》、汉剧《宇宙锋》、湘剧《谭嗣同》等，无一不是通过对中国历史文化的挖掘来彰显民族精神与时代精神。还有《中华文明的根柢——民族复兴的核心价值》等书籍输出到美国、越南等国家和地区，“剑桥中国文库”初具规模，向世界介绍最具中国特色、最具时代风貌的当代中国文化。独特的中国文化正在吸引着世界注目，进一步激发当代国人的自觉探索与开放创新。

2022年年末全国文化和旅游系统共有艺术表演团体2023个。全国共有公共图书馆3303个，总流通72375万人次；文化馆3503个。有线电视实际用户1.99亿户，其中有线数字电视实际用户1.90亿户。2022年年末广播节目综合人口覆盖率为99.6%，电视节目综合人口覆盖率为99.8%。全年生产电视剧160部5283集，电视动画片89094分钟。全年生产故事影片380部，科教、纪录、动画和特种影片105部。出版各类报纸266亿份，各类期刊20亿册，图书114亿册(张)，人均图书拥有量8.09册(张)。2022年年末全国共有档案馆4136个，已开放各类档案20886万卷(件)。全年全国规模以上文化及相关产业企业营业收入121805亿元，按可比口径计算，比上年增长0.9%。[①] 中国文艺和文化事业的发展正迎来空前的繁荣时期。

近年，我国的互联网事业飞速发展。第52次《中国互联网络发展状况统计报告》(以下简称《报告》)显示，截至2023年6月，我国网民

① 国家统计局：《中华人民共和国2022年国民经济和社会发展统计公报》，《人民日报》2023年3月1日，第9版。

规模达10.79亿人,较2022年12月增长1109万人,互联网普及率达76.4%。《报告》显示,在网络基础资源方面,截至2023年6月,我国域名总数为3024万个;IPv6活跃用户数达7.67亿;移动电话基站总数达1129万个,其中累计建成开通5G基站293.7万个,占移动基站总数的26%;移动互联网应用蓬勃发展,国内市场上监测到的活跃App数量达260万款,进一步覆盖网民日常学习、工作、生活。互联网事业的飞速发展使加强网络文化阵地建设的重要性进一步凸显出来。

2014年,中国网信事业发展进入第20个年头。当年2月,中央网络安全和信息化领导小组成立,习近平总书记担任组长。"没有网络安全就没有国家安全,没有信息化就没有现代化。"[①]"网络安全和信息化是事关国家安全和国家发展、事关广大人民群众工作生活的重大战略问题,要从国际国内大势出发,总体布局,统筹各方,创新发展,努力把我国建设成为网络强国。"[②]习近平总书记坚定的话语拉开了我国网信事业深化改革的大幕。从中央网络安全和信息化领导小组第一次会议开始,到2014年7月在巴西国会发表演讲;从2014年11月给首届世界互联网大会致贺词,到2015年9月出席中美互联网论坛……不管是国内考察还是国际出访,不管是召开重大会议还是参加重要活动,习近平总书记多次对我国网信事业发展作出重要指示,提出明确主张。中国愿同世界各国一道把握信息革命历史机遇,培育创新发展新动能,开创数字合作新局面,打造网络安全新格局,构建网络空间命运共同体,携手创造人类更加美好的未来。

2016年4月,中央专门组织召开网络安全和信息化工作座谈会。习近平总书记在会议上强调:互联网是一个社会信息大平台,亿万网民在上面获得信息、交流信息,这会对他们的求知途径、思维方式、价

---

① 习近平:《在中央网络安全和信息化领导小组第一次会议上的讲话》,《人民日报》2014年2月28日。

② 《习近平谈治国理政》第一卷,外文出版社2018年版,第197页。

值观念产生重要影响,特别是会对他们对国家、对社会、对工作、对人生的看法产生重要影响。网络空间是亿万民众共同的精神家园。网络空间天朗气清、生态良好,符合人民利益;网络空间乌烟瘴气、生态恶化,不符合人民利益。谁都不愿生活在一个充斥着虚假、诈骗、攻击、谩骂、恐怖、色情、暴力的空间。互联网不是法外之地。利用网络鼓吹推翻国家政权,煽动宗教极端主义,宣扬民族分裂思想,教唆暴力恐怖活动,等等,这样的行为要坚决制止和打击,决不能任其大行其道。利用网络进行欺诈活动,散布色情材料,进行人身攻击,兜售非法物品,等等,这样的言行也要坚决管控,决不能任其大行其道。没有哪个国家会允许这样的行为泛滥开来。我们要本着对社会负责、对人民负责的态度,依法加强网络空间治理,加强网络内容建设,做强网上正面宣传,培育积极健康、向上向善的网络文化,用社会主义核心价值观和人类优秀文明成果滋养人心、滋养社会,做到正能量充沛、主旋律高昂,为广大网民特别是青少年营造一个风清气正的网络空间。此次会议还就我国尽快取得互联网核心技术的突破,正确处理维护网络社会安全和促进互联网事业发展的关系等问题作出了明确部署。此次会议的召开,为我们在新形势下进一步做好互联网相关工作指明了方向,提出了明确要求。[①] 2016 年 10 月 9 日,习近平总书记在主持中央政治局第三十六次集体学习时再次强调,加快推进网络信息技术自主创新,加快数字经济对经济发展的推动,加快提高网络管理水平,加快增强网络空间安全防御能力,加快用网络信息技术推进社会治理,加快提升我国对网络空间的国际话语权和规则制定权,朝着建设网络强国目标不懈努力。

几年来,在以习近平总书记为核心的党中央的高度重视和正确领

① 习近平:《在网络安全和信息化工作座谈会上的讲话》,《人民日报》2016 年 4 月 26 日,第 2 版。

导下,我们的网络文化阵地建设实践取得了巨大成绩。治网之道,法治为本。2016 年 11 月 7 日,先后经过三次审议的《中华人民共和国网络安全法》在十二届全国人大常委会第二十四次会议上获高票通过。网络安全法的制定颁布,是党的十八大以来我国互联网治理模式转变和治理能力提升的一个缩影。党的十八大以来,党中央一系列决策部署,推动我国互联网法治体系构建不断加速,网络空间治理法治化进程阔步前进。全局性、根本性的立法开始启动。一方面,中央网信办牵头编制“互联网立法规划”,统筹协调并积极推进《中华人民共和国网络安全法》《中华人民共和国电信法》《中华人民共和国电子商务法》《未成年人网络保护条例》等重要法律法规立法进程;另一方面,包括《中华人民共和国刑法修正案(九)》《中华人民共和国电信条例》《计算机软件保护条例》《信息网络传播权保护条例》等在内的相关法律、法规、规章和司法解释加快出台,互联网法治体系更加完善。与此同时,面对互联网新技术新产品新应用瞬息万变的发展变化,以及由此带来的新现象新问题,一系列有针对性的规范管理文件及时出台,涉及即时通信工具公众信息服务发展管理、互联网用户账号名称管理、互联网信息搜索服务管理、移动互联网应用程序信息服务管理、互联网直播服务管理等方面。这些规章制度,充分体现了引导和规范相结合、鼓励和监督相统一的原则;明确了政府部门的监管责任,抓住了企业主体责任,更调动起公众共同参与管网治网的积极性,构建了多方共治、良性互动的治理新局面。此外,2016 年 8 月,中央网信办、国家质检总局、国家标准委联合印发《关于加强国家网络安全标准化工作的若干意见》,推动开展关键信息基础设施保护、网络安全审查、大数据安全、个人信息保护、新一代通信网络安全、互联网电视终端产品安全、网络安全信息共享等领域的标准研究和制定工作,建立了统一权威的国家信息标准工作机制,为保护信息安全、促进产业发展提供了坚实保障。

上述一系列互联网事业相关的法律法规和安全标准的建立、健全和制定实施，从根本上推动了我国互联网事业的进一步健康和繁荣发展。党的十八大以来，我国超级计算机进入全球500强的数量首次名列全球第一，发射世界首颗量子通信科学试验卫星，我国推动的窄带物联标准成为全球统一标准，一大批先进技术引领世界潮流，不少互联网企业创新能力进入全球前列。“净网2014”“剑网2014”“清源2015”“护苗2015”，专项整治婚恋网站、招聘网站、旅游网站等违规失信行为，推进网络诚信制度建设，推动建立网站管理人员失信黑名单制度……网络生态进一步好转，主旋律更加响亮，正能量更加充沛，网络空间日渐清朗。实施“中国好网民工程”，实施“网上公益工程”，连续3年举办国家网络安全宣传周，公民网络安全素养大幅提升，网络安全意识深入人心。中国互联网发展基金会、中国网络空间安全协会等各类新型网络社会组织纷纷成立；网络安全和信息化人才培养取得实质性进展，“网络空间安全”成为一级学科，“网络空间安全学院”在多所大学落地；电子政务快速发展，智慧城市建设如火如荼……网信事业在我国各个方面开花结果。

几年来，中国互联网企业市值规模迅速扩大。截至2016年，我国互联网相关上市企业328家，其中在美国上市61家，沪深上市209家，香港上市55家，市值规模达7.85万亿元，相当于中国股市总市值的25.6%。互联网经济在中国GDP中占比持续攀升，2014年时即已达到7%，占比开始超过美国。互联网企业的市值总和也超过了中国股市的1/4。中国互联网企业突飞猛进，进入世界前列：全球互联网公司10强，阿里巴巴、腾讯、百度、京东4家中国公司入围。电子商务改变了绝大多数中国人的生活，网购规模年年创新高。仅天猫2015年“双十一”一天就创下交易额912亿元，而美国的“黑五”当天网购的销售额仅相当于174亿元人民币，为天猫的19%。中国的互联网产品和品牌不仅在国内家喻户晓，在世界上也小有名气。支付宝早在2013年即成全球最大移动支付公司，微信全球月活跃账户已达到6.5亿，百度旗下移动产品已在海外收获7亿用户，猎豹74%的移动端月度活跃用户来自欧美为主的海外市场。

几年来，我国的互联网产品种类更加丰富，各类互联网应用持续发展，多类应用用户规模获得一定程度的增长。据第52次《中国互联网络发展状况统计报告》显示，截至2023年6月，即时通信、网络视频、短视频用户规模分别达10.47亿人、10.44亿人和10.26亿人，用户使用率分别为97.1%、96.8%和95.2%；网约车、在线旅行预订、网络文学的用户规模较2022年12月分别增长3492万人、3091万人、3592万人，增长率分别为8.0%、7.3%和7.3%，成为用户规模增长最快的三类应用。

三、建设人民群众的美丽家园

在走向中华民族伟大复兴的进程中，我们既要经济的发展，也要美丽的家园。党的十九大报告明确指出：建设生态文明是中华民族永续发展的千年大计。必须树立和践行绿水青山就是金山银山的理念，坚持节约资源和保护环境的基本国策，像对待生命一样对待生态环境，统筹山水林田湖草系统治理，实行最严格的生态环境保护制度，形成绿色发展方式和生活方式，坚定走生产发展、生活富裕、生态良好的文明发展道路，建设美丽中国，为人民创造良好生产生活环境，为全球生态安全作出贡献。

2013年5月25日，习近平总书记在中央政治局第六次集体学习时指出："要正确处理好经济发展同生态环境保护的关系，牢固树立保护生态环境就是保护生产力、改善生态环境就是发展生产力的理念。”[①]这一重要论述，深刻阐明了生态环境与生产力之间的关系，是对生产力理论的重大发展，饱含尊重自然、谋求人与自然和谐发展的价值理念和发展理念。只有更加重视生态环境这一生产力的要素，更加尊重自然生态的发展规律，保护和利用好生态环境，才能更好地发展生产力，在更高层次上实现人与自然的和谐。

“十三五”时期是全面建成小康社会的决胜阶段，生态环境保护机遇与挑战并存。几年来，中国深入持久推进生态文明建设，加快形成人与自然和谐发展的现代化建设新格局，确保 2020 年生态环境质量总体改善，为全球生态安全作出新贡献。具体来说，几年来主要抓了这样几方面的工作：一是结合推进供给侧结构性改革，把绿色发展理念贯穿到经济社会发展各个领域各个环节。二是加强生态环境保护和治理，着力解决生态环境方面的突出问题。三是加强生态环境保护督查问责，建立领导干部任期生态文明建设责任制，实行终身追责，为推进生态文明建设提供有力保障。四是加快推进生态文明体制改革，构建生态文明制度的“四梁八柱”，把生态文明建设纳入制度化法治化轨道，通过制度来守住绿水青山。五是不断扩大环境保护国际合作，积极参与应对全球气候变化，推进绿色“一带一路”建设，构建南南环境合作网络，共同推进全球生态文明建设事业。[②]

保护生态环境必须依靠制度、依靠法治。党的十八届三中全会通过的《中共中央关于全面深化改革若干重大问题的决定》首次明确提出要建立生态文明制度体系，从源头、过程、后果的全过程，按照“源头严防、过程严管、后果严惩”的思路，阐述了生态文明制度体系的构成

---

① 《坚持节约资源和保护环境基本国策　努力走向社会主义生态文明新时代》，《人民日报》2013 年 5 月 25 日。

② 《坚持绿水青山就是金山银山，大力推进生态文明建设水平》，《人民日报》2016 年 12 月 9 日。

及其改革方向、重点任务。[①] 2015年1月1日开始实施的新环保法，首次引入生态文明建设和可持续发展的立法理念，完善了环境监测、环境影响评价、跨行政区污染防治、排污许可管理、划定生态保护红线等环境管理制度，强化了政府管理部门的职责，通过新增按日处罚机制和行政拘留等处罚手段，大大加重了违法处罚的力度；2015年9月，中共中央、国务院印发《生态文明体制改革总体方案》，明确提出，到2020年构建起由自然资源资产产权制度、国土空间开发保护制度、空间规划体系、资源总量管理和全面节约制度、资源有偿使用和生态补偿制度、环境治理体系、环境治理和生态保护市场体系、生态文明绩效评价考核和责任追究制度等八项制度构成的生态文明制度体系，推进生态文明领域国家治理体系和治理能力现代化，努力走向社会主义生态文明新时代。此后，国家相继实施了《大气污染防治行动计划》《水污染防治行动计划》《土壤污染防治行动计划》等。在完善环保制度方面，区域联防联控机制日臻完善，京津冀、长三角、珠三角等重点区域建立了区域大气污染协作机制，水污染防治协作机制正在建立中。同时，排污权有偿使用和交易稳步铺开，绿色信贷信息共享机制逐步健全，环保费改税稳步推进，环境污染强制责任保险试点反响良好。[②]

只有实行最严格的制度、最严密的法治，才能为生态文明建设提供可靠保障。[③] 2013年6月，《最高人民法院、最高人民检察院关于办理环境污染刑事案件适用法律若干问题的解释》实施，对环境污染犯罪的定罪量刑标准作出新规定，加大了打击力度。一系列法律、法规、政策、措施陆续发布实施，为绿色发展"保驾护航"。2015年4月25日，《中共中央国务院关于加快推进生态文明建设的意见》明确提出，

① 中国行政管理学会、环境保护部宣传教育司联合课题组：《如何建立系统完整的生态文明制度体系》，《中国环境报》2014年10月10日。

② 曹红艳：《我国生态环境保护取得明显成效》，《经济日报》2015年10月10日。

③ 《习近平关于全面深化改革论述摘编》，中央文献出版社2014年版，第104页。

要加强法律监督、行政监察，对各类环境违法违规行为实行“零容忍”，加大查处力度，严厉惩处违法违规行为。[①] 2015 年 9 月，《生态文明体制改革总体方案》印发，明确提出到 2020 年，构建以改善环境质量为导向，监管统一、执法严明、多方参与的环境治理体系，着力解决污染防治能力弱、监管职能交叉、权责不一致、违法成本过低等问题。[②]

2015 年元旦开始实施的新《中华人民共和国环境保护法》，被誉为“史上最严”。“公益诉讼”“按日计罚”“查封扣押”等撒手锏成为沉重打击环境违法者的有力武器。新《中华人民共和国环境保护法》实施以来，环境保护主管部门执法监管能力大幅提升，基本扭转了法律实施偏软局面。截至 2016 年年底，全国专门的环境资源审判组织达到 559 个，2014 年至 2016 年，人民法院审理环境资源案件超过 30 万件，为 2002—2011 年十年间环境资源案件总数的 2. 5 倍。仅 2016 年一年，全国法院受理环境资源民事行政案件就达 13. 3 万起，超过了 2002—2011 年十年间环境资源案件总和。两年间，各地对环境犯罪的严厉打击，使得 2016 年的环境犯罪案件迅速下降，2016 年的环境犯罪案件数比 2015 年下降了 75%，充分显示了公安参与打击环境犯罪的威慑作用。目前，有些地方的公安机关正在趋向于组建专门的环境警察队伍。云南、广东、河北、山东、安徽的一些地区已经有了专门的环境警察队伍。

2016 年元旦，修订通过的《大气污染防治法》开始施行，严惩环境违法行为，重点打击偷排、偷放等环境影响大、群众反映强烈的恶意违法排污行为，集中整治篡改和伪造监测数据等弄虚作假行为。2016 年 9 月，中共中央办公厅、国务院办公厅印发《关于省以下环保机构监测监察执法垂直管理制度改革试点工作的指导意见》。从“督企业”到

① 《中共中央国务院关于加快推进生态文明建设的意见》，《人民日报》2015 年 5 月 6 日。

② 刘毅：《绿色发展，走向生态文明建设新时代》，《人民日报》2016 年 2 月 16 日。

"督政府",综合督察及环保约谈推动各地加强环境治理,严格环境执法,加大监管力度,一批突出的环境问题得到解决,一些地区的环境质量得以改善。①

几年来,围绕生态保护展开的执法督察越来越严格。"两高"司法解释降低环境入罪门槛、最高人民法院成立环境资源审判庭;中央环保督察启动、省以下环保机构监测监察执法垂直管理制度改革开始试点;建成由352个监控中心、10257个国家重点监控企业组成的污染源监控体系,强化在线实时监控效果。2016年,全国各级环保部门下达行政处罚决定12.4万余份,罚款66.3亿元;全国实施按日持续处罚、查封扣押、限产停产、移送行政拘留、移送涉嫌环境污染犯罪案件共22730件;中央环保督察组全年共进驻16个省份,分别展开为期约一个月的督察工作,合理受理群众举报3.3万件,约谈6307人,问责6454人。②

经过几年来的群策群力,全党全国贯彻绿色发展理念的自觉性和主动性显著增强,忽视生态环境保护的状况明显改变。大气、水、土壤污染防治的三个"十条"在各地的贯彻落实过程中取得明显成效。截至2017年年底,单位国内生产总值能耗、水耗均下降20%以上;重点地区细颗粒物(PM2.5)平均浓度下降30%以上;主要污染物排放量持续下降,重点城市重污染天数减少一半,森林面积增加1.63亿亩,沙化土地面积年均缩减近2000平方公里,绿色发展呈现可喜局面。几年来,环境保护主体功能区制度逐步健全,国家公园体制试点积极推进;全面节约资源有效推进,能源资源消耗强度大幅下降;重大生态保护和修复工程进展顺利,森林覆盖率持续提高;生态环境治理明显加强,环境状况得到改善。

---

① 刘毅:《绿色发展,走向生态文明建设新时代》,《人民日报》2016年2月16日。

② 《十八大以来以习近平同志为核心的党中央推动生态文明建设述评》,《光明日报》2017年6月16日。

四、以人民安全为宗旨，坚持总体国家安全观

保卫国家安全，是人民幸福安康的基本要求，是安邦定国的重要基石。2014 年 4 月 15 日，在中央国家安全委员会第一次会议上，习近平总书记正式提出“总体国家安全观”这一战略思想。他在讲话中指出，增强忧患意识，做到居安思危，是我们治党治国必须始终坚持的一个重大原则。我们党要巩固执政地位，要团结带领人民坚持和发展中国特色社会主义，保证国家安全是头等大事。我国国家安全内涵和外延比历史上任何时候都要丰富，时空领域比历史上任何时候都要宽广，内外因素比历史上任何时候都要复杂，必须坚持总体国家安全观，以人民安全为宗旨，以政治安全为根本，以经济安全为基础，以军事、文化、社会安全为保障，以促进国际安全为依托，走出一条中国特色国家安全道路。

贯彻落实总体国家安全观，必须既重视外部安全，又重视内部安全，对内求发展、求变革、求稳定，建设平安中国，对外求和平、求合作、求共赢，建设和谐世界；既重视国土安全，又重视国民安全，坚持以民为本、以人为本，坚持国家安全一切为了人民、一切依靠人民，真正夯实国家安全的群众基础；既重视传统安全，又重视非传统安全，构建集政治安全、国土安全、军事安全、经济安全、文化安全、社会安全、科技安全、信息安全、生态安全、资源安全、核安全等于一体的国家安全体系；既重视发展问题，又重视安全问题，发展是安全的基础，安全是发展的条件，富国才能强兵，强兵才能卫国；既重视自身安全，又重视共同安全，打造命运共同体，推动各方朝着互利互惠、共同安全的目标相向而行。

总体国家安全观的提出，既是国家安全理论的一个重大创新，也是国家治理体系和治理能力的创新。这是以习近平同志为核心的党中央立足中国安全实际、准确把握世界安全形势而提出的重大战略思

想，标志着我国开展国家安全工作的能力已日趋成熟。几年来，从成立中央国家安全委员会，到制定《中华人民共和国国家安全法》，再到明确国家安全战略方针和总体部署，国家安全工作稳步推进并取得显著成效。

不断健全公共安全体系，公共安全保障能力不断得以全面提升。针对人们普遍关注的农产品、食品、药品的安全问题，不断健全和完善安全监管体系。几年来，农产品质量安全监管体系不断完善，治理"餐桌污染"，保障人民群众"舌尖上的安全"取得重大进展。切实加强食品药品安全监管，用最严谨的标准、最严格的监管、最严厉的处罚、最严肃的问责，加快建立科学完善的食品药品安全治理体系，坚持产管并重，严把从农田到餐桌、从实验室到医院的每一道防线。坚持以防为主、防抗救相结合的方针，坚持常态减灾和非常态减灾相统一，全面提高全社会抵御自然灾害的综合防范能力。坚持以人为本、生命至上，全面抓好安全生产责任制和管理、防范、监督、检查、奖惩措施的落实，努力推动安全生产形势实现根本好转。坚持一手抓专项打击整治，一手抓源头性、基础性工作，创新社会治安防控体系，优化公共安全治理社会环境。拓展人民群众参与公共安全治理的有效途径，积极引导社会舆论和公众情绪，动员全社会力量来维护国家安全。

几年来，相关部门在人民群众的参与和支持下，不断加强网络空间治理，严厉打击电信网络诈骗犯罪，坚决遏制其高发势头。对于网络造谣、赌博、传播淫秽物品、泄露个人信息等犯罪行为，依法进行严厉打击。如 2014 年，依法审理网络推手"秦火火""边民"等诽谤、寻衅滋事、非法经营案，切实维护网络秩序，净化网络空间；2015 年，各级法院审结利用网络实施的诈骗、寻衅滋事等犯罪案件共有 6221 件；2016 年，北京市人民法院审结"快播"公司传播淫秽物品牟利案，明确网络服务提供者安全管理义务，净化网络空间。同时，坚决打击电信网络诈骗等犯罪，各级法院审结相关案件 1726 件。

践行总体国家安全观，必须以人民安全为宗旨，既把人民安全作为维护国家安全的根本目的，也把人民群众作为维护国家安全的主体力量。几年来，正是在广大人民群众的参与和支持下，有效遏制了严重刑事犯罪的高发态势。据统计，2013 年各级人民法院依法审结杀人、抢劫、绑架、爆炸、强奸、拐卖妇女儿童、黑社会性质组织犯罪等案件 25 万件，判处罪犯 32. 5 万人；2014 年审结杀人、抢劫、绑架等犯罪案件 24. 8 万件，判处罪犯 30. 4 万人；2015 年审结杀人、抢劫、放火等犯罪案件 26. 2 万件；2016 年，审结杀人、抢劫、绑架及盗窃等犯罪案件 22. 6 万件。国家总体安全观维护人民安全，是我们党为人民服务根本宗旨的深刻体现和“以人民为中心”价值观的积极践行。新形势下，我们要进一步加强党对国家安全工作的集中统一领导，以总体国家安全观为指导，构建中国特色国家安全体系，全方位维护好国家安全。

反恐怖主义斗争事关国家和人民生产生活安全。几年来，国家坚持凡“恐”必打、露头就打，出重手、下重拳，给暴力恐怖势力以毁灭性打击，坚决把暴力恐怖分子的嚣张气焰打下去，坚决挤压暴力恐怖活动空间，以震慑敌人、鼓舞人民；建立健全反恐工作格局，完善反恐工作体系，加强反恐力量建设，加强反恐国际合作，筑起铜墙铁壁，使暴力恐怖分子成为“过街老鼠、人人喊打”；同时，坚决遏制和打击境内外敌对势力利用民族问题、宗教问题进行的分裂、渗透、破坏活动。2015 年 12 月 27 日，第十二届全国人民代表大会常务委员会第十八次会议通过《中华人民共和国反恐怖主义法》，从总则到恐怖主义活动组织和人员的认定、安全防范、情报信息、调查、应对处置、国际合作、保障措施、法律责任等十个方面对反恐怖主义斗争作了全面系统的规范。反恐怖主义法的制定，是党和国家开展反恐怖主义斗争经验的总结和全面依法治国的重要实践，适应了反恐怖主义斗争的迫切要求，成为深入开展反恐怖主义斗争，维护国家安全、公共安全和人民生命财产安全的锐利武器。随后，全国很快组建了政治过硬、业务精湛、作风优良的反恐执法司法机构和反恐部队，并加强反恐国际合作，筑起反恐斗争的铜墙铁壁。

人民军队是保卫国家和人民安全的坚固长城。几年来，中央着眼于实现中国梦强军梦，制定新形势下军事战略方针，全力推进国防和军队现代化，召开古田全军政治工作会议，恢复和发扬我党我军光荣传统和优良作风，人民军队政治生态得到有效治理。国防和军队改革取得历史性突破，形成军委管总、战区主战、军种主建新格局，人民军队组织架构和力量体系实现革命性重塑。人民解放军加强练兵备战，有效遂行海上维权、反恐维稳、抢险救灾、国际维和、亚丁湾护航、人道主义救援等重大任务，武器装备加快发展，军事斗争准备取得重大进展。人民军队在中国特色强军之路上迈出坚定步伐。中国特色强军之路，是实现强军目标、建设世界一流军队的必由之路。在新征程上，我们必须坚定不移沿着中国特色强军之路开拓前进，加快把人民军队全面建成世界一流军队。

五、依靠人民开创历史伟业，新时代中国特色社会主义充满活力

全心全意依靠人民，最大限度地充分发挥人民群众每个人的聪明才智，是中国共产党不断获得人民群众支持和依赖的关键所在。人民是历史的创造者，是决定党和国家前途命运的关键力量。依靠人民群众，就是最大限度地发挥人民群众的首创精神，中国人自己解决自己的问题；就是殚精竭虑集中人民群众力量办大事，向全世界展现中国人民自强自立的精神风貌；就是激发人民群众的斗争精神，团结前行，坚决克服前进道路上的一切艰难险阻；就是发扬互帮互助的友爱精神，筑牢中华民族共同体意识，戮力同心战胜各种自然灾害。来自人民，相信人民，依靠人民，牢记初心使命，为民办好事，为民办实事，是中国共产党不断获得人民信任和拥护的重要原因。

习近平总书记在谈到中国共产党拥有的五大优势时指出，我们党

坚持全心全意为人民服务的根本宗旨,坚持从群众中来、到群众中去的工作路线,坚持党的一切工作体现人民的意志、利益和要求,这是密切联系群众的优势,也是我们党最大的优势。也正是依靠这一决定性优势,中国共产党能根据最广大人民的意愿,调动一切可以调动的积极因素,为人民办好事、办实事。①

反映人民群众的愿望和实现人民群众的期盼是社会主义改革的目标,人民群众在实践中的不断探索是持续推进改革发展的动力保证。

党的十一届三中全会拉开了我国经济体制改革的序幕。经济体制改革想从农村起步,家庭联产承包责任制是我国农村经济体制改革的创举,而这个制度的思路和做法来自于人民群众。正如邓小平所说:"农村搞家庭联产承包,这个发明权是农民的。农村改革中的好多东西,都是基层创造出来,我们把它拿来加工提高作为全国的指导。"广大人民群众在投身改革开放伟大实践的过程中坚持解放思想、实事求是的思想路线,充分发挥聪明才智,在经济、政治、文化、社会和生态等各个领域,都有新的发明创造,都贡献了宝贵的力量。习近平总书记指出:"发挥群众首创精神,紧紧依靠人民推动改革开放。没有人民支持和参与,任何改革都不可能取得成功。要坚持从人民群众普遍关注、反映强烈、反复出现的问题背后查找体制机制弊端,找准深化改革的重点和突破口。"②

全面深化改革是立足国家整体利益、根本利益、长远利益进行部署的,要注意避免合意则取、不合意则舍的倾向,破除妨碍改革发展的那些思维定式。对党和人民事业有利的,对最广大人民有利的,对实现党和国家兴旺发达、长治久安有利的,该改的就要坚定不移改,这才

---

① 习近平:《始终坚持和充分发挥党的独特优势》,《求是》2012 年第 15 期,第 3—7 页。

② 习近平:《在庆祝海南省办经济特区 30 周年大会上的讲话》,人民出版社 2018 年版,第 18 页。

是对历史负责、对人民负责、对国家和民族负责。党的十九大报告提出:要不断推进国家治理体系和治理能力现代化,要坚决破除一切不合时宜的思想观念和体制机制弊端,就是充分尊重人民群众的主体地位,用市场在资源配置中的决定性作用激发各类市场主体的活力,是一切依靠群众破解我们当下面临的发展难题的具体举措,是群众路线在这个时代的体现。改革开放是亿万人民自己的事业,必须坚持尊重人民的首创精神,坚持在党的领导下继续推进。

六、坚持各民族平等,民族区域自治,促进各民族共同繁荣

民族区域自治制度是我国的一项基本政治制度,是我们党和政府以立法的形式来维护民族平等和民族团结,反对民族分裂和民族压迫,尊重少数民族的生活习惯和历史文化,让少数民族真正成为自己的主人,成为民族的主人,成为国家的主人。

第一,充分保障少数民族与汉族享有同等的选举权和被选举权,保证少数民族人民的政治权利。从建党之初颁布的《中国共产党第一个纲领》,到中华人民共和国成立后颁布的《中国人民政治协商会议共同纲领》《中华人民共和国宪法》等法律文本,都明确规定了少数民族人民平等地享有政治参与权利。随着时代的发展,少数民族公民平等享有政治参与权利也不断朝着健康的方向发展。在 2977 名第十四届全国人大代表中,少数民族代表 442 名,占代表总数的 14.85%。值得注意的是,全国 55 个少数民族都有本民族的代表。在每次党和国家召开重大会议的会场上,我们总会看到身穿代表本民族特色的民族服装的少数民族代表,满脸洋溢着幸福的笑容,他们正在行使自己当家作主的权利。

第二,积极帮助少数民族地区经济社会发展,从根本上改善了少数民族地区的生活状况。不断解放和发展生产力,实现各民族共同繁荣发展,是我们党民族工作的根本宗旨和在民族政策上的根本立场。

据统计，从2014年到2019年，中央财政对新疆维吾尔自治区和兵团转移支付从2636.9亿元增长到4424.8亿元，年均增长率达10.4%，6年合计支援新疆资金2万多亿元。19个援疆省市全面加强全方位对口支援，累计投入援疆（含兵团）资金964亿元，实施援疆项目1万余个，引进援疆省市企业到位资金16840亿元，中央企业投资超过7000亿元。

据统计，2018年，民族8省区生产总值突破9万亿元，与1952年相比年均增长8.7%；城乡居民人均可支配收入分别达33983元、11426元，与1978年相比年均增长分别为12.6%和12.1%。特别是党的十八大以来，民族地区3121万贫困人口全部脱贫，与全国一道实现全面小康，民族团结进步事业取得了丰硕的成果。

第三，切实保障少数民族使用本民族语言文字的权利，充分尊重少数民族风俗习惯，保证少数民族人民过上充实的文化生活。《中华人民共和国民事诉讼法》规定，少数民族有权使用本民族的语言文字进行诉讼。在少数民族聚居或者多民族共同居住的地区，法院应当用当地民族通用语言、文字进行审判，用当地通用的文字发布判决书、布告和其他文件。2014年全国少数民族古籍解题书目套书《中国少数民族古籍总目提要》全部出版完毕；截至2021年，全国少数民族文艺会演已成功举办六届，全国少数民族文学创作“骏马奖”已举办12届，全国少数民族传统体育运动会已举办11届。特别是培养了一大批少数民族优秀文艺人才，推动少数民族文化走出中国、走向世界。

七、坚持底线思维，有效防范化解重大风险

执政党建设风险是执政党面临的诸多执政风险中最危险的风险。任何一个执政党在执政的过程中都要面临诸多执政风险，如经济风险、政治风险、战争风险、文化风险、国家安全风险等。而最终各种执政风险能否爆发，取决于执政党防范和化解执政风险的能力。执政党防范和化解执政风险的能力,关键取决于执政党的自身建设。执政党越是建设得有力,就越能预防政治风险的发生,当风险来临时就越能采取得力措施有效化解;相反,执政党越是建设得软弱无力,就越容易引发执政风险,就越容易将小风险演化成大风险,最终将自己埋葬于墓地。从这个意义上说,执政党巩固执政地位的过程,就是执政党不断加强自身建设的过程,就是不断预防和化解执政风险的过程。

党的十八大以来,以习近平同志为主要代表的中国共产党人非常重视执政风险问题。关于执政党的建设,"风险"一词正成为"超高频词汇"。2016 年 1 月,习近平总书记在省部级主要领导干部学习贯彻党的十八届五中全会精神专题研讨班的讲话中指出:"发展中国特色社会主义是一项长期而艰巨的历史任务,必须准备进行具有许多新的历史特点的伟大斗争。当前和今后一个时期,我们在国际国内面临的矛盾风险挑战都不少,绝不能掉以轻心。"党的十九大把防范化解重大风险作为三大攻坚战之一。2019 年 1 月,中共中央专门举办省部级主要领导干部坚持底线思维着力防范和化解重大风险专题研讨班。有效地增强了党的主要领导干部的执政风险意识,牢牢掌握防范和化解执政风险的主动权。

2019 年 1 月,习近平总书记在省部级主要领导干部坚持底线思维着力防范和化解重大风险专题研讨班的讲话中指出:"要强化风险意识,常观大势、常思大局,科学预见形势发展走势和隐藏其中的风险挑战,做到未雨绸缪。要提高风险化解能力,透过复杂现象把握本质,抓住要害、找准原因,果断决策,善于引导群众、组织群众,善于整合各方力量、科学排兵布阵,有效予以处理。"中国共产党和广大党政干部能否具有防范和化解执政风险的能力,是否能有效防范和化解执政风险,首要的是必须增强风险意识。如果没有执政风险意识,就可能导致风险发生时不知所措,风险发生后追悔莫及、捶胸顿足。

党的"第三个历史决议"提出:"全党必须清醒认识到,中华民族伟大复兴绝不是轻轻松松、敲锣打鼓就能实现的，前进道路上仍然存在可以预料和难以预料的各种风险挑战。”必须不断提升防范和化解执政风险的能力，牢牢掌握防范和化解各种执政风险的主动权。只有这样才能保证我们改革的系统性、整体性、协同性，推动社会主义市场经济、民主政治、先进文化、和谐社会、生态文明协同发展，让发展成果更多更公平惠及全体人民。以此赢得人民的肯定，坚定人民对党的信心。

八、打铁还需自身硬，全面从严治党凝聚党心民心

党的十八大以来，面对艰巨繁重的国内改革发展任务，面对重大风险考验和党内存在的突出问题，以习近平同志为核心的党中央，以坚定决心、顽强意志、空前力度推进全面从严治党，使党的面貌焕然一新，党心民心更加凝聚，党的执政基础更加牢固。

在十八届中央纪委六次全会上，习近平总书记指出：“民心是最大的政治，正义是最强的力量。”这既是中国共产党人宗旨意识的集中体现，也是对党风廉政建设和反腐败斗争提出的更高要求。

2017 年，在省部级主要领导干部“学习习近平总书记重要讲话精神，迎接党的十九大”专题研讨班开班式上，习近平总书记指出：“全党要坚持问题导向，保持战略定力，推动全面从严治党向纵深发展，把全面从严治党的思路举措搞得更加科学、更加严密、更加有效，确保党始终同人民想在一起、干在一起，引领承载着中国人民伟大梦想的航船破浪前进，胜利驶向光辉的彼岸。”①全面从严治党的重要论述依然根植于党深厚的人民情怀、鲜明的人民立场，为实现以人民为中心的价值观提供力量源泉。

---

① 中央宣传部：《习近平新时代中国特色社会主义思想学习纲要》，学习出版社、人民出版社 2019 年版，第 87 页。

2019年,“不忘初心、牢记使命”思想主题教育在全国范围内展开。5月31日,习总书记在“不忘初心、牢记使命”主题教育工作会议上强调:“人民是我们党执政的最大底气,是我们共和国的坚实根基,是我们强党兴国的根本所在。”强党兴国为人民,必须坚持全面从严治党。

人的问题,是检验一个政党、一个政权性质的试金石。党的二十大报告指出“必须坚持人民至上。人民性是马克思主义的本质属性,党的理论是来自人民、为了人民、造福人民的理论,人民的创造性实践是理论创新的不竭源泉。一切脱离人民的理论都是苍白无力的,一切不为人民造福的理论都是没有生命力的。我们要站稳人民立场、把握人民愿望、尊重人民创造、集中人民智慧,形成为人民所喜爱、所认同、所拥有的理论,使之成为指导人民认识”能够得到人民群众的支持,才是中国共产党执政的最大底气。

在十九届中央纪委六次全会上,习近平总书记深刻总结新时代党的自我革命的成功实践:“一百年来,党外靠发展人民民主、接受人民监督,内靠全面从严治党、推进自我革命,勇于坚持真理、修正错误,勇于刀刃向内、刮骨疗毒,保证了党长盛不衰、不断发展壮大。”

习近平总书记的重要论述,贯穿百年、透彻深邃,深刻揭示了我们党跳出历史周期率“两个答案”的辩证关系和历经百年恰是风华正茂、更加充满活力的成功秘诀。

人民反对什么、痛恨什么,全面从严治党的方向就是什么。把从严治党的政治责任落到实处,与党领导担负的各项实际工作任务密切结合,以完成实际工作任务的成效,来衡量是否把从严治党的政治责任落到实处。公平正义是我们党追求的一个非常崇高的价值。习近平总书记高度重视维护和促进社会公平正义,要求“努力让人民群众在每一起案件办理、每一件事情处理中都能感受到公平正义”。以此思想为指导,深入推进党风廉政建设和反腐败斗争,充分发挥全面从严治党的引领保障作用，大力开展扫黑除恶专项斗争，良法善治成为维护和促进社会公平正义的根基，人民群众的获得感、满意度显著提升。

党的十八大以来，全面从严治党凝聚党心民心、感召人民，密切了党群关系。党中央始终保持高度的政治敏锐性和坚定性，用永不停歇的自我革命不断祛除影响党的先进性和纯洁性的消极因素，不断塑造党长期执政的领导能力和制度优势，从而形成强大的政治力量、真理力量、实践力量，始终赢得人民信赖、支持和拥护，凝聚起共克时艰、踔厉奋发的磅礴伟力。